VIDA RELIGIOSA
CONSAGRADA
EM PROCESSO DE
TRANSFORMAÇÃO

LUIZ CARLOS SUSIN (org.)

VIDA RELIGIOSA CONSAGRADA EM PROCESSO DE TRANSFORMAÇÃO

"Vejam que estou fazendo uma coisa nova"
Isaías 43,19

CRB Paulinas

Dados Internacionais de Catalogação na Publicação (CIP)
(Câmara Brasileira do Livro, SP, Brasil)

A Vida religiosa consagrada em processo de transformação : "vejam que estou fazendo uma coisa nova!" : Isaias 43,19 / Luiz Carlos Susin, (org.). – São Paulo : Paulinas, 2015.

ISBN 978-85-356-3948-3

1. Consagração 2. Espiritualidade 3. Vida cristã 4. Vida religiosa e monástica I. Título.

15-05309   CDD-248.894

Índice para catálogo sistemático:

1. Vida consagrada religiosa : Cristianismo   248.894
2. Vida religiosa consagrada : Cristianismo   248.894

1ª edição – 2015
1ª reimpressão – 2015

Paulinas

Direção-geral: Bernadete Boff

Conselho editorial: Dr. Afonso M. L. Soares
Dr. Antonio Francisco Lelo
Maria Goretti de Oliveira
Ms. Roseane do Socorro Gomes Barbosa
Dr. Matthias Grenzer
Dra. Vera Ivanise Bombonatto

Editora responsável: Vera Ivanise Bombonatto

Copidesque: Mônica Elaine G. S. da Costa

Coordenação de revisão: Marina Mendonça

Revisão: Ana Cecilia Mari

Gerente de produção: Felício Calegaro Neto

Projeto gráfico: Manuel Rebelato Miramontes

Nenhuma parte desta obra poderá ser reproduzida ou transmitida por qualquer forma e/ou quaisquer meios (eletrônico ou mecânico, incluindo fotocópia e gravação) ou arquivada em qualquer sistema ou banco de dados sem permissão escrita da Editora. Direitos reservados.

Paulinas

Rua Dona Inácia Uchoa, 62
04110-020 – São Paulo – SP (Brasil)
Tel.: (11) 2125-3500
http://www.paulinas.org.br – editora@paulinas.com.br
Telemarketing e SAC: 0800-7010081
© Pia Sociedade Filhas de São Paulo – São Paulo, 2015

SUMÁRIO

Apresentação
Maria Inês Ribeiro 7

Introdução
Luiz Carlos Susin 9

Do porto seguro a um tempo de provação, da incerteza à esperança
pascal: a Vida Religiosa Consagrada e os seus atuais desafios
Luiz Augusto de Mattos 18

Primavera em questão: novas comunidades
Brenda Carranza 57

Redes sociais e novas fronteiras da Vida Religiosa Consagrada
Rafael Lopez Villasenor 80

Vida Religiosa Consagrada feminina: "Levante-se!"
Rita Romio 104

Interculturalidade nas comunidades religiosas:
novas formas de viver
Joachim Andrade 128

Ecologia: novos espaços para a Vida Religiosa Consagrada
Afonso Murad 149

Profissionalização, especialização
e missão congregacional
Estêvão Raschietti 174

Envelhecimento saudável: uma arte
Maria de Fátima Alves de Morais 201

A circularidade e os diversos modos de exercer o poder
Cleusa Maria Andreatta e *Susana María Rocca* 226

Uma formação integral hoje e amanhã
Paulo Dullius 243

Anunciar com a vida que ele ressuscitou
Mauro Negro 270

Orar sem cessar: mística e mistagogia da vida religiosa
Luiz Carlos Susin e Salete Verônica Dal Mago 288

"Vejam que estou fazendo uma coisa nova"
"Ela está brotando agora e vocês não percebem?"
Tomaz Hughes 321

Outros olhares

Uma missão amazônica
Felício Pontes Jr. 343

Imagens de vida religiosa
Lucia Ribeiro 348

A comum e difícil tarefa de se sentir útil: experiência,
proximidade e crescimento com a Vida Consagrada
Cesar Kuzma 352

Da Vida Consagrada à consagração da vida
Jacques Távora Alfonsin 357

Um leigo buscando sinais exemplares na Vida Consagrada
Luiz Alberto Gomez de Souza 360

São homens e mulheres como os que marcaram
minha vida que a Igreja necessita cada dia mais
Sonia Maria Marques de Souza Cosentino 365

As "irmãzinhas" de caminhada, com ou sem hábito
Sérgio Ricardo Coutinho 369

Nos caminhos da justiça, da alegria
e da esperança: vida religiosa no Brasil
Faustino Teixeira 372

"Nunca vos detenhais! Sempre em movimento!"
(Papa Francisco aos religiosos)
Maria Emmir Oquendo Nogueira 376

APRESENTAÇÃO

Em processo de transformação

Queridas religiosas, queridos religiosos, Deus, em seu infinito amor, cuida de nós e, respeitando a nossa liberdade, nos possibilita a vida plena. E para despertar o nosso interesse, anuncia: "Vejam que estou fazendo uma coisa nova" (Is 43,19). E nos convida a acolher com carinho o seu sonho – a vida plena –, porque ele é o Deus da vida e do amor.

O Papa Francisco, íntimo de Deus, compreendeu o sonho e instituiu o Ano da Vida Consagrada. Na Carta Apostólica, o Papa nos apresenta os três objetivos do Ano: olhar com gratidão para o passado; viver com paixão o presente; abraçar com esperança o futuro. A nossa esperança é Deus, para quem "nada é impossível" (Lc 1,37). Centrada em Cristo e iluminada pelo Espírito, a VRC poderá escrever a grande história no futuro.

A Equipe Interdisciplinar de Assessoria da CRB, num gesto de doação e de esperança, imbuiu-se do sonho e, gentilmente, produziu e partilha conosco esta sublime obra: "Vida Religiosa Consagrada em processo de transformação". Sozinhos apenas fazemos reformas, mas, com Deus, transformamos. O sonho de Deus é um projeto de transformação, não de reforma. E aqui está o livro para nos ajudar a encontrar o horizonte.

A CRB e a VRC sentem-se imensamente gratas à Equipe Interdisciplinar e a outros autores convidados. Nestes tempos de individualismo e de utilitarismo, a gentileza dos autores é sinal de que a bondade e o desprendimento – sinais do Reino – são valores perenes e indestrutíveis. Mais que as palavras, são as obras que tornam possível o sonho.

Religiosas e religiosos, recebam com alegria esta obra – graça de Deus. O Ano da Vida Consagrada torna-se mais rico e nossas ações, mais transformadoras. E tenhamos continuamente na missão as palavras do Papa: "Sempre onde estão os/as consagrados/as, sempre há alegria!".

Maria Inês Ribeiro
Presidente Nacional da CRB

Introdução[*]

"A manhã vem chegando,
mas ainda é noite"
(Is 21,12a).

Luiz Carlos Susin

Em tempos de grande transformação, perguntas radicais atingem as razões primeiras: por que estar nesta vida, nesta forma de vida? Para que, no caso, ser religiosa ou religioso de uma congregação, de uma ordem religiosa? Na verdade, ser *cristão* é o ideal que está na raiz de tudo e por cima de tudo. Tornar-se cristão é, então, a meta da Vida Religiosa Consagrada (VRC) nas diferentes formas de seguimento de Jesus. Quem recebe o dom do chamado à consagração religiosa não abraça uma determinada forma de vida para ser melhor do que os outros cristãos, mas para percorrer um caminho em que de fato possa "vir a ser cristão" (Jon Sobrino). A VRC

---

* Esta obra foi elaborada pelo Grupo de Pesquisa Interinstitucional "Vida religiosa: problemática atual e teologia", vinculado à FAJE (Faculdade Jesuíta de Filosofia e Teologia), nome acadêmico da Equipe Interdisciplinar de Assessoria à CRB (Conferência dos Religiosos do Brasil).

INTRODUÇÃO

não está, pois, acima da vida cristã dos leigos, de todos os cristãos. É uma forma comprovada, segundo os diferentes carismas, para *chegar a ser um bom cristão*, assim como há outros caminhos comprovados por onde também, segundo o dom e a vocação de cada pessoa, se busca ser um bom cristão. Esta verdade é libertadora, e tirou séculos das costas de quem via pesar sobre si a obrigação de ser super-humano, deixando a mediocridade para a maioria dos cristãos, uma arrogância para uns e uma humilhação para outros – a maioria –, ainda que inconscientemente, mas para todos – religiosos e leigos – uma injustiça. O Concílio Vaticano II marcou bem o começo de uma grande virada, uma mudança de paradigma na VRC. Nesse sentido, o capítulo VI da *Lumen Gentium*, que trata dos *Religiosos*, não apenas por seu conteúdo, mas por sua relação com os capítulos anteriores sobre os Leigos (IV) e sobre a vocação universal à santidade (V), preparou com um novo lugar e um novo sentido a autoconsciência da VRC e serviu de moldura para o documento específico *Perfectae Caritatis* (1965), do qual celebramos o cinquentenário juntamente com o final do Concílio, o que motiva este Ano da Vida Religiosa Consagrada de 2015 e esta publicação.

O Concílio foi anunciado por João XXIII, o Papa Bom, como uma primavera para a Igreja. Logo, *Perfectae Caritatis* seria uma primavera para a VRC, o começo de uma transformação. Neste processo, que não dominamos inteiramente – ao contrário: em que somos submetidos como em um casulo forçado para a metamorfose –, a primavera parece ter se estendido para longe e a aurora interminável de promessa de um novo tempo nos deixa em um lusco-fusco que já não distinguimos se é realmente de um amanhecer ou do começo da noite – são tão iguais! Há cinquenta anos de *Perfectae Caritatis*, mesmo passando por *Vita Consecrata* (1996), estamos ainda na decadência do velho paradigma ou temos sinais de um modelo novo, que ajude a nós e aos demais batizados a virmos a ser cristãos de verdade neste tempo?

Por um lado, membros da equipe interdisciplinar de assessoria à CRB escutam com certa frequência Brasil afora, abertamente ou entre murmúrios, que este modelo de VRC provindo de longas tradições anteriores ao Concílio, que fez uma série de reformas após o Concílio, que se abriu às pastorais na Igreja, que se lançou à inserção em meios populares e pobres, que anda em missão, não é ainda o que deverá ser – portanto, um modelo com sinais de estado terminal. Por outro lado, há uma *nuvem de testemunhas* (cf. Hb 12,1), dentro e fora de nosso país, as quais fazem ressoar bem alto o valor e a consistência de vidas consagradas e missionárias até o dom radical de suas vidas, nossos santos e santas, mártires contemporâneos que palmilharam ou ainda seguem o caminho da VRC. Seria tal nuvem de testemunhas apenas exceção a um modelo decadente? O simples fato de existirem já não basta para redimir o que há de pesado e passado nas formas da VRC?

Nós procuramos não escamotear a realidade crua e até cruel de sofrimentos de congregações inteiras que, depois de tanto heroísmo e tantos benefícios ao Povo de Deus, se veem envelhecer sem promessa de juventude, diminuindo suas forças para a missão. Já no primeiro capítulo deste livro há uma análise com um leque amplo de problemas para colocarmos as cartas na mesa e começarmos a falar abertamente de todos os problemas que nos angustiam. Mas a equipe é movida por um olhar de fé cristã que olha mais longe: no coração da VRC está a Páscoa, a metamorfose da ressurreição que não dá frutos sem que a semente morra, não bate asas sem primeiro pacientar na estreiteza do casulo. Por nós mesmos não podemos saber como será o novo modelo, e precisamos confessar publicamente que não sabemos. Mas confiamos na

Palavra e no Espírito, missões divinas que nos são asseguradas. E por isso colocamos a palavra do profeta junto ao título deste livro: "Não fiquem lembrando o passado, não pensem nas coisas antigas; eis que estou fazendo coisa nova: ela está brotando agora e vocês não enxergam?" (Is 43,18-19a). Este livro ancora a esperança firme na Palavra de Deus, que é de Páscoa e de vida nova. Os três capítulos finais, comentando o texto de Isaías e Emaús, e percorrendo a história e a atual busca de mística nos ensaios da mistagogia, são dedicados a esta rocha perene sobre a qual construir a casa da VRC. Sabemos, pela história da VRC, que modelos e congregações inteiras passaram, mas a VRC se reencontrou em novas formas. E se há futuro para a história da humanidade e para a Igreja, certamente haverá ainda mais para a VRC em modelos novos que não sabemos exatamente. Mas acreditamos e por isso buscamos, já assentando nesta rocha firme as vigas mestras.

Seriam as novas comunidades de aliança e de vida, saídas da matriz pentecostal da Renovação Carismática Católica, um sinal do vento criador do Espírito, a promessa de nova primavera da VRC, ensaios que poderão amadurecer num modelo futuro de VRC e oferecer aos cristãos e ao mundo a fina flor da entrega fervorosa e reverente e da missão cristã na liberdade de movimento? Aqui trazemos, por um lado, o estudo ponderado, cuidadoso e analítico da pesquisadora Brenda Carranza. E, por outro lado, o testemunho de pessoa totalmente entregue a estes novos sinais, a formadora geral de uma das mais notáveis comunidades novas, a *comunidade Católica Shalom*, Maria Emmir Oquendo Nogueira.

Numa realidade em que três quartos dos participantes são mulheres – assim é a realidade da VRC –, numa Igreja em que a hierarquia continua inteiramente masculina, mas onde as mulheres, que foram as transmissoras da fé cristã, agora começam a hesitar sobre tudo isso, não podemos duvidar que há uma questão premente quando refletimos por onde vamos – na verdade, por onde as mulheres conduzirão a VRC. O capítulo, escrito evidentemente por uma mulher consagrada, manda que se levantem apressadamente, como as mulheres que foram ao túmulo na manhã do domingo. Que forte esta imagem! Os/as leitores/as poderão saboreá-la ao longo de todo o capítulo e mesmo ao longo do livro, assunto que não nos deixa indiferentes.

Os contextos históricos e culturais – a história do mundo – foram lidos insistentemente por João XXIII na *Pacem in Terris* como "sinais dos tempos", ou seja, indicadores de tempos grávidos de revelação e de desígnio divino para nós. Isso clama por nosso discernimento crítico, porque nossa vida ou morte no futuro estão inscritos na decisão que tomarmos diante dos sinais dos tempos. Talvez nunca tenha sido fácil distinguir com clareza, sobretudo em mudanças de época. A nossa mudança de época, porém, parece ser mais complexa, mais profunda, mais radical do que qualquer outra depois da era neolítica. E o Papa Francisco nos recomenda olhar o todo antes das partes (EG 234-237), o que exige um olhar longo e largo sobre a nossa época nunca antes tão conectada, uma grande metamorfose da humanidade sobre o planeta Terra.

Neste livro pensamos estes indicadores em camadas. Uma primeira reflexão examina as novas fronteiras da comunicação, das tecnologias de comunicação, e a transformação que está provocando em nosso modo de vida, e o que isso pode representar para a VRC.

Outro capítulo é dedicado à percepção do novo paradigma ecológico, da espiritualidade holística que este novo paradigma oferece, e como isso pode moldar e alargar a tenda da VRC.

Uma nova realidade que se torna cotidiano na intensificação da globalização das culturas e que começa a atravessar cada vez mais a VRC é a interculturalidade. A internacionalidade, a convivência de culturas diversas na mesma comunidade, sob o mesmo teto e à mesma mesa, está se tornando uma realidade que veio para aumentar: o que isso anuncia à VRC num mundo que hesita entre a hospitalidade e a xenofobia? O artigo de um experiente indiano em terra brasileira nos desvenda os passos de uma convivência intercultural profética.

Outro grande sinal que tratamos com seriedade, elemento que toca a nossa pele, a nossa cultura e o nossa forma de estar em sociedade, é o trabalho em franca transformação. Somos suspeitos de manter obras a todo custo quando poderíamos partir para novas formas de vida, mais simples e leves, mais transparentes e realistas. Seria por pura razão econômica, ainda que digamos que uma obra economicamente bem estruturada nos ajuda nas missões economicamente deficitárias? Até quando vamos poder sustentar muita instituição com pouca gente – e, parece, sem muita convicção, sem muita vocação –, isso é algo que não sabemos. O que sabemos é que o trabalho e, portanto, as formas de ganhar o pão e o sustento da vida economicamente está mudando muito e rápido por todo lado. Também para a VRC não basta contar com mão de obra barata, porque sem especialidade profissional. Esta é uma área minada que exige uma honesta reflexão, começando por informações que nos tragam clareza. E é isso que pensamos, oferecendo neste livro um capítulo dedicado à relação entre profissionalização, especialização e a missão de cada congregação ou ordem religiosa.

Na sabedoria de bem viver os sinais dos tempos, neste tempo em que há um índice tendente a ser maior de pessoas idosas na

VRC, há também um acúmulo de bons conhecimentos para que a nossa última idade neste mundo seja bem vivida, com muito sentido e muita vitalidade dentro dos seus limites próprios. Dedicamos um capítulo com informações e reflexões para ajudar a manter viva a missão e a alegria de viver, o testemunho e a fecundidade, num envelhecimento saudável. Uma visão que se pretende voltar para o futuro não seria completa se não contemplasse esta fase da vida com positividade sem perder o realismo.

Na preparação ao seminário nacional da juventude da VRC, a equipe da CRB que articulava tal preparação selecionou da primeira sondagem três grandes áreas de interesse de religiosos/as jovens e devolveu aos grupos organizados por todo o Brasil. Na ocasião era expectativa da equipe que o assunto "afetividade/sexualidade" estivesse no topo das questões. Mas não, de longe a questão maior foi a das relações de poder e autoridade na VRC. E o andamento posterior só confirmou este nó górdio que precisa ser desatado, se tentarmos dar espaço a um novo paradigma. Um "bom poder" que seja *poder de fazer surgir poder* para uma *ação em conjunto*, experiência conjunta de poder, certamente sinal do poder de Deus, pode e deve ser um grande sinal para o mundo. Sobre isso trabalham aqui duas mulheres de congregações distintas: se "o círculo é a festa do pensamento" (Heidegger), a "circularidade do poder" é a festa da ação e da missão poderosas. O futuro, seja qual for o modelo, vai necessitar de poder, mas seu exercício vai mudar.

A formação para a VRC, em termos de vitalidade e mesmo como termômetro de vitalidade, é irmã gêmea da missão. E o trabalho de formação, que talvez ainda seja visto, aqui e ali, como um "trabalho interno", num certo mimetismo com os seminários – assim também os juvenatos etc. –, na verdade hoje tende a ser mais um trabalho de vitrine, em que a promoção ou animação vocacional se tornou ponto sensível. E depois... a formação é para sempre, é integral, é – como o poder – em circularidade, com todos os formandos e todos os formadores, sem destruir as peculiaridades de cada história pessoal. Enfim, trata-se, como acentua o capítulo que não poderia faltar neste livro, de uma formação integral, continuada, em direção à autenticidade, à oblatividade, à entrega evangélica e evangelizadora. O autor do capítulo recorre a uma articulada interdisciplinaridade para oferecer inspiração e critérios para quem tem como missão específica a formação, sobretudo, de jovens à VRC.

Convidamos cristãos e cristãs a compartilhar conosco o caminho da fé e do Batismo, para que, desde seus contextos e suas experiências de vida ao lado de uma irmã ou de um irmão da VRC, dissessem sua palavra, manifestassem sua esperança a respeito da VRC. É uma maneira de buscar sinais.

A VRC que está em foco nesta produção conjunta é eminentemente a vida de consagrados ao apostolado. Houve um tempo em que se dividiu a VRC em ordens de vida contemplativa e congregações de vida ativa, apostólica. Como nem todos se sentiam confortáveis nesta dupla e simplificada divisão – é o caso, sobretudo, das ordens de raiz medieval –, tínhamos também "vida mista". Bem, hoje essas divisões nos fazem sorrir, pois todos temos sede de contemplação, todos estamos bastante exaustos de ação, e muitas de nossas ações não parecem mais ser tão relevantes. Então começamos pelos problemas de nossas ações, de nossas agendas, de nosso modo moderno de nos movermos em apostolado. No final, vamos também buscar a montanha da contemplação a que todos aspiramos.

O livro não precisa ser lido exatamente na ordem em que se apresenta, nem todo de uma vez. Os capítulos podem ser úteis em diferentes momentos e na ordem que interessar ao/à leitor/a.

Embora a destinação seja aberta, é claro que não está escrito na forma de uma cartilha para animar estudos de comunidades. São estudos, pesquisas, reflexões, que pretendem oferecer ajuda especialmente a quem precisa assessorar a VRC em retiros, cursos, palestras. É também um subsídio para quem precisa assumir encargos de coordenação e liderança no ministério do poder: provinciais, superiores de comunidades e, sobretudo, os formadores que precisam ajudar honestamente quem está em formação inicial a pensar bem a graça do chamado à VRC.

O conjunto dos textos foi submetido à leitura e à discussão de todos os membros da equipe interdisciplinar de assessoria, de tal forma que, junto à assinatura de autoria, está a equipe inteira. A satisfação da taça, ainda que de barro, está em servir o seu melhor conteúdo a tão bons comensais na sororidade e na fraternidade.

Do porto seguro a um tempo de provação, da incerteza à esperança pascal: a Vida Religiosa Consagrada e os seus atuais desafios

Luiz Augusto de Mattos[*]

1. Introdução

Já faz algum tempo que se constata, na experiência de religiosos(as)[1] – em proporção significativa[2] da Vida Religiosa Consagrada (VRC) –, uma busca de sentido, uma revisão da própria instituição religiosa, a vontade de voltar ao carisma fundacional, uma preocupação com a refundação da VRC a partir de uma "volta às fontes". Também se testemunha um desânimo, uma descrença e uma falta de esperança por parte de certo número de religiosos. Além disso,

---

[*] Frade agostiniano (OSA). Doutor em ética teológica. Professor no ITESP e na USF. Membro da equipe interdisciplinar de assessoria da CRB.

[1] Neste texto, quando falamos de Vida Religiosa Consagrada, referimo-nos à vida religiosa *ativa* ou *apostólica*.

[2] Por "significativa" se entende aqui, sobretudo, a grande quantidade.

um número considerável dos que deixam a vida religiosa insistem em afirmar que "esta figura histórica de VC está esgotada",[3] numa tentativa de encontrar novos modelos de Vida Consagrada etc. Por outro lado, se a vida dos(as) religiosos(as) dependesse (somente!) de documentos, reuniões as mais diversas, viagens para cursos e congressos, já teria sido solucionada a sua "sangria" no campo da ação missionária e a "anemia" profética e espiritual, tanto pessoal como comunitária e institucional. Também é fato aceito, por parte importante da Vida Consagrada, a pouca influência que ela exerce no mundo contemporâneo, devido à ineficiência na evangelização da sociedade (pós)moderna e à irrelevância ou não plausibilidade da experiência de vida para o povo e a sociedade em geral. Outra realidade que chama a atenção é a unificação das províncias, como sendo uma solução diante de uma crise estrutural que atinge a VRC.[4] Isso demonstra uma tentativa de reconfigurar a experiência religiosa no atual contexto, seja diante de um futuro pouco promissor para algumas províncias ou congregações, seja como um jeito novo de encontrar um caminho promissor.

Não obstante a realidade, não se pode desconsiderar a presença, em quase todas as congregações, de pessoas cheias de motivação, generosas e honestas para não apenas continuar na VRC, mas também ser uma presença marcante na Igreja e na atual sociedade – são, talvez, "minorias abraâmicas", mas existem! Inclusive, em

---

[3] "Existe algo indiscutível: se não somos os últimos religiosos, somos inexoravelmente as últimas testemunhas de certo modo de viver a Vida Consagrada" (Tillard).

[4] Quando se trata de crise estrutural, pensa-se na realidade que dá sustentação, consistência à experiência de vida dos(das) religiosos(as). Como aquilo que "nos constitui, nos estrutura por dentro ao mesmo tempo em que nos configura por fora. É como se nos faltasse a coluna vertebral da nossa vida, a que nos permite ficar de pé como vida religiosa apostólica" (Carlos Palácio).

alguns casos, são martirizadas, isoladas, maltratadas, provocadas ou até convidadas a se retirarem da instituição. Elas incomodam o modelo instituído de vida institucional ou o modelo de sociedade reinante.

No caso, por exemplo, da crítica ao modelo institucional, dever-se-ia estar alerta diante da priorização da instituição "em si", e não da caridade e da justiça para com a vida das pessoas da instituição, sobretudo das pessoas lúcidas, livres, criativas e corajosas. Parece, em certos casos, que os valores apreciados são os de mediocridade intelectual, aburguesamento, infantilismo existencial, voracidade consumista, luta pelo poder na instituição religiosa, alheamento em relação ao contexto histórico, busca de cargos importantes, parcialização social favorecendo os que são espetáculos fantásticos na mídia e, por outro lado, desinvestimento em relação aos "sobrantes" ou insignificantes na sociedade.

Mas a análise que aqui será apresentada, considerando o que foi lembrado antes, vai ao encontro do *porquê* de a vida religiosa, como tudo indica, não estar sendo o *fermento*, o *sal* e a *luz* que deveria ser na atual civilização (pós)moderna, plural, democrática e secular. Ao mesmo tempo procurar-se-á dar, ainda que modestamente, pistas para uma saída ou alternativa de vida, razões para que a vida religiosa, a partir de *algumas experiências*, se renove e se reencante ou se reencontre diante de tanto marasmo, apatia e medo de se lançar para novas expressões.

Não há "bola de cristal" para resolver a problemática de fundo da VRC, mas é possível ter algumas intuições que podem ser válidas para o presente, mantendo a consciência da *imprevisibilidade* da ação do Espírito na história.

2. Permanecer no mundo sem ser do mundo (cf. Jo 17,9-16): a raiz da crise

Por que a VRC não se sente provocada a assumir e viver uma vocação para experiências novas em termos de alternatividade ou novo modelo de vida? A VRC, por sua identidade de liberdade ante as hierarquias, o poder, o zelo jurídico, vale dizer, por ela não ser uma representante oficial da Igreja, poderia aventurar-se em novas experiências. Têm surgido grupos novos de religiosos, mas às vezes alguns são tão conservadores, fundamentalistas, complicados ou com supostos "carismas", que caberia uma análise a respeito dos mesmos.

Não é possível ir a fundo à causa da crise estrutural da VRC se não aprofundarmos *problemas mais sérios* que têm levado a essa situação. Um dos problemas é a não adaptação ou identificação responsável com as *grandes mudanças* que permeiam a civilização mundial nas últimas décadas.

A mudança sociocultural

Uma mudança que tem influenciado determinantemente a VRC é a mudança sociocultural. Com essa mudança o que está prevalecendo na vida pessoal é o "advento da subjetividade". O ser humano quer ser considerado o centro das preocupações, do pensamento e da instituição. Busca-se ser *sujeito autocentrado*, o que, no caso de membros de uma congregação, leva a priorizar mais um olhar para si do que para os fins da congregação ou para um serviço pela causa do povo em nome do Reino. Antes de ser religioso, o que importa é ser sujeito. Por isso a vivência dos votos, por exemplo, não faz muito sentido na atual sociedade – razão de muitos estudos publicados para resgatar o significado teológico dos votos. Outro caso exemplar: fala-se de uma vida ou comunidade religiosa engajada na opção pelos pobres. Isso é complicadíssimo na atual geração. O fascínio do bem-estar e do estilo de vida da nova burguesia, das classes sociais privilegiadas, também inunda e cria desejos no coração e na mente de religiosos(as), e, por isso, ir ao encontro dos pobres é cada vez mais difícil. A vida dos(as) religiosos(as) se torna prisioneira da cultura hegemônica e da posição social onde esta cultura tem origem, o que dificulta o contato direto com o mundo popular ou a situação dos excluídos. Hoje se tornou muito difícil, quase uma ilusão ou utopia, pedir um engajamento sério e comprometido ou uma vida que lembre a realidade dos pobres. Ainda que se possa constatar a existência de pessoas carismáticas na vida religiosa, que buscam realizar sua missão no caminho do seguimento de Jesus.

Na atual transformação cultural, a pessoa cultiva acima de tudo a autonomia, a liberdade, a estética, o afeto, o bem-estar e a autossatisfação... Nada de ascese, abstinência, abnegação, sacrifícios: isso não tem sentido na atual sociedade. Não tem sentido, segundo uma mentalidade subjetivista, não viver uma vida autocentrada que cultive o próprio bem-estar. Os votos de castidade (compreendida aqui como abstinência sexual), pobreza e obediência não recebem a adesão que deveriam. Como diz o provérbio: "na prática a teoria é outra". Vive-se, então, em alguns casos, a partir da filosofia das aparências, do "faz de conta" em relação a alguns valores ou ideais sonhados e pregados.

Ajuda-nos a entender o que se passa também na VRC o que analisa Lipovetsky, ao chamar a atual cultura de "cultura-mundo". Assume-se a "cultura-mundo" a partir da "cultura de hiperconsumo", que conduz para a privacidade no modelo de ostentação consumista:

A era hipermoderna caracteriza-se por uma nova revolução consumista em que o equipamento concerne essencialmente aos indivíduos: o computador pessoal, o telefone móvel, o iPod, o GPS de bolso, os videogames, o smartphone. Nessas condições, cada um gere seu tempo como bem entende, por estar menos sujeito às coerções coletivas e muito mais preocupado em obter tudo o que se relaciona ao seu conforto próprio, à sua maneira de viver, ao seu modo de se comportar, escolhendo um mundo seu. Assim essa personalização anda junto com a dessincronização dos usos coletivos: o espaço-tempo do consumo tornou-se o do próprio indivíduo, constituindo um componente importante e um acelerador da cultura individualista.[5]

Os indivíduos vão se tornando, cada vez mais, livres em sua vida privada, apesar da dependência do mercado para a satisfação de seus desejos. E aqui fica a questão crucial: é possível (ainda!) conciliar nessa cultura individualista e consumista uma experiência religiosa comunitária e de característica de simplicidade, renúncia e pobreza?

Não há dúvida de que existem pessoas e comunidades religiosas que vivem concretamente um estilo de vida pobre e de resistência ao mundo consumista. Experiências de vida encontradas, sobretudo, em algumas comunidades religiosas recém-fundadas. A partir disso se pode perguntar: a esperança de uma vida religiosa profética, como "sinais dos tempos", passa por essas comunidades, ou que modelos de comunidades religiosas seriam inovadores, proféticos, na atual conjuntura?

---

[5] LIPOVETSKY, Gilles; SERROY, Jean. *A cultura-mundo*: resposta a uma sociedade desorientada. São Paulo: Companhia das Letras, 2011. p. 56-57. O autor ainda comenta: "Não caminhamos para um mundo em que os gostos, os modos de vida e os costumes serão idênticos, mas para culturas diferentes reestruturadas pelas mesmas lógicas do capitalismo e do tecnicismo, do individualismo e do consumismo. Não um modelo único, mas versões diferentes de uma cultura-mundo baseada no mercado, na tecnociência, no indivíduo" (p. 64-65).

A mudança econômica

Outro fator indiscutível, como realidade que reorienta inclusive e muito da VRC, é a economia de mercado. O mercado se apresenta como quem dita as normas e os valores para que o indivíduo ou a instituição tenham ou recebam reconhecimento, identidade e poder na sociedade; caso contrário, o ser humano não existe para a sociedade, e a instituição, com suas obras e projetos, não terá fôlego para se sustentar, vai à falência. Para o mercado, o consumidor é majestade. Pode-se parafrasear Descartes: "consumo, logo existo!". Estar fora da lógica mercadológica é ser zé-ninguém. Por isso, os sonhos, desejos, utopias e esperanças vão ao encontro da afirmação do mercado que é uma paráfrase da própria Igreja: "fora do mercado não há salvação". É perda de tempo e falta de visão as congregações quererem – nesse tempo de *mercadocentrismo* – "policiar" seus membros no que diz respeito à política de vida cultural, social, em nome de uma vida mais pobre e abnegada. É urgente trabalhar a convicção, as motivações interiores, a consciência, e não domesticar, policiar e investigar. Pois esta segunda sorte de atitudes só provoca infantilismo, subserviência e perversão. O resultado é nada, já que o mundo do mercado, do consumo, da economia leva a uma experiência de fascínio idolátrico que não se tira com lei, rigor moral, sermões e boas intenções.

O fator econômico é preponderante e determinante, condicionando e permeando a vida de cada religioso(a), ou seja, o modo de se relacionar, enxergar o mundo, pensar a vida, tudo isso tem afinal um viés econômico. A política de onipresença da dimensão econômica na subjetividade de cada indivíduo não se resolve com uma declaração de princípios ou publicações de documentos. Hoje se corre o risco de sermos "evangelizados" pelo mercado, convencidos por suas boas propagandas. Muitos religiosos têm deixado suas congregações em busca de uma autonomia econômica. Querem ser sujeitos de decisão econômica em relação à própria vida. Disso decorre a pergunta: em muitas congregações ou províncias as questões econômicas não são determinantes? Não gastamos muito, demasiado tempo em resolver questões administrativas nas e das obras? Há casos de congregações que gastam mais tempo com questões administrativas, burocráticas e econômicas do que com temas importantes para os religiosos, no que diz respeito ao cultivo da vida de consagração. Geralmente, nas assembleias provinciais, quando se trata da economia, toda ideologia, utopia e teologia desaparecem, como se as pessoas saíssem do sonho e encarassem a realidade concreta – não há relação, nesse caso, entre sonhos e ações, teorias e práticas. E ainda: as grandes obras das congregações – hospitais, colégios, universidades, orfanatos etc. – se tornaram expressões das exigências do mercado e ficam a serviço dos princípios do mercado: capacitação profissional, eficiência, concorrência, *status* social etc. O Evangelho se torna uma lembrança apenas teórica e legitimadora aos olhos da congregação. É reconciliável, na atualidade, uma grande obra de uma congregação com a Palavra de Deus? Frequentemente encontramos justificativas como: de uma grande obra se arrecada o dinheiro necessário para ajudar os pobres, ou seja, as obras são filantrópicas. Mas não se percebe a contradição: se está fazendo caridade com o dinheiro público, que deveria ser repassado ao governo. Há diversos raciocínios possíveis nessa relação filantrópica entre governo e congregações, mas isso complica demais o *verdadeiro testemunho* em nome do Evangelho.

É claro que a VRC não pode estacionar no amadorismo ou na falta de capacidade profissional em sua estrutura institucional, sobretudo nas suas obras, a fim de responder à demanda que vem das exigências da atual sociedade tecnológica, científica e institucionalmente mais complexa, organizada sobretudo pelo mercado. Diante dessa situação surge a preocupação: o que fazer? Não há resposta pronta, mas uma coisa é certa: em meio à globalização capitalista e de mercado, a VRC não está imune da lógica desse mercado concentrador conforme a regra capitalista. Corre-se o risco de hipocrisia e acomodação no mundo da opulência! E isso dificulta escutar e assumir com responsabilidade o grito de milhões de Lázaros na atual civilização.

A mudança tecnológica e científica

Um terceiro fator, que determina o modo de ser religioso hoje, advém da revolução tecnológica e científica. A vida religiosa está sendo remodelada também pelo poder de influência e determinação vindo da tecnologia e das ciências. É certo que não se pode estar alheio às conquistas e inovações provindas da ciência e da tecnologia. Mas é importante advertir que há consequências que se chocam com um modelo de vida e de estrutura institucional que é arcaico e que, no entanto, subsiste no interior da vida religiosa. Esse choque pode ser constatado na nova mentalidade dos(das) novos(as) religiosos(as), e também dos(das) vocacionados(as), diante da experiência com o mundo da informática, da realidade virtual, do interesse pelas conquistas científicas em relação ao corpo, à saúde, ao embelezamento, ao novo modo de se relacionar e comunicar. Gastam-se, em frequentes casos, horas nas redes sociais (MSN, whatsApp, facebook etc.), tornando a comunicação, por exemplo, através do celular, algo cada vez mais imprescindível. O celular, hoje, é um *ambiente* através do qual a pessoa se relaciona, trabalha, estuda, reza, faz política, assiste a vídeos etc.

Não ter acesso a esse ambiente virtual de redes sociais é estar fora da realidade, querer arcaizar inutilmente ou, em algumas situações, ser irresponsável diante das demandas que se encontram ante certas atividades como religiosos(as). Imaginemos, no plano institucional, o que significaria não modernizar as grandes obras das congregações, incluindo a área digital, Internet etc. – é caminhar para a morte das mesmas. Então, seja no plano pessoal, comunitário ou institucional, é impossível viver e trabalhar sem considerar a importância da revolução tecnológica e científica na vida religiosa. Uma congregação que não se abra a esse mundo está fadada a uma "desconexão" com a vida, com a sociedade, ou a não viver uma contextualização e uma plausibilidade dentro da história. Mas há interrogações. Exemplificando, na atual sociedade a grande utopia passa pela saúde perfeita, pela experiência do pós-humano em que o artificial, a prótese, a fabricação até do corpo são vistos como melhores do que o natural. Ou a pergunta se aprofunda: o que seria hoje "natural"? Essas realidades estão sendo construídas e buscadas pela revolução científica e (bio)tecnológica.

Diante desse mundo, como falar de comunidade de carne e osso, ou o que é, qual a fronteira, quais os traços de uma comunidade? O que deveria significar a comunitariedade na VRC? Como se posicionar diante dos avanços científicos e tecnológicos à luz da ética, da bioética e de uma política a favor da vida? Não resta dúvida de que é mais complicado do que se possa imaginar estar fora da revolução científica e tecnológica; é necessário encarar desde dentro os seus tremendos desafios.

A mudança na concepção do tempo e do espaço

Um último fator que chama a atenção é a mudança de concepção em relação ao tempo e ao espaço. Sempre pareceu árduo ao pensamento quando se trata de pensar o tempo e o espaço. E, no entanto, eles moldam o nosso cotidiano. Tudo tem contribuído para uma *desespacialização* e uma *destemporalização*, uma ruptura com as fronteiras do espaço do cotidiano e com os tempos vividos que conhecíamos há algumas décadas. Isso implica repensar nossos espaços de convivência, de experiência do sagrado e da rotina cotidiana (exemplo, horários e modelo de disciplina), bem como a necessidade de retrabalhar a visão mesma do tempo, da disciplina comunitária, do modelo de programação do tempo. Hoje a fluidez, a espontaneidade, a confiança, a consensualidade, a tolerância, a autonomia responsável, a reciprocidade mútua deveriam falar mais alto nas experiências comunitárias.

Algumas consequências das mudanças

As mudanças que se operaram de forma gigantesca na sociedade e na cultura contemporânea têm consequências profundas na VRC. Contribuíram para o aprofundamento da crise lá onde esperávamos uma nova primavera. Vejamos o que tem contribuído para a crise *na* e *da* vida religiosa mais de perto, o que tem a ver com certa concepção da própria vida religiosa e com ambiguidades no jeito de levar a vida e ser presença no mundo. Nesse sentido, é possível apontar alguns fatores,[6] como:

- *"separação entre o ser e o fazer"*: em muitas experiências se constata uma dicotomia ou uma falta de unidade entre o *ser* e o *fazer*. Como se o *ser* estivesse na esfera da identidade, do espiritual, e o *fazer* (missão) como algo ligado ao mundo ou para o mundo. Não se capta o sentido de que o ser do religioso é um ser para os desafios da sociedade e do

---

[6] Cf. PALÁCIO, Carlos. Luzes e sombras da Vida Religiosa Consagrada nos dias de hoje, *Convergência*, n. 444 (2011): 424-426.

mundo e um ser que se constitui em seu fazer. Essa ruptura contribui para um sério esvaziamento da compreensão do missionar como sendo expressão do *ser* religioso. Por isso a seguinte consequência: "a VR se tornou mais vulnerável a valores e critérios alheios ao Evangelho. Como negar que houve uma assimilação acrítica da 'mentalidade do mundo' (cf. Rm 12,2), uma mistura indevida do que o Evangelho de João distingue com tanta nitidez entre: 'estar no mundo' e 'ser do mundo' (cf. Jo 17,9-18)? O resultado foi a perda da mobilidade apostólica, falta de liberdade em relação às obras atuais e medo em face dos novos desafios";[7]

- *"perda da visibilidade social e ambiguidade das instituições"*: as grandes mudanças no mundo pedem que a VRC busque reinventar sua presença no mundo. Antes ela buscava servir os mais necessitados por meio de algumas obras ou serviços públicos (hospitais, escolas, orfanatos, asilos) que hoje deveriam ser assumidos pelo Estado. Talvez esse trabalho não devesse mais ser assumido mesmo como suplência. Como o Estado regula em detalhes e impõe suas exigências que são consequência de sua visão, na suplência filantrópica fica-se quase como refém, como trabalhadores baratos do Estado. Isso dá o que pensar e discutir. Pois, por outro lado, continua sendo verdade que, diante de uma realidade de orfandade social ou injustiça social alarmante, pode-se realizar um trabalho responsável nessas instituições. Não há dúvida de que muitas obras, na atualidade, pelo fato de estarem dentro de uma política mercadológica, dificultam ser compreendidas e assumidas da perspectiva do Evangelho. Também não

---

[7] Ibid., p. 425.

podemos ignorar que, para muitas congregações, as grandes obras são o único ou o grande meio de rentabilidade, que garante – em alguns casos – um modelo de vida recheado de privilégios, por exemplo, na área do consumo e do *status* social. Em outros casos, permitem uma transferência de sustento para iniciativas missionárias em áreas pobres. Então pedir uma opção radical ante as grandes obras parece não ser algo negociável na atualidade em algumas experiências, mas é um fator que tem gerado crises nas dimensões pessoal e institucional, sobretudo na perseverança vocacional de jovens. Esta constatação já se tornou antiga sem ter sido ainda bem equacionada, pelo contrário, se tornou mais aguda.

- *pragmatismo na missão*: a vida religiosa, diante de uma sociedade que preza a competitividade, a concorrência e a eficiência, sobretudo em nome do progresso, pode se deixar evangelizar pela ideia de querer ter poder para transformar o mundo ou colocá-lo na trilha do bom desenvolvimento. Não se pode aceitar essa ideia de onipotência messiânica, de VRC "salvadora do mundo", mas interpretar e compreender nossa presença no mundo desde os humildes, os pequenos, os "servos inúteis". A VRC deve saber nadar contra a correnteza quando se trata da política atual do trabalho e do jeito de compreender a missão. Por outro lado, a missionariedade como horizonte *na* e *da* vida religiosa se apresenta em muitas situações debilitada, pobre e insignificante diante dos desafios e das questões que se apresentam na realidade social, mais ainda quando se quer *ser* anúncio da Boa-Nova à humanidade. Parece, em algumas reações, que a vida religiosa corre o risco de se refugiar na experiência "intra-monacal" ou de se importar "apenas" com os assuntos *ad intra.* Ou chegou a hora de redimensionar a vida ativa da modernidade e ver na vida estética da pós-modernidade um sinal para a importância da vida contemplativa do primeiro milênio e que está mais sintonizada com a simpatia de muitos jovens? Dá o que pensar.

Ante essas questões, fica a impressão de que realmente a vida religiosa não tem escapatória; vale dizer, ela está no mundo e corre o risco de ser do mundo. Ser sinal de contradição custa muito e parece se tornar impossível em algumas experiências. Sobretudo se há a racionalização que justifica ser conivente com a dinâmica mercadológica. É só olhar o modo de vida que alguns religiosos(as) ostentam, ou como são administradas as grandes obras das congregações. Somos filhos(as) e agentes no e do mundo contemporâneo. E assim a impressão é de que uma coisa é o ensino oficial da Igreja que apresenta a vida religiosa como realização da perfeição da vida cristã e como modelo do seguimento de Cristo; outra, é a experiência concreta e viva de grande parte da vida religiosa diante de um mundo globalizado capitalisticamente.

Se hoje as coisas mais importantes, nas instituições de uma província, da congregação, enfim, da vida religiosa, se identificam com a posição social, com as relações que se mantêm com os poderes de decisão, com a busca de privilégios, com uma economia equilibrada de acordo com o mercado, com um cultivo do desejo mimético... então pensar a VRC não pelo *fazer coisas eficazes* e, sim, por *oferecer outro modo de ser, outro modelo de pessoa e de vida,* não acaba sendo mera pretensão? E, no entanto, é algo absolutamente urgente.

Apesar desse quadro ocorrem também experiências de resistência, dedicação e responsabilidade exemplares que mostram outro lado, mais originário, da Vida Consagrada. São pessoas que profeticamente vivem engajadas num modelo de vida que chama a atenção. Nesse rumo quantos religiosos(as) têm sido martirizados, perseguidos e maltratados na atual sociedade, sobretudo em áreas de fronteiras, de missões em meio ao povo; exemplos não faltam. Por isso, o testemunho de uma VRC pobre, solidária, misericordiosa, profética também é realidade, apesar dos desafios no atual contexto.

Não obstante, fica a preocupação sobre o que os(as) religiosos(as) têm que implementar e favorecer para emergir e fortalecer um modo novo de ser e de viver valores e projetos alternativos, sem se acomodar a uma forma de vida pessoal e institucional que se impõe pela política global da ordem sistêmica, mercadológica. Há que seguir buscando novos jeitos de ser na atual realidade do mundo, sempre cultivando a certeza na esperança e na confiança de que *outra VRC é possível*.

3. "Vinho novo em barris novos" (Mc 2,22)? Coexistência de vários modelos de Vida Religiosa Consagrada

Fato notável é a coexistência, numa mesma congregação e, às vezes, numa mesma comunidade religiosa, de várias formas de vida religiosa. Em outras palavras, há formas de configurar a vida religiosa que vai da geração pré-moderna à geração pós-moderna. Sendo assim, para compreender um pouco do que acontece com a vida religiosa na atualidade, faz-se necessário conhecer que modelos são esses e o que eles significam no nível da experiência concreta e da responsabilidade, fazendo emergir o atual mal-estar e uma possibilidade esperançosa de novos caminhos. Esses modelos, aqui apresentados brevemente, convivem em "doses equilibradas", mas às vezes com crises e confrontações, e algum deles podem se hegemonizar na experiência das congregações.[8]

O modelo pré-conciliar

Um modelo de vida religiosa que deixava a vida num porto seguro se identifica com a Igreja pré-conciliar ou tradicional. Esse modelo ainda pode ser encontrado em algumas congregações, e nas tentativas de novos grupos ou institutos religiosos de preservarem elementos da tradição. O modelo tradicional de VRC se caracteriza, entre outras coisas, por: dar valor à disciplina, às normas claras, à figura do superior e da hierarquia; convicção da verdade imutável; doutrina perene; obediência aos superiores; importância das regras e das constituições; uniformidade em todas as coisas; horários demarcados e, finalmente, infalibilidade dos dogmas e das doutrinas oficiais da Igreja... Se algo chamava a atenção nessa experiência, era a austeridade na área da afetividade e a pobreza a partir da sobriedade no vestir, no alimento e nos bens pessoais.[9] E tudo estava muito bem determinado para fazer, orar e conviver; enfim, o controle era garantido.

Esse modelo continua em experiências de minorias, com um horizonte de sobrevivência – parece! – muito curto. Experiências que apontam para o conservadorismo, o tradicionalismo, o fanatismo e o fundamentalismo são realidades que se chocam com a orientação de fundo, sobretudo, na cultura secular, tecnocientífica e marcada pela valorização da individualidade do Ocidente, que já analisamos antes. Trata-se de um modelo que em nada contribui se

---

[8] Na apresentação dos modelos me apropriarei com liberdade do artigo: LIBANIO, João Batista. Diferentes gerações na Vida Consagrada: desafios e perspectivas, *Convergência*, n. 448, jan.-fev. 2012.

[9] Cf. LIBANIO, João Batista, op. cit., p. 50-52.

Do porto seguro a um tempo de provação, da incerteza à esperança pascal

quisermos pensar uma vida religiosa como resposta daqui para a frente. Enfim, seguir o modelo pré-conciliar implica acreditar que é possível acolher e amar verdadeiramente uma nova experiência ou uma alternativa para os(as) religiosos(as) com base em uma estrutura retrógrada, insustentável e irresponsável diante das novas exigências. Não se compreende que estamos vivendo não apenas uma "época de mudanças", e sim uma "mudança de época".[10]

O modelo conciliar ou renovado

Outra forma de ser religioso(a) se dá pela renovação proporcionada pelo Concílio Vaticano II. A vida religiosa se sente interpelada: a viver uma encarnação na história ou a se abrir para a realidade do mundo; a descobrir que a consagração se dá pelo seguimento de Cristo; a redescobrir a importância da vida comunitária e da fidelidade aos votos com os critérios do Evangelho e da missão; a dar importância, através dos estudos, a uma compreensão profunda da realidade social; a não estar alheia às conquistas científicas e tecnológicas; a viver um compromisso pastoral mais consequente com a realidade; a adquirir uma mentalidade moderna.

É lógico que essa experiência não tem sido nada fácil e continua desafiando e interpelando profundamente a Vida Consagrada. Sai-se de uma situação de porto seguro para uma experiência permeada de insegurança, fragilidade, medo e incerteza. Houve

---

[10] "Como continuar pensando com a mesma teologia, continuar rezando com os mesmos devocionários seculares, recitar salmos de três mil anos de idade, celebrar a liturgia com rituais medievais ancorados em inaceitáveis teologias sacrificiais do século XII, prosseguir tratando em nossos capítulos gerais os mesmos temas de sempre (como se estivéssemos ainda, no máximo, na 'época de mudanças'), continuar com um tipo de formação que foi projetada a partir de paradigmas já superados, e não pôr em marcha uma formação permanente de 'urgente reconversão' para a nova época e o novo paradigma?" (VIGIL, José Maria. *Os desafios atuais mais fundos à vida religiosa*. Texto inédito, p. 9).

quem gritasse que o tempo de experiências pós-conciliares devia terminar, que já era hora do Direito Canônico, da estabilidade das constituições. Mas não há dúvida de que a busca ou a conquista das novas experiências seguem até os dias atuais e muito ainda existe, à luz do Concílio, para ser compreendido e assumido pela Vida Religiosa Consagrada. Graças a isso temos hoje uma exuberância de novas experiências, ainda que precisem de discernimento. Muitas questões fundamentais para uma verdadeira renovação estão sob as cinzas. Há que ter coragem para assoprar e se deparar com o fogo acrisolador e renovador. Entender por que nestes cinquenta anos a vida religiosa não conseguiu fazer desabrochar um modelo novo, arrojado e alternativo que possibilitasse dar sustentação e fundamentação à experiência dos religiosos e ser um testemunho de visibilidade ante o mundo, é um verdadeiro mistério, um enigma da VCR de nosso tempo turbulento. Caminhava-se para isso, porém, de repente, nas últimas décadas, muito foi interrompido por razões diversas, algumas reais, mas outras por insegurança e rigidez do modelo anterior. Contudo, sempre haverá possibilidade e tempo para ir à busca das "linhas fundamentais de orientação" que estão nos documentos do Concílio, a começar de novo pela cinquentenária *Perfectae Caritatis*.

O modelo de vida religiosa inserida

Outra experiência que tem sido vivenciada pela Vida Religiosa Consagrada, preferencialmente no continente latino-americano, se deu partindo da situação de empobrecimento e de sofrimento em que vivia o povo. Isso foi possibilitado pelo fato de a Igreja fazer, na Conferência de Medellín (1968), uma recepção apropriada do Concílio em nosso contexto. O modelo pode ser identificado com uma experiência de "Vida Consagrada inserida".

DO PORTO SEGURO A UM TEMPO DE PROVAÇÃO, DA INCERTEZA À ESPERANÇA PASCAL

A inserção da vida religiosa se dá em meios populares, no meio dos pobres e oprimidos da sociedade, sempre a partir do sonho de uma vida digna e justa para todos. Essa inserção se dava nas periferias dos grandes centros urbanos ou nas regiões mais abandonadas: em *fronteiras, desertos e periferias* (Jon Sobrino); enfim, onde se constatava a injustiça social. Também todo o trabalho era alicerçado na perspectiva de uma pastoral libertadora, da teologia da libertação e na experiência de uma Igreja viva, solidária, profética, sobretudo, na experiência das CEBs.

Diante de uma política vaticana em que pesou mais a prudência do que o estímulo, adotada, de modo geral, pelas autoridades hierárquicas, essa experiência de inserção foi realmente perdendo estímulo, foi sangrada no seu cerne. Em outras palavras, a partir do novo ambiente de governo, sob o Papa João Paulo II, a Igreja, a teologia, os institutos para o estudo teológico, as iniciativas das conferências religiosas, passam a ser monitorados sob uma ótica conservadora, o que impediu esse modelo de chegar a uma consistência e visibilidade maior para enfrentar os embates advindos da própria Igreja e da sociedade, diante da qual já havia confrontações exatamente pelas opções evangélicas junto aos pobres.

Com a chegada do Papa Francisco ressurge a esperança de que uma vida religiosa inserida "caiba" na Igreja. Afirma o Papa Francisco:

Espero... de vós o mesmo que peço a todos os membros da Igreja: sair de si mesmo para ir às periferias existenciais. "Ide pelo mundo inteiro" foi a última palavra que Jesus dirigiu aos seus e que continua hoje a dirigir a todos nós (cf. Mc 16,15). A humanidade inteira aguarda: pessoas que perderam toda a esperança, famílias em dificuldade, crianças abandonadas, jovens a quem está vedado qualquer futuro, doentes e idosos abandonados, ricos saciados de bens mas com o vazio no coração, homens e mulheres à procura do sentido da vida, sedentos do divino (...). Não vos fecheis em vós mesmos, não vos deixeis asfixiar por pequenas brigas de casa, não fiqueis prisioneiros dos vossos problemas (...). De vós espero gestos concretos de acolhimento dos refugiados, de solidariedade com os pobres.[11]

O modelo restauracionista de Vida Religiosa Consagrada

Outro modelo de Vida Religiosa Consagrada que causa fascínio, inclusive, entre religiosos jovens que não viveram todo o processo das gerações anteriores, e menos ainda entendem com profundidade o que significou esse processo pós-conciliar, vai na perspectiva restauracionista. Para essa "geração da restauração",[12] a linha da libertação ou da renovação do Concílio Vaticano II não é bem-aceita nem bem compreendida. Os sinais externos (por exemplo, o hábito) falam mais alto devido à busca da identidade e do poder. A mentalidade conservadora e autocentrada, sobretudo em jovens, tem a novidade de se combinar com o uso de tecnologia, de bens de consumo e de conforto, de redes sociais. Do que é moderno absorvem a tecnologia, mas não os ideais de igualdade e liberdade que exigem militância. Além disso, na parte masculina, dado o fato de que até oitenta por cento dos religiosos são clérigos,

---

[11] PAPA FRANCISCO. *Às pessoas consagradas em ocasião do ano da Vida Consagrada*. Carta Apostólica (2014), n. 4. Em consonância com o Papa, o texto da Congregação Vaticana: "Somos chamados então, como Igreja, a sair para nos dirigir às periferias geográficas, urbanas e existenciais – aquelas do mistério do pecado, da dor, das injustiças, da miséria –, aos lugares escondidos da alma, onde toda pessoa experimenta a alegria e o sofrimento do viver. 'Vivemos numa cultura do desencontro, uma cultura da fragmentação, do descartável [...] não é notícia quando um sem-teto morre de frio', no entanto 'a pobreza é uma categoria teologal, porque o Filho de Deus se rebaixou para caminhar pelas ruas. [...] Uma *Igreja pobre para os pobres* começa pelo dirigir-se à carne de Cristo. Se nos fixarmos na carne de Cristo, começamos a compreender qualquer coisa, a compreender o que é esta pobreza, a pobreza do Senhor'" (CONGREGAÇÃO PARA OS INSTITUTOS DE VIDA CONSAGRADA E AS SOCIEDADES DE VIDA APOSTÓLICA. *Ano da Vida Consagrada. Alegrai-vos*. Carta circular aos consagrados e às consagradas do magistério do Papa Francisco, [2014], p. 11 – grifo nosso).

[12] Cf. LIBANIO, João Batista, op. cit., p. 56-57.

esse restauracionismo se confunde com a "volta à grande disciplina" (Libânio) de parte importante do jovem clero com as mesmas características, uma combinação de pré-moderno com pós-moderno. Ou essa mistura é definitivamente um fenômeno pós-moderno que recicla o pré-moderno?

A experiência religiosa nesse modelo apresenta pouca lucidez e criticismo diante do contexto social. Não há ímpeto para o compromisso de transformar a sociedade, que se delega rapidamente a outras instâncias sociais, tampouco por uma Igreja profética, inculturada e libertadora. Isso não recebe ressonância na experiência de vida dos(das) religiosos(as) pró-restauração.

O modelo de Vida Consagrada pós-moderna

Por último, a partir dos anos 1990 começa a se implantar uma experiência de vida religiosa com traços do mundo pós-moderno. Por isso se fala da Vida Consagrada pós-moderna.

A vida religiosa nessa configuração pós-moderna, com traços que lembram o modelo restauracionista, se identifica com um modelo de vida onde o "eu" é centralidade ante as questões da instituição religiosa ou do mundo em geral. O que importa são as questões individuais, como: zelo pelo corpo, autonomia, beleza, bem-estar, os próprios desejos... Não é importante o perene, a autoridade da própria tradição religiosa, as utopias, a abnegação. O que vale é viver o presente intensamente, no sentido de desfrutá-lo bem. Aqui são importantes as amizades virtuais, a imagem, o espetáculo e o fantástico. A preocupação com as questões sociais, o mundo dos empobrecidos e excluídos, a inserção, o profetismo ou o engajamento com o mundo de uma política em defesa da vida não fazem sentido. Também a experiência do relativismo, a falta de grandes ideais e de lutas por grandes causas é uma realidade muito presente. Enfim, o que importa é a realização pessoal, e nesse sentido a instituição deve estar a serviço, em primeiro lugar, dos interesses individuais.

Esses cinco modelos apontam para a diversidade, a pluralidade de experiências que coexistem no mundo da Vida Religiosa Consagrada. A inevitável pluralidade é responsável, por um lado, por conflitos, desconfiança, volta ao conservadorismo, desmotivação, evasão em algumas congregações. O que poderia ser uma riqueza e um grande desafio a ser trabalhado e aprofundado, acaba deixando parte dos religiosos sem perspectiva de vida. Por outro lado, a riqueza dos modelos aponta também para algumas experiências inovadoras. Isso é fácil de constatar, por exemplo, no continente latino-americano, onde o barroco como estilo de vida que se impôs por aqui pelo colonialismo e pelo sincretismo ajuda agora a suportar as misturas dos modelos e a tirar dessa convivência o melhor benefício possível.

Enfim, uma VRC renovada como o "vinho novo... em barris novos", que Jesus nos fala no Evangelho, deve ser no *hoje* da Vida Consagrada reinventada e aprofundada, para que, assim, acolha as novas interpelações, as novas demandas e a necessidade de uma profunda reestruturação e renovação das instituições religiosas.

Será necessário compreender que, para a atual geração de religiosos(as) e futuros(as) religiosos(as), alguns critérios que foram válidos no passado não contribuem para uma vida religiosa na atualidade. Para um novo tempo, produzido por novos conteúdos ("vinho novo"), exige-se repensar as estruturas de vida (barris novos), as motivações fundamentais para a Vida Consagrada, as razões que motivam a entrar na vida religiosa, projetos institucionais e certas práticas comunitárias a partir de novos critérios. Exemplificando: muitas práticas comunitárias, ainda em vigor, são de pouca relevância e significação para uma verdadeira experiência religiosa. Algumas servem mais para infantilizar, hostilizar o(a) outro(a) do que para formar verdadeiros sujeitos com maturidade, responsabilidade e lucidez diante da vida e do mundo. Cabe nisso um discernimento.

A partir do que analisamos até aqui, pode-se perguntar: o rosto de uma vida religiosa, que seja resposta *nesse* e *para* este século XXI, está sendo gestado ou é pura divagação teológica? Dever-se-ia pensar em um modelo alternativo como síntese das várias formas históricas, conforme foi apresentado? Ou no processo de desconstrução de vários modelos e no surgimento de novos modelos há possibilidade de sonhar por um que dê visibilidade, plausibilidade, profundidade e consistência à vida de muitos que querem ser ou continuar sendo religiosos(as) comprometidos(as) com os mais pobres e necessitados da sociedade atual? As novas formas de vida religiosa que estão surgindo nas últimas décadas, de matriz carismática, muitas delas já aprovadas em caráter diocesano ou pontifício, por exemplo, a Toca de Assis, Shalom, Canção Nova, uma infinidade de grupos que se chamam comunidades de vida ou comunidades de aliança, reunindo pessoas de diferentes estratos, celibatários, casados, celibatários provisórios etc., estão dizendo algo para a VRC?

4. "Eis que se fez uma realidade nova" (2Cor 5,17): procurando desvendar uma alternativa para a vida religiosa

Diante dessa realidade complexa, desafiante e incontestável que atravessa a Vida Religiosa Consagrada, levanta-se a pergunta: o que fazer? Que saídas podemos encontrar? Como realmente refundar ou recriar as congregações? Tem-se a visão de que, ou a Vida Religiosa Consagrada passa por uma profunda reestruturação, ou seguirá, em suas várias formas históricas, com potencial muito rico mas sendo uma presença de pouco impacto evangelizador no seio da humanidade. E não haverá muita motivação autêntica para a VRC se seguir sem a coragem da transformação, da morte pascal do grão de trigo.

Não existe nem existirá resposta pronta. Parece que o problema de fundo da vida religiosa, ao querer buscar uma alternativa ou saída diante da crise inquestionável, aponta *primeiro* para sua integração no sistema de valores, no modelo de vida, no cultivo de ideias e na visão de sociedade que imperam atualmente, estando no mundo sem ser do mundo; uma *segunda* razão é estar dentro de um modelo que não condiz com as exigências de uma vida coerente e de um compromisso responsável com os atuais desafios no mundo contemporâneo, sobretudo os desafios que vêm do mundo dos últimos da história, do "reverso" da história triunfante do Ocidente capitalista, mercadocêntrico, consumista e concentrador de riquezas e recursos.

Tendo como ponto de partida que a *identidade* profunda dos (das) consagrados(as) está no seu *SER* e não no *FAZER*, vale dizer, o importante é ser pessoas que testemunham valores alternativos e que pensam de modo diferente, e inclusive discordante, dos que se acomodam à ordem vigente ou a um modo de viver que é imposto e pouco condizente com as exigências *de* e *para* uma Vida Consagrada aberta aos "sinais dos tempos". A questão subsequente é a unidade de ser e fazer, pois ou a gente faz o que é ou então se torna inevitavelmente o que se faz. O problema maior da Vida Consagrada não se resume à questão de planejamento ou administração, mas sim com que *espírito* se vive e se convive, se trabalha e se sonha, se crê e se luta.

Nessa direção, parece que a Vida Religiosa Consagrada deveria trilhar um caminho assumido a partir de fundamentos ou eixos estruturantes imprescindíveis. Para isso, serão apresentados, no decorrer deste livro, alguns eixos que consideramos importantes, e que neste primeiro capítulo são antecipados de forma resumida.[13]

A experiência mística

Um primeiro eixo, fundamental (cf. 1Cor 3,11), é o da mística, da espiritualidade.[14] Vida religiosa sem uma experiência relacional e apaixonada por Deus não vai muito longe, a não ser que se aninhe na mediocridade e na acomodação inconsequente. Os fundadores e fundadoras, primeiros em cada instituição religiosa a consagrar suas vidas, foram profundamente místicos, espirituais. Essa foi a realidade profunda que lhes dava força, coragem, fé e luz para viverem uma vida alternativa. Espiritualidade supõe entrega, comunhão e amor a Deus de muita verdade, fidelidade evangélica, originalidade criadora e coragem. Jesus é a figura de Deus para a VRC:

A vocação à VR é a misteriosa e exultante experiência de sentir-se chamado(a) a viver a "forma de vida de Jesus". Essa é, de fato, a vocação originária da VR: reproduzir a "forma de vida" de Jesus, deixando-se configurar em tudo pelos seus valores e estilo de vida. (...) Não há como fugir. O chamado de Jesus altera a vida da pessoa e a obriga a pensar de outra forma o próprio "eu". Só essa experiência pode justificar que alguém abra mão de algo que até o momento era para ele(ela) absoluto, irrenunciável.[15]

---

[13] Cf. CASTILHO, José M. *O futuro da vida religiosa*: das origens à crise atual. São Paulo: Paulus, 2008. Aproveitaremos da reflexão desse teólogo com liberdade.

[14] Cf. BOFF, Leonardo. *Ecologia, mundialização, espiritualidade*. São Paulo: Ática, 1993. p. 159-160.

[15] PALÁCIO, Carlos, op. cit., p. 428-429. Cf. id., *Reinterpretar a vida religiosa*. São Paulo: Paulinas, 1991, p. 26.

Enfim, é necessário:

voltar a afirmar que o fundamento e o eixo da VR é uma relação antes de tudo, acima de tudo, "teologal" e não eclesial, pastoral, social... Isso tudo faz certamente parte integrante da VR, mas é coisa que vem depois. A VR se ancora em Jesus Cristo e em mais nada. A "consagração" se faz diretamente a Deus e a mais ninguém, ainda que mediada pela Igreja e no quadro de uma Família religiosa. O juramento dos votos é a Deus e não à Comunidade ou à Ordem ou ainda à Igreja. O que significa tudo isso na prática? Significa simplesmente isto: espiritualidade. Espiritualidade como cultivo da fé, da relação pessoal com Deus.[16]

A vida religiosa tem de absoluto o Deus de Jesus Cristo e o Evangelho.[17]

Importa também destacar que o seguimento de Jesus deverá "reinocentralizar" a vida religiosa – "Só o Reino é absoluto, tudo o mais é relativo" (*Evangelii Nuntiandi*, 8).[18] A vida religiosa está interpelada pela luz da prática de Deus em Jesus: assumir compromisso com a causa do Reino.

Ademais, o seguimento que é viver e lutar pela causa do Reino não se identifica com um espiritualismo alienante, fora da realidade do mundo. Mas é uma espiritualidade vivida por

pessoas tão inseridas plenamente no que acontece ao nosso redor, que a nossa vida seja um protesto constante e firme por tantos despropósitos e tantos atropelos, tanta violência e tanto sofrimento que o sistema vigente provoca em todo lado e a toda hora.[19]

---

[16] BOFF, Clodovis. Considerações indignadas sobre a formação religiosa hoje. *Convergência*, n. 319 (1999): 40.

[17] Cf. PALÁCIO, C. *Começar de novo*: por uma reconstrução da especificidade da VRA. Texto inédito, p. 4.

[18] Cf. Lc 12,31; Jo 3,30.

[19] CASTILHO, José M., op. cit., p. 56.

A vida religiosa, para ter consistência, vigor e profundidade diante das tarefas próprias, tem que alimentar a experiência mística. Essa experiência lhe dará o entusiasmo que a anima, o "fogo interior" que a aquece diante da rotina do dia a dia e, por fim, a firmeza, a ternura e a serenidade diante dos equívocos e das provações.

Aqui ficam as questões: como cultivar uma espiritualidade cristã num tempo de tantos ídolos ou poderes idolátricos (tecnológicos, econômicos, científicos)? Como resgatar a experiência mística numa sociedade que cultiva o hiperconsumismo, a vida não ascética, a autossatisfação, o bem-estar? Mas a disjuntiva é certa: ou a VR se ancora numa verdadeira, profunda e esperançosa experiência de Deus ou continuará vivendo uma anemia espiritual séria que esvazia seu testemunho na atual civilização.

A vivência da liberdade radical

Outro elemento fundamental é a vivência de uma "liberdade radical" (cf. Gl 5,1.13), a exemplo da vida religiosa nas suas origens.[20] Para tal não existe outra opção: ou se rompe com o sistema de vida econômico e sociocultural no que tem de expressão de aburguesamento, individualismo exacerbado, alheamento, acomodação ou cumplicidade com uma ordem sistêmica injusta e expropriadora dos últimos da sociedade, ou realmente a vida religiosa continuará "fazendo de conta" que tudo está bem ou que está no caminho certo, o que seria engano, falta de uma lucidez crítica e responsável ou cumplicidade com um estilo de vida que usufrui das benesses de uma sociedade opulenta que produz os pobres e excluídos.

---

[20] Cf. COMBLIN, José. *Vocação para a liberdade*. São Paulo: Paulus, 1998. p. 92-93.

A Vida Religiosa Consagrada tem que se descobrir vocacionada para a liberdade! A liberdade é uma conquista, uma tarefa e um movimento exigentes.

> A liberdade está no agir para se libertar. Esta é a vocação humana: tornar-se alguém, uma pessoa, fazer-se uma personalidade mediante uma luta, um trabalho, uma atividade que consiste em se libertar. A libertação tem uma finalidade: tornar-se mais livre, dar-se a si próprio uma personalidade realmente mais livre. A liberdade é o seu próprio fim, e ela se constrói no decorrer da vida no meio das oportunidades, dentro das vicissitudes de uma existência humana terrestre.[21]

A pessoa humana livre, ideal de maturidade, não é um egocentrismo sem compromisso, porque é despertada para a liberdade a partir da presença do outro. Como se afirma:

> O outro, sobretudo o outro diferente, por exemplo, o pobre, o estrangeiro, o pecador, o escravo e, sobretudo, a mulher para o homem e o homem para a mulher. O outro questiona, obriga a fazer alguma coisa. Pode-se sentir o outro como intruso, perigo, ameaça, obstáculo, perturbador, e então vem a reação de fugir, não olhar, não se inteirar ou rejeitar, eliminar da vista ou eliminar materialmente. A chegada do outro é problema e desafio. É justamente o que vai desafiar a liberdade. Quem se fecha ao outro é movido por medo, por incapacidade de mudar, falta de imaginação, egoísmo, isto é, medo de ter de se incomodar. O outro desperta o egoísmo. (...) A chegada do outro deve despertar o amor. O amor será aceitação, abertura, e, portanto, leva a uma reconstrução da vida. Uma vez que se tem de abrir espaço para o outro, tudo muda. O outro incomoda necessariamente. (...) Se o passo fundamental da liberdade é a libertação de si próprio, do medo, da covardia, dos desejos, entende-se que o agir libertador seja o serviço ao outro. Sobretudo ao outro mais fraco.[22]

---

[21] Ibid., p. 238.
[22] Ibid., 243-245.

A vida religiosa deverá ser despertada para a liberdade, que permanece, ou deveria permanecer, como meta, busca incessante. Ninguém – pessoa, comunidade e instituição – poderá vivenciar um processo em prol da libertação sem a vocação cristã para a liberdade. A Vida Religiosa Consagrada, a partir de sua identidade laical, deveria viver a liberdade fundamentada no serviço amoroso à humanidade, o qual se evidenciaria nos compromissos, nas lutas, nos projetos e nos sonhos em vista de uma humanização para todos os seres humanos e uma defesa de quaisquer vidas *na* e *da* Terra. Isso implica que sem uma cidadania ativa e engajada a vocação para a liberdade é mero discurso ou intenção irrealizável.

Há que estar aberto ao *apelo* do ser livre, sobretudo diante do individualismo, do hiperconsumo, do fundamentalismo e do neoconservadorismo. Caso contrário, fica complicado acreditar na refundação e ressurreição da Vida Religiosa Consagrada.

Viver a missão profética

Um terceiro eixo importante para a Vida Religiosa Consagrada é a *atitude profética*. Esta consistiria não em *dizer* certas coisas (protestando, denunciando, criticando), mas em *viver* de tal maneira que a vida se converteria em protesto e denúncia.[23]

Dar-se o ar de profeta seria uma arrogância intolerável, própria dos falsos profetas. Mas viver a missão profética é procurar testemunhar a prática de Jesus: ir ao mundo dos pobres e excluídos para despertar a esperança, e com a própria vida e gestos concretos ir sinalizando a presença do Reino de Deus, compreendendo que o Reino propõe um modo novo e alternativo de ser.

---

[23] Cf. CASTILHO, José M., op. cit., p. 84.

Os profetas lembram que somente uma Vida Religiosa Consagrada inserida na vida e no mundo dos pobres terá capacidade e credibilidade para anunciar um reino de justiça e questionar a desordem estabelecida. Se a vida religiosa existe e está no mundo para viver de outro modo e ser diferente, ela deverá redefinir sua posição social, sua relação com os poderes de decisão ou os privilégios que os mantém, sua postura política em relação aos poderosos e seu poder econômico. O processo de inserção implica um despojamento crescente e uma conversão cultural, social e política. Assim, é possível testemunhar a emergência de um novo modo de ser.[24]

A profecia, além do despojamento, da renúncia em relação a tudo que nos prende na desordem estabelecida pelo sistema cultural, político, social e econômico vigente, exige também muita sensibilidade diante do rosto do outro que sofre. Há que ter como objetivo

> que a nós, religiosos, nos reconheçam e nos distingam não pelo tipo de casa em que vivemos, e menos ainda pelos hábitos ou coisas parecidas. Teriam que nos reconhecer a nós, religiosos, porque somos pessoas tão profundamente humanas que nos libertamos da inumanidade que todos trazemos dentro de nós. E, além disso, porque somos tão sensíveis a tudo o que afeta a humanidade, que as pessoas ao ver-nos não terão outro remédio senão dizer: "aqui há algo que humanamente não tem explicação". Então a vida religiosa fará do *deserto de humanidade*, que é a sociedade atual, a verdadeira *cidade dos seres humanos*.[25]

---

[24] Cf. BOFF, Clodovis. Os pobres são nossos mestres: a reeducação do religioso pelo povo. In: VV.AA. *Formação para a vida religiosa hoje*. Publicações CRB/1982, p. 11-45.

[25] CASTILHO, José M., op. cit., p. 213-214.

A Vida Religiosa Consagrada não poderá silenciar, omitir ou ser cúmplice do descuido em relação à vida de bilhões de seres humanos.[26] Tampouco a vida religiosa deverá cultivar a mentalidade do pernicioso triunfalismo ou exclusivismo quando se trata da profecia. Ou seja: os(as) consagrados, pela situação própria, não são *ipso facto* profetas, não têm o privilégio da profecia nem da dedicação aos pobres. Vale aqui a longa citação de Ivone Gebara, cujo testemunho entre os pobres lhe dá autoridade:

> A torrente humana de busca de justiça, de luta pelo respeito à vida, já não pode mais ser contida por um "odre" único, já não pode mais pertencer a pequenos grupos privilegiados, já não pode mais alimentar o ideal de confrarias de "perfeitos", nem associações de justiceiros. Aquilo que situávamos como força distintiva de certos grupos ou pessoas capazes de "entregar" a vida, capazes de morrer pelos irmãos e irmãs a partir de uma convicção religiosa, explode como força vital presente nos mais variados grupos, mesmo para além de qualquer religião.
>
> O amor pelo humano, apesar de sua fragilidade incontestável, habita corações e faz mover braços sem que estes carreguem títulos ou que busquem legitimar seu amor a partir de uma ordem superior à própria vida. (...) A vida religiosa como instituição dentro da Igreja (...) não é por si mesma profética, ou seja, o fato de existir não significa que está construindo a justiça, ou está edificando pontes para um verdadeiro diálogo entre os povos, ou que seja de fato denunciadora das forças de morte que operam nos diferentes grupos sociais. Nesse sentido, é preciso localizar a profecia, ou seja, detectar a "voz que clama no deserto, endireitai os caminhos do Senhor", perceber quem de fato está curando "os corações feridos", quem "está libertando o prisioneiro", "anunciando a graça de Deus", levando ternura aos corpos abandonados. Essa percepção

---

[26] Cf. COMBLIN, José. A vida religiosa e os novos espaços, *Convergência*, n. 399 (2007): 16.

e acontecimento amoroso ultrapassam (...) os muros das instituições especializadas em "amor ao próximo".[27]

O que importa não é profetizar com palavras, discursos, documentos, e, sim, com gestos, atitudes e compromissos de compaixão, misericórdia e solidariedade com os que sofrem.

Cultivar a utopia

Outro critério axial imprescindível é o resgate e o cultivo da *utopia* (cf. Ez 37). Diante da injustiça social mundial, do descuido em relação à vida da Terra, diante do progresso que tem levado à exaustão dos recursos naturais e diante da desesperança que grassa na civilização atual, a VRC está convocada e interpelada a resgatar a utopia, o horizonte que fecunde já o presente. Isso significa guardar a esperança e trabalhar em prol de que a vida será garantida e de que o planeta ainda se regenerará. A utopia tem que se opor a uma lógica e a uma política em que o geocídio, o biocídio e o ecocídio são promovidos e defendidos pela perversa mundialização capitalista.[28]

Importante compreender que a utopia é um conceito transcendental, tomado do horizonte último, escatológico, por isso se mantém não inteiramente factível, não realizável plenamente. A utopia nos arrasta, nos motiva a seguir sonhando, lutando e esperando pelo novo amanhã. É como um horizonte em busca do qual seguimos caminhando. Contudo, nas palavras de Jung Mo Sung,

> nenhum horizonte é alcançável. Ele sempre se distancia à medida que nos aproximamos dele. Assim também é a utopia. A diferença

---

[27] GEBARA, Ivone. *A vida religiosa: da teologia patriarcal à teologia feminista*; um desafio para o futuro. São Paulo: Paulinas, 1992. p. 60-63.

[28] Cf. BOFF, Leonardo. *Cuidar da terra, proteger a vida*: como evitar o fim do mundo. Rio de Janeiro: Record, 2010. p. 232-233.

é que a utopia não é um horizonte qualquer, mas sim um horizonte desejável por si mesmo e que também dá sentido às nossas lutas ou à nossa existência, factível somente em seus sinais antecipadores. Por isso é que temos tanta dificuldade em aceitar a não factibilidade das nossas utopias. Muitas vezes preferimos o autoengano e continuamos a pensar que é possível chegarmos a esta sociedade tão desejada.[29]

As utopias ajudam a dar sentido aos projetos históricos concretos, sabendo, porém, que jamais se pode identificar um projeto histórico com a utopia, pelo risco de tornar os projetos históricos totalitários e provocadores de sacrifícios humanos; vale dizer, os projetos concretos que aparecem como antecipação e aproximação da utopia, por pertencer a uma instituição, que é histórica e efêmera, negam aspectos da própria utopia.

A Vida Religiosa Consagrada deveria captar a seguinte intuição:

A ordem social perfeita, a nova sociedade sem sofrimento, opressão e injustiça, de harmonia perfeita, não somente não é possível de ser construída no interior da história, como também não deve ser desejada. Isso mesmo! Não devemos desejar a construção desta ordem social "perfeita". O que desejamos é o *horizonte utópico* do Reino de Deus, e devemos sempre nos lembrar de que este horizonte, como todo horizonte, só é atingível pelos olhos dos desejos, mas é impossível de ser alcançado pelos nossos passos humanos. O que podemos e devemos construir é uma sociedade mais justa, mais humana, mais fraterna, mas que sempre conviverá com a possibilidade de erros e problemas, intencionais ou não. Cristianismo não é uma proposta de sair do mundo, das contradições e possibilidades inerentes à condição humana, mas, pelo contrário, é a de amar a nossa condição humana e a de viver a liberdade e o amor dentro dos limites do condicionamento humano. É a experiência do definitivo, do absoluto, no interior da provisoriedade da

---

[29] MO SUNG, Jung. *Sujeito e sociedades complexas:* para repensar os horizontes utópicos. Petrópolis: Vozes, 2002. p. 87.

história humana. É proposta de fé em um Deus que se esvaziou da sua divindade e se fez humano, se fez servo (cf. Fl 2,7).[30]

Há que redescobrir como comunidade e como instituição que é a compaixão que aproxima do abandonado, unge o ferido e levanta o caído, no ministério da escuta e da consolação que devolve a fé na vida e no Deus da vida (cf. Mt 25,34). Deve-se vivenciar a causa da "maior Utopia" – praticar o amor que Deus praticou e continua praticando em nós –, entendendo que "as nossas causas valem mais que a nossa vida, porque são elas que à vida dão sentido. Somos o que amamos, o que fazemos, o que sonhamos" (Pedro Casaldáliga). E ainda: há que ter consciência de que não

> podemos eliminar a infelicidade nem a morte, mas podemos aspirar a um progresso nas relações entre seres humanos, indivíduos, grupos, etnias, nações. O abandono do progresso garantido pelas "leis da história" não é abandono do progresso, é o reconhecimento de seu caráter incerto e frágil. *A renúncia ao melhor dos mundos não é de forma alguma a renúncia a um mundo melhor.*[31]

Promover o compromisso ético-político

Por fim, outro critério axial para a Vida Religiosa Consagrada tem a ver com o projeto ético-político. É inconcebível os(as) religiosos(as) não assumirem em nível pessoal, comunitário e institucional uma ação ética e política, visando a combater o efeito perverso e destruidor: a grande maioria da humanidade e o planeta Terra não têm garantida a sustentabilidade de vida.

Determinado compromisso deve estar orientado para uma civilização que dá centralidade à vida dos seres humanos, sobretudo dos mais vulneráveis e descuidados, à vida de todos os seres vivos

---

[30] Ibid., p. 56.

[31] MORIN, Edgar. *A minha esquerda.* Ed. Sulina, 2011. p. 50. O itálico é nosso.

e à Terra. Onde a vida esteja gritando pela falta de cuidado, justiça, liberdade, amor solidário, cabe uma ação de defesa e promoção da mesma.

O compromisso com a ética em todos os níveis contribui com uma vida orientada para a promoção de uma "morada habitável" para toda a humanidade. Em todo humano subjaz uma sensibilidade solidária que deve aflorar decididamente na VRC:

> A sensibilidade solidária suscita em nós um desejo novo que articula um novo horizonte de sentido às nossas vidas e gera um horizonte de utopia e de esperança de um mundo justo e fraterno. Este novo horizonte utópico dá sentido à sensibilidade solidária e realimenta o nosso desejo de um mundo humano, acolhedor e solidário.[32]

Pensar numa vida religiosa apostólica em nosso contexto social exige situá-la comprometida e libertadoramente com a vida e o (sub)mundo dos empobrecidos e excluídos dos cuidados da vida. Por isso, o projeto ético, político, também teológico, deve partir do outro que é o pobre, o discriminado, o "sobrante" ou inaproveitável na atual sociedade. Esse pobre é uma "grandeza antropológica" que interpela e que deveria provocar mudanças. Pode-se afirmar que o princípio supremo e absoluto da ética é: "Liberta o pobre":[33]

> O princípio é absoluto porque rege a práxis, sempre, em todo lugar e para todos. "Liberta o pobre" supõe: (a) a denúncia de uma totalidade social, de um sistema fechado que exclui e produz o pobre; (b) supõe um opressor que produz o pobre e o excluído; (c) supõe o pobre injustamente feito pobre, por isso, empobrecido; (d) supõe levar em conta os mecanismos que reproduzem o empobrecimento;

[32] MO SUNG, Jung. *Sujeito e sociedades complexas*. Petrópolis: Vozes, 2002. p. 175.

[33] Cf. DUSSEL, Enrique. *Ética comunitária*: liberta o pobre! Petrópolis: Vozes, 1986.

(e) supõe o dever ético de desmontar tais mecanismos; (f) supõe a urgência de construir um caminho de saída do sistema excludente e, por fim, (g) supõe a obrigatoriedade de realizar o novo sistema no qual tendencialmente todos possam caber na participação, na justiça e na solidariedade.[34]

Por fim, na opção ética e teologal pelas "bem-aventuranças" se decide a profundidade evangélica e a oportunidade de uma vida religiosa sintonizada com a vontade do Pai. E por esse caminho se pode visualizar uma recristianização ou "ressurreição" da própria Vida Religiosa Consagrada. Caso contrário, seguiremos bem acomodados nas primícias e nos privilégios do reino do mundo.

5. Questões abertas

A seguir, refletiremos a respeito de alguns desafios bem específicos que ficam para a Vida Consagrada ativa/apostólica a partir do que se refletiu antes.

1. *"Desmonasticização" da vida religiosa apostólica*: torna-se inviável ou sem sentido querer uma "figura histórica" de vida religiosa que responda às exigências colocadas anteriormente sem fazer a transição, a mudança para um novo modelo de experiência de VRC. Muitas experiências vividas em várias congregações não passam de uma reforma, às vezes superficial, do modelo monástico. Ainda existe a dependência de certos esquemas de se viver, conviver, missionar que estão sintonizados com o passado. Exemplificando: o ritmo de vida nas comunidades dependendo de horários fixos, comportamentos ou iniciativas muitas vezes delimitadas por uma autonomia muito relativa, critérios de avaliações viciados por princípios retrógrados ou esquema de avaliações que acabam

---

[34] BOFF, Leonardo. Ethos *mundial*, p. 86.

protegendo a pessoa no seu infantilismo ou imaturidade humana. Há que formar o(a) religioso(a) como pessoa íntegra, madura, responsável, criativa diante da vida, da congregação e do mundo. Para isso, há que ser lançado(a) ao mundo, no que diz respeito às questões locais e globais. A superproteção com resquício monástico e seminarístico acomoda, aburguesa, desmobiliza, infantiliza o ser humano.

2. *Reestruturar o processo formativo inicial e permanente*: a vida religiosa apostólica deverá compor-se de pessoas formadas para uma inserção na realidade. Para isso é importante ser *sujeito* e não apenas "membro", "funcionário", "irmão"(ã) – o que implica agir com autonomia, liberdade, iniciativa e responsabilidade diante da vida, da instituição e da sociedade. Saber dizer e não abafar a sua palavra e mostrar o seu mundo de sonhos e desejos, de presença nova e profética. Inserir o formando no mundo do trabalho é, cada vez mais, uma exigência fundamental. O mundo do trabalho dignifica e amadurece ao levar o ser humano a trabalhar pelo "pão de cada dia", e não tendo de antemão tudo garantido. Outro item importante é levar o formando a uma interação com organizações da sociedade e da Igreja – dentre essas, podem-se destacar, por exemplo, as ONGs, fóruns sociais, movimentos sociais, pastorais sociais, grupos de fé e política. A vida religiosa pode seguir com cosmovisão da vida e da sociedade muito estreita, o que não a ajuda diante da demanda societária e da conjuntura mundial. O cultivo dos sentimentos, dos afetos, dos dramas pessoais e seu tratamento, incluindo a ajuda psicoterapêutica e um bom conhecimento psicológico, tudo isso deve estar bem casado com um senso social adquirido na experiência e nos estudos. Toda vez que, em ciências humanas, se sacrificou o lado psicológico em função do social ou vice-versa, ou identificou-se a formação preferencialmente como

psicológica e se deu importância secundária ao lado social, colheram-se frutos mal amadurecidos.

3. *Suportes de sustentação para a Vida Consagrada*: a vida religiosa, para ter consistência e enfrentar as ambiguidades, ser testemunhal, lidar com as crises inevitáveis, ter olhar de águia, necessita, no dia a dia, saber cultivar alguns elementos imprescindíveis, como: motivação de fundo, convicção do que vive e assume, projeto comum, desafios radicais e novos. Esses *critérios axiais* dão vigor, coragem, resistência, perseverança, horizonte de sentido, profundidade de vida etc. Exemplificando, imagine uma comunidade religiosa sem um projeto comum de vida. Diante das dificuldades ou dos impasses ante uma missão, não existe aquilo que poderia dar nova orientação à vida dos(das) religiosos(as).

4. *A Vida Religiosa Consagrada ante as grandes transformações*:[35] a humanidade está vivendo na era das grandes transformações, como viemos anotando desde o começo. Entre tantas, podem-se destacar a política, a da consciência, a ecológica, a econômica... Realidades que clamam por compromissos: defesa e promoção da sustentabilidade social, ecológica, política, planetária, combate à corrupção e construção de uma governança global, vivenciar a interculturalidade, a intercongregacionalidade e a internacionalidade, viver a sensibilidade e a compaixão para com bilhões de seres humanos empobrecidos e excluídos na atual civilização mundial. Os(as) religiosos(as) deverão seguir atentos e compromissados diante desse contexto como cidadãos do mundo, a exemplo dos que já estão testemunhando práticas alternativas e transformadoras;

---

[35] Cf. BOFF, Leonardo. *A grande transformação*: na economia, na política e na ecologia. Petrópolis: Vozes, 2014.

5. *Resgatar a laicidade da vida religiosa*:[36] uma tarefa importante para a vida religiosa é promover a sua laicidade em vista de uma maior liberdade perante os desafios encontrados na Igreja e na sociedade. Isso significa também superar um clericalismo e um aprisionamento em certas estruturas eclesiásticas.

6. *O Papa Francisco e a Vida Religiosa Consagrada*: um caminho inovador, profético e esperançoso para os(as) religiosos(as) é apresentado hoje pelo Papa Francisco.[37] A perspectiva apresentada pelo Papa é de uma vida religiosa pobre e dos pobres, profética, alegre, que vive a diaconia samaritana e o compromisso ético e ecológico... Ademais, a vida religiosa não se pode instalar no mundo do poder, do prestígio e do aburguesamento. Como também deve ser mística, anti-idolátrica e antifundamentalista, e ser experiência da inculturação, do diálogo e do encontro com o outro. Esse modelo de VRC é um desafio e uma esperança, um modo fundamental para se viver o Evangelho e um jeito testemunhal que aponta para os sinais dos tempos.

---

[36] Cf. BOFF, Clodovis. *A laicidade da vida religiosa*. Cadernos da CRB, 1994.

[37] Cf. MATTOS, Luiz Augusto de. A Vida Religiosa Consagrada na perspectiva do Papa Francisco. In: CRB NACIONAL. *Para permanecer no caminho*: roteiro de reflexão. Brasília, 2015. p. 31-46.

PRIMAVERA EM QUESTÃO: NOVAS COMUNIDADES

Brenda Carranza*

"No contexto da espiritualidade
alimentada pela prática dos
conselhos evangélicos (...) saibam
acolher a nova primavera que,
em nossos dias, o Espírito suscita
na Igreja, através, particularmente,
dos movimentos eclesiais
e das novas comunidades"
(Bento XVI).[1]

* Formada em Teologia pelo Pontifício Ateneo S. Anselmo (Roma); em Ciências Sociais pela Universidade Estadual de Campinas (UNICAMP/Brasil). Fez mestrado em Sociologia e doutorado em Ciências Sociais (UNICAMP/Brasil). Realizou estudos de pós-doutorado no IFCH da Universidade Estadual do Rio de Janeiro e no Institut für Katholische Theologie/Universität Osnabrück-Alemanha. É professora da Pontifícia Universidade Católica de Campinas (PUC-Campinas/Brasil). Coordena a coleção *Sujeitos & Sociedade*, da Editora Ideias & Letras. Sua linha de pesquisa recente: catolicismo, pentecostalismo, gênero-religião, mídia--juventude, religiosidade popular e cultura urbana.

[1] Bento XVI. Carta do sumo pontífice Bento XVI para a proclamação de um ano sacerdotal por ocasião do 150º aniversário do *dies natalis* do santo cura d'ars. Disponível em: <http://w2.vatican.va/content/benedict-xvi/pt/letters/2009/documents/hf_ben-xvi_let_20090616_anno-sacerdotale.html>.

Formas de agregação religiosa não são novas na história da Igreja católica, ordens monásticas, congregações, institutos de Vida Consagrada nasceram de inúmeras combinações de dissidências, resistências, marginalizações, confrontos institucionais e efervescências religiosas. Comunidades religiosas que, segundo o sociólogo alemão Troeltsch (1865-1923), afloram guiadas pelo fervor inicial e renovador de fundadores que com atitude profética e entusiasmo renovador assumem tarefas sociais relevantes e diferenciadas que marcam época. Porém, passado um tempo, na perspectiva weberiana, nessas comunidades o carisma se rotiniza, a burocratização desloca o ardor missionário de transformar o mundo em nome de Deus e se impõe certa acomodação estrutural. Processo que afeta a lógica de todas as instituições religiosas, onde os vocacionados se tornam funcionários e as disputas de poder consomem a energia que outrora se encontrava ao serviço da vitalidade do carisma fundador.

Ao serem enunciadas as novas comunidades católicas como primavera da Igreja, Bento XVI as reconhece, legitima e atribui o mesmo princípio de novidade outorgado à Renovação Carismática Católica (RCC) por João Paulo II (1998). É desse pentecostalismo católico que, irrompendo na segunda metade do século XX, emergem as novas comunidades, sem vínculos orgânicos mas da sua linhagem, pois:

> Redescobrimos a beleza de termos a mesma matriz, possuímos um carisma original (espiritualidade) comum, nascemos do mover do Espírito a partir da Renovação Carismática Católica, cientes de que essa constatação em nada ofusca ou diminui a graça dos Carismas fundantes nas Novas Comunidades (Carta Aberta da RCC e Novas Comunidades, 2011).

No Brasil, são inúmeros os grupos que, espalhando-se pela geografia eclesial, se reconhecem novas comunidades. Eis algumas: Pantokrator, Remidos no Senhor, Arca da Aliança, Divina Providência, Doce Mãe de Deus, Nova Aliança, Oásis, Betel, Face de Cristo, Santos Anjos. Contabilizar todas essas expressões comunitárias não é fácil. Até poucos anos atrás se filiavam à organização nacional FRATER, que chegou a registrar 500, mas calculavam-se mais de mil. Hoje, a filiação só se dá na *Catholic Fraternity*, cujo presidente é o fundador da comunidade brasileira Obra de Maria.[2] Internacionalmente, as comunidades são reconhecidas nos EUA como *covenant communities* e, na França, como *communautés nouvelles*. Realidade reforçada com o fenômeno recente do envio de novas comunidades para o exterior, graças ao intenso fluxo de internacionalização religiosa – configurada como missão reversa enquanto reconquista espiritual, outrora realizada da metrópole para a colônia. Nesse quesito o Brasil lidera a exportação do estilo católico carismático, sendo as comunidades Canção Nova e Shalom seus máximos expoentes.[3]

Ao fazer do avivamento espiritual – que inclui glossolalia, repouso no espírito, *performance* corporal carismática, centralidade dos dons do Espírito Santo na pessoa e comunidade – a mística de seu carisma, as novas comunidades contribuíram para a consolidar a pentecostalização católico-brasileira. Nelas seus membros podem optar por pertencer a um estilo de vida que inclui uma vida comunitária que compartilha o mesmo teto, os bens econômicos, dedicação exclusiva ao trabalho religioso e às responsabilidades

---

[2] Disponível em: <http://www.catholicfraternity.net/wordpress/about-us/presidents-profile/>. Acesso em: 30 abr. 2015.

[3] CARRANZA, Brenda. Reconquista espiritual. *Cadernos Teologia Pública*: religiões brasileiras no exterior e missão reversa, n. 91, vol. 11, p. 14, 2014.

missionárias: as denominadas *comunidades de vida*. Ou o vocacionado pode continuar a realizar seus trabalhos profissionais, morar com a família, administrar a própria vida financeira, no entanto, participa do mesmo carisma e missão: chamadas *comunidades de aliança*. A todos será exigida castidade, obediência e pobreza. Essa última vivida sob o manto da divina providência e de uma exigente procura de recursos econômicos de doadores, sócios, benfeitores, venda de produtos religiosos, atividades beneficentes. Recursos que viabilizem os projetos comuns e possibilitem transpor fronteiras, sob o imperativo de recristianização em nome da Igreja Católica.[4]

A capacidade de organização empresarial, a possibilidade de reorientar a vida de milhares de pessoas, o apelo com a juventude, a rápida proliferação, a multiplicidade de atividades realizadas desses agrupamentos têm chamado a atenção de acadêmicos que se debruçam na compreensão dos mecanismos que permitem seu crescimento exponencial. Nesta reflexão, o foco recai sobre a análise do estilo societal e a experiência comunitária, que permite afirmar, ou não, que as novas comunidades são uma primavera para o catolicismo e uma alternativa de vida comunitária perante as opções tradicionais disponíveis. O objetivo exato é mostrar os mecanismos e dispositivos sociorreligiosos que atraem a juventude e, no momento, fazem dessas comunidades um dos maiores epicentros vocacionais do catolicismo.

Para isso, parte-se da aproximação à nova comunidade *Dominus Salus* (Javé salva), que chama a atenção por: ser integrada na sua totalidade por jovens advindos da RCC; ser especializada na

---

[4] CARRANZA, Brenda; MARIZ, Cecília. Catholicism for export: the case of Canção Nova. In: ROCHA, Cristina; VÁSQUEZ, Manuel. *The diaspora of Brazilian religions*. Leiden, Boston: Brill, 2013. p. 137-162.

oração de cura e libertação; conviver cotidianamente com o fundador; aspirar a ter seus próprios sacerdotes; ter nascido e localizar-se numa cidade próxima dos múltiplos formigamentos urbanos da mega urbe do Brasil: a cidade de São Paulo; e lutar pela aprovação diocesana como comunidade em estado laical. Nutre-se essa abordagem com: literatura especializada e materiais impressos da comunidade, dados disponíveis na *web*, entrevistas e visitas em campo.[5] Começa-se, então, pela experiência comunitária que outorga sentido a seus membros e os dispositivos estruturais que os atraíram e mantêm com aparente entusiasmo.

1. Senso comunitário

> Eu era católica, mas gostava de balada (...) faltava algo, nada preenchia. Pensei, vou comprar outra moto. Comprei (...) meu vazio continuava (...) entrei na capela, fiquei quieta diante do sacrário (...) parecia que tinha um imã que atraía (...) comecei a ver Jesus ensanguentado (...) eu chorava desesperada (...) algo dentro de mim me dizia: vai (...) encontrei Ir. Alexandre, contei minha visão (...) ele me disse: é Jesus que está chamando (...) relutei para entrar na comunidade (...) estou aqui há seis anos (T. P., 29 anos, 6 na comunidade).[6]

Os relatos que condensam a experiência vocacional dos jovens entrevistados da comunidade *Dominus Salus* invariavelmente

---

[5] Esta pesquisa forma parte de um projeto mais amplo, "Ventos pentecostais, disputas morais, direitos desiguais, teologias sociais", realizado como pós-doutorado no Institut für Katholische Theologie, da Universtiät de Osnabrück, Alemanha, sob a orientação da Profa. Dra. Margit Eckholt e recursos do Stipendienwerks Lateinamerika-Deutschland (ICALA).

[6] Realizaram-se nove entrevistas semiestruturadas, gravadas e transcritas na íntegra. Para efeito de sigilo dos entrevistados, na identificação com siglas, serão utilizados nomes fictícios, mas idade e tempo de permanência na comunidade são reais.

contêm elementos semelhantes: uma leitura que recorta o tempo vital em antes e depois da comunidade, narraram sua decisão de pertença ao grupo com efeitos numinosos e expressões emotivas de sedução, luta e abdicação. Esses vocacionados, entre 17 e 35 anos, dez mulheres e onze homens, formam a comunidade de vida, têm passagem pela RCC e mais de 75% dos membros procedem de famílias católicas praticantes com poucos recursos econômicos. Na comunidade os jovens compartilham os afazeres cotidianos, numa casa construída em terreno doado de cinco mil metros, localizada no bairro semirrural da cidade de Jundiaí/SP.

Os jovens apenas se separam à noite. Dizem as moças,

> todo dia, enquanto os rapazes vão dormir, nós ainda temos que pegar a "combi" e irmos à casa alugada que fica uns quinze minutos daqui. No dia seguinte, voltamos com nossa malinha, pois às vezes falta água na nossa casa e temos que tomar banho aqui.[7]

Apesar dos sacrifícios, que implica viver com certa precariedade, quando questionados sobre o sentido dessa vida comunitária, alguns a descrevem como sendo:

> A família que Jesus reservou para mim (...) aqui somos todos irmãos, nos chamamos de "tato", brigamos (...) todos juntos levamos bronca do fundador, não tem aquilo de só um apanhar (...) damos muita risada, brincamos, é muito divertido, temos carinho uns pelos outros (...) é tão gostoso morar com os irmãos (C. L., 21 anos, 3 de comunidade).

---

[7] Em breve elas retornarão para a chácara, quando terminada a construção de seus quartos. Pude observar que, da mesma maneira que os homens, no prédio feminino os quartos e os banheiros serão coletivos. Capela, salão de atividades (que comporta mais de duzentas pessoas), escritório, refeitório, cozinha, lavanderia, sala de TV continuarão na ala masculina. Entre os prédios não estão previstos nem muro nem cerca divisória. O resto das instalações inclui uma horta e uma garagem.

é um aprendizado (...) é uma loucura (...) nas dificuldades rezamos (...) não me imagino em outro lugar, aqui é meu lugar, onde eu me encontrei, onde vou conseguir ser santa (H. B., 27 anos, 7 de comunidade).

Nunca tive um lugar onde experimentei tanto ambiente de família (D.C., 19 anos, 2 na comunidade).

A tônica das descrições enveredava-se pela imagem da vida comunitária como sendo uma vida familiar ideal, uma toca onde os jovens encontram aceitação, alegria, gestos de carinho, diversão. O tempo parece transcorrer num ambiente lúdico e sem maiores dificuldades de retraimento e medo. Na comunidade se convive intensamente embaixo do mesmo "teto", homens e mulheres próximos para eventual envolvimento afetivo-sexual, mas distantes pela evocação de pertença a uma família espiritual, dispositivo acionado como interdição que estabelece limites entre corpos e consciências.

De tal forma que uma vocacionada responde, quando questionada sobre o que faria se ficasse apaixonada:

Não me vejo namorando com ninguém aqui. Para mim eles são como se fossem meus irmãos de sangue. Impossível me imaginar casada com meu irmão (...) mas se acontecesse falaria com meu fundador ou formadora (H. C., 21 anos, 3 na comunidade).[8]

Atrações à parte, essa convivência traz em germe as condições de refazer as relações institucionais de gênero no catolicismo, uma vez que inova as relações pastorais, quer na divisão do trabalho, quer na divisão do poder. No entanto, colocado na balança, segundo o fundador da comunidade, entre conflitos comunitários

---

[8] Realidade que não passa despercebida para o canonista que, quando consultado pelo fundador da comunidade, questiona sobre o convívio heterossexual: "Não é virtude demais?".

decorrentes de problemas afetivo-sexuais e de relações de gênero, e resistências à obediência, ele considera que essa última é a mais difícil de contornar e a mais importante.

Com certa especificidade perceptiva da Toca de Assis, Portella sugere que o clima de convivência entre pares favorece canais de expressão afetiva que promove um senso comunitário onde impera a afetividade. Senso que permite dar vazão à necessidade de relações interpessoais intensas, próprias da juventude, e que funciona como um continente de ensejos que se nutrem da utopia da missão da comunidade.[9] Por causa disso, o ideal das novas comunidades retoma, por sua vez, o ideário cristão das comunidades primitivas, concretizado na busca do passado residual de vida comum, reinventado subjetivamente pelos jovens. Nesse ínterim, a comunidade protege, estimula, compartilha, interdita, oferece limites sob um mesmo ideal.[10]

Entretanto, ao mesmo tempo que parece reinar um clima de liberdade e espontaneidade, existe um sistema rígido de disciplinarização do tempo, do lazer, do desenvolvimento cognitivo e da normatização nas relações. De tal forma que a rotina diária é marcada pelo compasso de horários divididos entre cuidados pessoais (higiene), oração e silêncio, tarefas de manutenção da casa, evangelização e formação no carisma e na missão da comunidade. O lazer não inclui passeios, nem visitas a *shopping centers*, ou assistência a cinema e televisão; porém, quando esses últimos são autorizados pelo fundador e formador, assiste-se a notícias e a filmes

---

[9] PORTELLA, Rodrigo. Toca de Assis: viver uma vida pautada na diferença. In: *IHU-On Line:* Revista do Instituto Humanitas, São Leopoldo: Universidade Unisinos, edição 307, p. 13, 8 set. 2009.

[10] MARIZ, Cecília. O ideário das novas comunidades é o ideário comunitário do cristianismo primitivo. In: *IHU-On Line:* Revista do Instituto Humanitas, São Leopoldo: Universidade Unisinos, edição 307, p. 11-12, 8 set. 2009.

de biografias de santos. Devido a que, "nem tudo convém, para assistir a outros filmes primeiro nossos formadores assistem; se eles aprovarem, nós os vemos".

Outro entrevistado conta: "vemos bastantes filmes de terror porque nosso fundador gosta".[11]

A possibilidade de estudos superiores na comunidade não é descartada: "se está no coração de nosso formador, eu farei uma faculdade".

A concepção comunitária nos indivíduos se configura na compreensão vital de que ela é um refúgio perante o pluralismo ético e religioso da sociedade contemporânea. As pessoas buscam e encontram mecanismos que lhes oferecem segurança em termos de fé e certezas morais sobre suas escolhas simples e complexas no cotidiano.[12] Procura-se um mundo estável, equilibrado, em contraposição à sofrida vulnerabilidade, escondida na sua dupla insegurança: a material e a existencial. De tal sorte, o ambiente comunitário ergue-se como espaço de socialização primária, enquanto espaço intermediário de sentido, disciplinador do tempo e fornecedor de rotinas. Nos termos de Berger e Luckmann, a comunidade opera numa chave *nômica* que ordena o caos social de violência, injustiça, desemprego e instabilidade de todo tipo, e o resignifica em chave religiosa.

Endossa essa ordenação moral o sentido de vida na consciência do indivíduo e, respaldada pela vivência subjetiva, nos gestos

---

[11] Ao percorrer a loja de produtos religiosos da comunidade, fui lendo os títulos disponíveis; muitos incluíam pregações do Pe. Paulo Ricardo, do Mons. Jonas Abib e textos de demonologia e exorcismo. Atenta a meu gesto, a moça que me acompanhava expressou seu gosto pelo gênero de terror, justificando a abundância de filmes na sala comunitária de TV.

[12] BAUMAN, Zygmunt. *Comunidade*: a busca por segurança no mundo. Rio de Janeiro: Jorge Zahar, 2003. p. 7.

e eventos cotidianos, se constitui na objetivação desse sentido que direciona a própria existência.[13] Nessa moldura conceitual observa-se que as pequenas comunidades recriam vínculos que soldam pessoas, afetos e interesses de sobrevivência, e também outorgam sentido a suas expectativas de um futuro melhor, em grande contraste com a crise de solidariedade global e local contemporânea.

2. Energia fundante

Para além do trabalho em comum e das emoções compartilhadas, da solidariedade mútua, aparentemente em coesão interna, a *Dominus Salus* se sustenta na figura do seu fundador, o leigo Alexandre Mazzali.[14] Como muitos fundadores das novas comunidades, Ir. Alexandre participou de grupos de oração da RCC, mas *sentiu a necessidade de mergulhar em águas mais profundas*. A essa intuição somaram-se seus pais como cofundadores, e mais outro casal, idealizando a comunidade de aliança: Javé Salva (1996).[15] Quatro anos depois viria a comunidade de vida, em resposta ao chamado do fundador:

> Ele [Deus] me disse: Vai! (...). Ao perceber que faltava algo a mais, que o "impulso de Deus" me levava a ser fundador, comecei a procurar ajuda (...) não busquei comunidades religiosas tradicionais (...) eu me identificava demais com a espiritualidade carismática,

---

[13] BERGER, Peter; LUCKMANN, Thomas. *Modernidade, pluralismo e crise de sentido*. Petrópolis: Vozes, 2004.

[14] Ele é formado em técnico em nutrição, com experiência profissional no terceiro setor (auxiliar de escritório), nativo da cidade de Jundiaí/SP, músico por vocação, com rápida passagem como professor particular de teclado.

[15] Em entrevista, Ir. Alexandre esclarece que, a partir da discussão de Bento XVI sobre a correta maneira de chamar Yahweh, resolveu passar a chamar a comunidade com o seu equivalente em latim: *Dominus Salus*.

BRENDA CARRANZA

eu buscava onde eu pudesse expressar essa minha identidade (Ir.
Alexandre, 39 anos, 20 na comunidade).

Feitio narrado como revelação divina, em termos de energia
fundamente, com a especificidade carismática que não encontrou
vazão nas experiências tradicionais. A recordação vocacional passa
a ser evocada como história a serviço da instituição, da comunidade, e a convivência com o fundador cultivada como veneração de
seus discípulos, que expressam:

> Eu vejo que é um presente de Deus (...) tudo o que ele faz desde
> lavar uma roupa, brincar, ficar bravo, tudo o que ele faz passa o
> carisma (H. B., 27 anos, 7 de comunidade).

> A gente percebe que a todo momento é o carisma que se revela
> (...) temos que aproveitar, beber do poço, né? (L. M., 19 anos, 1 na
> comunidade).

> Como minha formadora disse, eu também disse (sic) é como se
> estivesse bebendo do carisma, sei lá, é como se fosse um cristo aí,
> sentado com a gente (...) eu amo, nossa! (D. A., 17 anos, 6 meses
> na comunidade).

> É viver com o próprio Pai, é o Pai que deu origem a nossa identi-
> dade, que disse sim ao carisma (...) ele que firma os nossos passos,
> é o laço, é a nossa autoridade presente (L. O., 21 anos, 3 na comu-
> nidade).

A sinergia que o carisma em construção desencadeia solda os
laços de pertencimento entre os membros e a identificação com o
projeto de vida proposto. Na perspectiva de Oliveira, que analisa
a Canção Nova, o fundador interagindo o tempo todo cria uma
estrutura cosmológica onde permanentemente se oscila do devir
místico da descoberta do carisma à revelação de Deus ao fundador;
devir que passa a ser tido como vontade divina e a pessoa do fundador, seu instrumento. Ele, o fundador, está vivo, ao alcance, não

é uma narrativa contextualizada de uma pessoa que idealizou um modo de vida e agora tem que ser "adaptado aos tempos". Ele está aí, é guia e mentor.[16] Na correlação com a etnografia das consagradas de clausura da Toca de Assis, Pinto propõe como chave analítica que essas vocacionadas desenvolvem um *éthos* social onde o fundador é tratado como santo vivo.[17]

De modo veemente, será corroborado dito *éthos* nos relatos que se repetem na *Donimunus*, quando Ir. Alexandre é venerado como pai: "só desejo fazer realidade o sonho do nosso pai [fundador]", disse uma entrevistada de 24 anos, com 5 anos na comunidade. Codificação discipular à qual o fundador reage, manifestando o que significa conviver entre seus seguidores:

> é um privilégio muito grande (...) você vê vocações chegando, aprovação saindo (...) mas é muita responsabilidade, muito desgastante estar o tempo todo disponível, minha porta parece uma escola de samba, batendo toda hora (...) é mostrar manias, caprichos, todos veem você (...) mas eles veem que estamos no mesmo processo de conversão.

Por imbricados caminhos subjetivos, a eticidade social espelha a vontade divina à conformação da vontade pessoal, desaguando na obediência incondicional e em negociações tensas com a autonomia individual.[18] Em que pese a ideologia individualista con-

---

[16] OLIVEIRA, Eliane Martins de. A "vida no Espírito" e o dom de ser "Canção Nova". In: CARRANZA, Brenda; MARIZ, Cecília; CAMURÇA, Marcelo (org.). *Novas Comunidades, em busca do espaço pós-moderno*. Aparecida: Ideias & Letras, 2009. p. 215.

[17] PINTO, Flávia Slompo. *A loucura da cruz: sobre corpos e palavras na Toca de Assis*. Dissertação de Mestrado em Antropologia Social. Campinas: Unicamp (2012), p. 210.

[18] LOPES, Rogério. Uma reflexividade comunitária e laica. In: *IHU-On Line*: Revista do Instituto Humanitas. São Leopoldo: Universidade Unisinos, edição 307, p. 20-23, 8 set. 2009.

temporânea, a força do indivíduo está na interiorização dos limites impostos pelo social, resultando na construção da própria vocação. Nessa perspectiva, pobreza, obediência e castidade consolidam-se como limite e recusa do mundo consumista, da avidez de riquezas, dos pecados da carne.[19] Enquanto discurso contracultural, as renúncias que se impõem apontam para o horizonte da virtude, onde o testemunho do mestre, perante a perda de sacralidade, divide o campo das moralidades sociais. Formas de altruísmo que se amalgamam com a sensibilidade juvenil disposta ao novo e ao diferente.

Depreende-se que o convívio permanente com o líder do grupo permite redirecionar essas tensões, lembrando o ideal que convoca à comunidade, turbina a energia dos jovens, reinscrevendo que com seus afazeres realizam o projeto previsto por Deus para eles. Se no mundo corporativo a presença do líder é transformada em energia motivacional, para maximizar os lucros da empresa, nas comunidades religiosas a liderança assume o caráter de mentor. Sua presença exerce no discípulo inspiração para suas escolhas, traduzidas logo em energia vital a serviço das utopias propostas no carisma e na missão da comunidade. Em outras palavras, lideranças e mentores convictos, independentemente do conteúdo de suas crenças, constituem-se em motores propulsores, contagiando a quem se aproxima deles, consequentemente, arrolando mais seguidores. Arrisca-se a suspeita sobre a escassez de mentores ser uma das explicações possíveis para a ausência de prosélitos nas comunidades tradicionais.

---

[19] FERNANDES, Silvia; SOUZA, Elizabeth Santos. As moças e os pobres: considerações sobre a comunidade feminina Toca de Assis. In: *Religião e Sociedade*. Rio de Janeiro, 34(2): 86-113, 2014; aqui, p. 95.

3. Paradoxo laical

Se para o fundador a convivência gratifica, estruturar a comunidade não foi fácil, mesmo como mandato divino. Quer pela idade, que desacreditava o jovem leigo fundador, quer pelas desconfianças levantadas por um carisma voltado à oração de cura e libertação, ainda havia as resistências que vieram em forma de perseguições dentro da própria hierarquia da Igreja.[20]

Apesar disso, ou por causa disso, a comunidade fortaleceu nos membros o sentimento profético de seu carisma, que reza:

> Diante de um mundo deformado pelo pecado que fere a imagem e semelhança de Deus em nós, afastando-nos de sua graça e salvação, encontramos o carisma da comunidade *Dominus Salus*, cuja definição é: "restaura o ser humano à imagem e semelhança de Deus, para que ele se descubra como filho".[21]

Restauração que exige dos membros "ir ao encontro daqueles que jazem no desespero por ainda não terem experienciado a graça da salvação em Jesus Cristo". Isso pressupõe uma visão da condição humana em situação permanente de risco moral, que propícia diversas idolatrias, acarreta a perda da dignidade do fiel e exige a necessidade de perene vigilância espiritual. A restauração começa pelo próprio membro da comunidade, visto, que a sociedade vive "momentos de pleno apogeu para espíritos do maligno – demônios – [portanto]. A batalha dos últimos tempos

---

[20] Narra Ir. Alexandre que muitos padres fecharam suas portas, proibiram-no de participar nas paróquias, e que sem o apoio de dom Amauri Castanho (Q.E.P.D.) não teria persistido. Logo dom Gil Antônio Moreira, arcebispo de Juiz de Fora/MG, o confirmou e encorajou na empreitada, alentando já que: "Só árvore que tem frutos leva pedrada".

[21] Disponível em: <http://www.dominussalus.com.br/carisma.htm>. Acesso em: 20 abr. 2015.

para os espíritos está surgindo ao nosso redor e ninguém pode evitar ver-se dentro dela".[22]

Cosmovisão tipicamente pentecostal, na qual se estabelece uma guerra de moralidades cujo epicentro terá o bem e o mal se debatendo nos conflitos sociais, problemas pessoais, carências afetivas, ausências do papel do Estado enquanto provedor de políticas públicas e equipamentos urbanos. A dualidade desse pensamento leva a afirmar que "os seres humanos somos alvo de satanás e seus demônios. A batalha é travada conosco, que a influência de satanás é para nos fazer desgraçados". Evidentemente, ergue fortalezas cognitivas que autorizam ler o mundo social como ameaça à experiência religiosa, cinde em profano e sagrado a realidade e proclama uma guerra permanente entre o terreno e o espiritual.

Decorre desse pressuposto uma teologia em que o demônio terá seu limite em Cristo, mas o fiel deve se revestir das armaduras de Deus para se proteger das ciladas do mal. Estratégias devem ser adotadas. O membro da comunidade deverá, então, primeiro experimentar a libertação, que, na proposta do fundador, tem uma sequência: expulsar os demônios, que tomaram posse da pessoa; assídua busca do sacramento da confissão; realizar a cura da árvore genealógica, pois a hereditariedade é um mistério que atinge também a vida espiritual;[23] remover barreiras de ocultismo, onde o sincretismo religioso expresso na Umbanda e no Candomblé

---

[22] MAZZALLI, Alexandre Ir. *Restaurados no sangue do cordeiro*. São Paulo: Loyola, s/d. p. 33.

[23] Também conhecida como quebra de maldições, tal cura combate as consequências do pecado. Um exemplo, citado pelo autor, é do álcool, que não é pecado, mas sim fraqueza de ceder a seu uso. Por isso, em uma geração em que o bisavô era alcoólatra, depois o avô, em seguida o pai e por fim o filho, mediante a oração de cura entre gerações o autor promete que todo desejo desordenado vai desaparecer. Cf. MAZALLI, Alexandre. *Cura entre gerações*. Jundiaí: Armi, 2014. p. 5.

deve ser temido; experimentar o perdão.[24] Consequentemente, "somos convidados para experimentarmos a restauração que ele [Jesus] tem para nós, a fim de levá-la a todas as pessoas que dele necessitam".[25]

Estabelece-se, então, a distância entre pensar o mundo e temer o mundo, entre dialogar com ele e recusá-lo, vislumbrando-se uma leitura moralizante da vida, combinando rigidez moral e atendimento aos sofredores. Propõem-se os vocacionados restaurar interiormente a pessoa; sendo ela mesma, será plenamente feliz e experimentará Deus. Será esse resgate o pivô da missão, e a oração de cura e libertação o meio para realizá-la. Fascinante proposta para o jovem ex-vocacionado dos Legionários de Cristo, que confessa com entusiasmo:

> meu sonho é trabalhar com jovens para os libertar (...) por tudo o que passei com familiares envolvidos em drogas (...) quero restaurá-los (...) ser instrumento de cura e libertação pela imposição das minhas mãos (D. L., 20 anos, 2 na comunidade).

Tarefa que não se restringe aos membros da comunidade de vida, mas é parte da missão da comunidade de aliança.[26] A missão desses leigos repõe, nos termos de Bourdieu, a discussão das assimetrias entre os atores religiosos no comando dos bens de

---

[24] Forma parte dessa descrição as orientações da Santa Sé sobre o exorcismo e a interdição a leigos de realizá-lo. Cf. MAZALLI, Alexandre. *Restaurados*, s/d. p. 47-67. Daí que, em entrevista, o fundador insistirá que a comunidade utiliza a nomenclatura de cura e libertação, e não de exorcismo.

[25] Disponível em: <http://www.dominussalus.com.br/carisma.htm>. Acesso em: 20 abr. 2015.

[26] Outras atividades da missão: promoção do Cerco de Jericó, retiros, atendimento pessoal e animação dos grupos de oração em paróquias, evangelização na Fundação Casa, rezar o terço em comunidades carentes, encontro de jovens, palestras, visita em casa dos sócios-discípulos que contribuem economicamente com a comunidade.

salvação, em que os sacerdotes sustentam o saber teológico e ritual e os leigos são seus receptores. Ora, no momento em que se invadem os campos e se invertem os papéis, as novas comunidades impõem um novo ritmo à dinâmica da laicidade. Ainda mais quando a liderança pode compatibilizar sua vivência espiritual à familiar e sexual, sem descuidar de suas obrigações de prover o próprio sustento.

Paradoxalmente, esse potencial inovador da dinâmica laical parece ser neutralizado em duas direções. De um lado, com a busca de sinais tradicionais de diferenciação na recusa do mundo, que os jovens da comunidade expressam: "Acho lindo usar esta saia longa [hábito], assim o povo sabe que sou de Deus; eu quero ser padre sim, usar esse colarinho branco [*clergyman*], pois, quando o mundo tira os símbolos sagrados, nós os repomos. Temos que ser diferentes, sabe?". Do outro lado, na reinvenção de modelos organizativos que incluem sacerdotes, vê-se a tendência das comunidades em formar seus próprios padres. Inquietação que o fundador reconhece, mas justifica:

> A essência das novas comunidades é leiga, padres na comunidade só os necessários, nada de clericalização (...) devido ao relativismo de hoje é necessário que alguém diga o que é pecado (...) necessitamos padres para confessar (...) a missão principal do sacerdote da nossa comunidade é a confissão, depois celebrar a Eucaristia (...) levar às pessoas a serem restauradas para o carisma acontecer.

Nesse jogo paradigmático da identidade laical que vai da apropriação do sagrado à sua acomodação na estrutura eclesial, desloca-se a reflexividade institucional para os processos auto-organizativos na base social: os leigos. Identidade que cria certo limbo canônico para alguns grupos, por conta da ambiguidade de seus vínculos comunitários, e o avanço nas estruturas de inserção religiosa semelhantes à formação das comunidades tradicionais.[27] No obstante, essas novas comunidades constituem-se em espaços ambíguos de empoderamento laical e lugares alternativos para o livre exercício da liderança carismática. Reside no progressivo rompimento de modelos de organização eclesial a novidade das novas comunidades, ao passo que reforçam determinado modelo de Igreja.

4. Reencantamento na criatividade ritual

Enquanto o Arcanjo São Miguel combatia com o dragão, ouviu-se a voz dos que diziam: "arcanjo Miguel, Deus vos constituiu príncipe de todas as almas que se devem salvar. Anjos e arcanjos, tronos e dominações, principados, virtudes dos céus, louvai o Senhor das alturas". Enquanto João contemplava o sagrado mistério, o arcanjo Miguel tocou a trombeta: "perdoai, Senhor nosso Deus, vós que abris o livro e lhe desatais os selos (...)". Agitou-se o mar e a terra tremeu quando o arcanjo Miguel desceu das alturas (...): "Louvemos o Senhor, a quem os anjos louvam, os querubins e os serafins cantam (...) São Miguel, um dos que estão mais próximos de Deus, acudiu em nosso socorro".[28]

Em atenção à plasticidade imagética das orações aos protetores celestes, na *Dominus Salus* fia-se um invólucro espiritual que acompanha a coesão societária de seus membros. Eles rezam, individual ou coletivamente, na procura das *armas para a batalha* e da santidade almejada. Invólucro carregado de um imaginário de anjos e

---

[27] As etapas a percorrer são: vocacionado, pré-discipulado, discipulado, juniorado, profissão temporária. Finalizado o itinerário de mais ou menos nove anos, o consagrado pode realizar seus compromissos perpétuos na comunidade de vida ou de aliança. Disponível em: <http://www.dominussalus.com.br/vocacionados. htm>. Acesso em: 20 abr. 2015.

[28] *Devocionário a São Miguel Arcanjo*. 82. ed. Cachoeira Paulista: Canção Nova Editora, 2004. p. 88.

potestades invocadas no ritmo orante cotidiano, em que o rosário de São Miguel arcanjo se integra à jornada, pontualmente às 11h30, e, onde estiverem, os membros devem rezá-lo. Mas, antes das 7h, rezam-se as orações oficiais da Igreja: as laudes; à tarde, as vésperas e, no fim da noite, as completas. Após o ofício divino matutino vem a missa, seguida de uma hora de silêncio e meditação, não faltando a adoração permanente do Santíssimo. Parte do costume comensal será a oferta dos alimentos e seu agradecimento.

Há, também, os símbolos religiosos que identificam a jovem comunidade: veem-se nas camisetas de alguns membros o cálice e a hóstia, representando o centro da espiritualidade e o *tau*, "que significa que seus membros são assinalados com o nome de Deus, pois Deus reivindica seus eleitos, como sua propriedade".[29] Não faltam os patronos: Santa Teresinha do Menino Jesus (1873-1897) e São Padre Pio de Pietrelcina (1887-1968). A primeira está ligada a uma experiência mística do fundador, constituindo-se em marco espiritual da comunidade. O segundo "foi escolhido [recorda o fundador] por ser mestre de confissão, por ser uma figura de combate ao mal e pelo ensinamento a enfrentar o inimigo".

Em grande medida, esse conjunto de devoções e expressões religiosas forma parte da espiritualidade que se cultiva nas novas comunidades, não obstante diferirem na intensidade, nos patronos e símbolos. Elas vivenciam sua autonomia institucional, quer como elemento identitário, repondo os elementos devocionais tradicionais, quer como comunidade emocional. Lehmann sugere que esse acesso carismático à tradição se dê num duplo movimento: na experiência mais fluida e performática do sagrado e na linha

---

[29] Disponível em: <http://www.dominussalus.com.br/quem somos.htm>. Acesso em: 20 abr. 2015.

discursiva doutrinal. A primeira produz sensibilidades litúrgicas pautadas na estética e na emotividade. Já a segunda é sintoma de autoafirmação dos grupos quando a *performance* encontra o limite da ortodoxia.[30] O que provoca na hierarquia impotência de controlar os significados atribuídos aos ícones religiosos, que se multiplicam nas comunidades carismáticas.

Na trilha do mesmo pensamento, a *performance* carregada de emotividade da adoração eucarística na Toca de Assis será para Portella um *continuum* da afetividade comunitária agora expressa liturgicamente. Há nessa sensibilidade afetivo-litúrgica um modelo de Igreja a ser vivido, onde a defesa da pureza doutrinária, as práticas ascéticas, jejuns, sacrifícios recriam práticas antigas em jovens encantados pelo discurso da diferença e o mimetismo da tradição.[31] A própria estrutura simbólica da Igreja é ressignificada e reinventada nas comunidades, o que garante sua constante atualidade.

Mas ainda que o fundador seja exemplo de eticidade social, os patronos são incorporados na vivência da comunidade como busca dos exemplos de virtuosismo religioso, equacionando aí interesses institucionais e aspirações pessoais. A devoção aos patronos atua como outra eticidade: a religiosa, na qual o grupo gira em torno de modelos de santidade. Compreende-se, assim, que os vocacionados

---

[30] LEHMANN, David. Dissidence and conformism in religious movements: what difference – if any – separates the catholic charismatic renewal and Pentecostal churches? Disponível em: davidlehmann.org_davi-docs-pdf_Pub-pap DISSIDENCE AND CONFORMISM IN RELIOUS MOVEMENTS.pdf. p. 3.

[31] PORTELLA, Rodrigo. Festa católico-carismática e pentecostal: consumo e estética na religiosidade contemporânea. *Revista Brasileira de História das Religiões*. Dossiê Questões teórico-metodológicas no estudo das religiões e religiosidades. ANPUH, ano III, n. 9, jan. 2011 – ISSN 1983-2850. Disponível em: <http://www.dhi.uem.br/gtreligiao>.

façam uma leitura mística que os leve ao individualismo religioso, a uma autorretratação que os conduz à transformação espiritual e individual.[32]

Se a vida comunitária desperta para uma alteridade fincada na eticidade social, o ritmo litúrgico que se impõe na comunidade *Dominus Salus* conduz para uma eticidade religiosa e uma sensibilidade estética encantada e encantadora. Ela sinaliza para reapropriações criativas de elementos tradicionais que proporcionam gosto, prazer e novidade em jovens que compartilham com seus contemporâneos um clima cultural em que anjos, gnomos, demônios, *hobbits, Voldemorts* protagonizam filmes, seriados, videogames, alimentando imaginários de intermináveis lutas maniqueístas do bem contra o mal.[33] Abrem-se algumas pistas de compreensão de por que as práticas do velho catolicismo nas novas comunidades sintonizam com a juventude.

5. O rosto novo da retradicionalização

O Papa João Paulo II, a partir do Concílio Vaticano II, pediu à Igreja uma "Nova Evangelização, com 'novo ardor', novo método e nova expressão. O florescer dessa primavera pode ser visto, sobretudo nas novas comunidades que manifestam o 'rosto novo da Igreja'".[34]

---

[32] MARIZ, Cecília; AGUILAR, Luciana. *Shalom*: construção social da experiência vocacional. In: CARRANZA, Brenda; MARIZ, Cecília; CAMURÇA, Marcelo (org.). *Novas comunidades, em busca do espaço pós-moderno*. Aparecida: Ideias & Letras, 2009. p. 241-266.

[33] Meu simpático cicerone mostrou-me os filmes "do mundo" que na comunidade eram tidos como os *"the best"*; um cúmplice sorriso apareceu quando me entregou a trilogia de DVD's do *Senhor dos Anéis*, de Peter Jackson.

[34] Disponível em: <http://www.dominussalus.com.br/quemsomos.htm>. Acesso em: 20 abr. 2015.

Sem sombra de dúvidas, as novas comunidades criam estruturas existenciais de plausibilidade em resposta a situações de risco e vulnerabilidade, com todas suas matizações. Novidade que traz a combinação de ambientes emocionais e confortantes com modelos disciplinares pouco flexíveis, os quais apontam para a Igreja o papel central que assume a compreensão sobre as reconfigurações da subjetividade contemporânea na expressão religiosa das juventudes.

O ar fresco atribuído às novas comunidades parece residir no desenvolvimento do senso comunitário que delineia dispositivos subjetivos, configurando uma alteridade pautada na *performance* afetivo-sexual, no dever, na renúncia ao lazer, que curiosamente se fusionam, sem maiores tensões, aos valores da autonomia e da escolha pessoal, caros à modernidade. Eis aqui algumas pistas analíticas que permitem capturar a tessitura da vida comunitária que impacta as pessoas em geral, e os jovens em particular, desdobrando-se nos tão desejados frutos de atração, adesão e incorporação que as novas comunidades conseguem angariar.

O novo nas comunidades emerge do empoderamento que suas lideranças laicais exercem, a serviço do modelo de restauração cristã, que, por sua vez, se apoia no eixo da reinstitucionalização católica das novas gerações. Ainda, são portadoras de um cristianismo em cujas mediações fermenta uma eticidade social, que adentra os fiéis-cidadãos na visão de mundo em ritmo de batalha espiritual. Concomitantemente, a eticidade religiosa, amalgamada à emotividade intersubjetiva e à afetividade-litúrgica, desenvolve uma sensibilidade estética que recria religiosidades tradicionais, outrora relegadas aos setores populares. Sem sombra de dúvidas, as novas comunidades engrossam, por sua vez, o coro dos grupos religiosos que nutrem um imaginário mágico e encantador próprio da pentecostalização cristã.

Enfim, no atual cenário sociorreligioso as novas comunidades católicas repõem o fortalecimento dos laços entre os indivíduos e as expressões tradicionais das religiões; reinventam uma concepção católica com respostas únicas a todos os males e conflitos humanos; reforçam discursos minoritários de "poucos, mas bons". Porém, na vertigem das mudanças culturais que exigem da religião diálogo e negociação em contraposição à ofensiva e rigidez, dita primavera certamente será colocada em questão.

REDES SOCIAIS E NOVAS FRONTEIRAS DA VIDA RELIGIOSA CONSAGRADA

Rafael Lopez Villasenor*

"A Internet pode oferecer
maiores possibilidades de encontro
e de solidariedade
entre todos,
e isto é uma coisa boa,
é um dom de Deus" (Papa Francisco).

A palavra mudança é a marca da realidade atual. As grandes transformações fazem o mundo moderno mais complexo e desafiador. Elas estão em todas as dimensões da realidade humana e geram novas formas de sociabilidade, novos nexos de pertencimentos, novas exclusões e articulações sociais. São mudanças estruturais e conjunturais, objetivas e subjetivas. Porém, essas

---

* Padre dos Missionários Xaverianos (SX), mexicano há 25 anos no Brasil. Doutor em Ciências Sociais com ênfase em Antropologia e mestre em Ciências da Religião pela PUC-SP. Diretor do Centro Cultural Conforti (Curitiba, PR). Membro da Equipe Interdisciplinar de Assessoria da CRB.

transformações são contraditórias e divergentes, pois, por exemplo, ao mesmo tempo que cruzamos o país de maneira rápida de avião, vivemos a lentidão no trânsito das grandes cidades.

Diante das novas fronteiras tecnológicas, surgem vários questionamentos: como as novas tecnologias atingem a VRC? Como falar de Comunidade Religiosa perante o mundo virtual? Que leitura podemos fazer das novas realidades? Como usar de maneira adequada essas novas tecnologias? Acreditamos que a vida religiosa é convidada a acompanhar e entender as mudanças atuais, que criam novos desafios e novas fronteiras, que transformam diariamente as nossas vidas. O mundo mudou, está mudando e vai mudar ainda mais, com exigências e desafios. Dentre os desafios, pode ser destacada a presença de consagrados e consagradas nos espaços midiáticos de maneira positiva, no que diz respeito à finalidade de testemunhar com coerência a capacidade de amar, de acolher, de mostrar a alegria do seguimento de Jesus Cristo.

Neste contexto, é necessário refletir os desafios das novas fronteiras. As constantes mudanças nos convidam à leitura adequada dos sinais dos tempos e ao discernimento com maturidade, para utilizar de forma benéfica as novas ferramentas, como a potencialidade da Internet, das redes sociais e das novas tecnologias, sem cair na "cultura do espetáculo". Portanto, este artigo dá um enfoque especial às redes sociais, como parte dos desafios das novas fronteiras tecnológicas para a Vida Consagrada.

1. Novas fronteiras tecnológicas na Vida Consagrada

A vida religiosa encontra-se diante de profundas mudanças, em parte causadas por novas fronteiras tecnológicas, em especial pela

Internet. A maioria das congregações religiosas não é indiferente a esta nova realidade. Elas estão inseridas neste mundo, principalmente por meio de *sites* e das redes sociais como *blogs*, Facebook, WhatsApp, YouTube, Twitter, entre outros. O advento das redes sociais facilitou e expandiu as possibilidades de interação social, tornando-se uma realidade da vida diária, sendo mais um espaço de comunicação. Portanto, nos perguntamos, como as novas fronteiras estão atingindo a VRC? Qual é a repercussão que originam para a Vida Consagrada?

Como parte do fenômeno das novas fronteiras, apareceu de maneira especial entre os jovens a prática de tirar fotos de si mesmos e publicá-las nas redes sociais, as chamadas "selfies".[1] Não é tão raro ver essa mesma atitude por parte de Consagrados e Consagradas. Parece que muitos têm necessidade de aparecer e mostrar o que se está fazendo a cada momento, ainda que seja algo irrelevante a outras pessoas. Na cultura da imagem, o estilo e aparência tornam-se parâmetros de identidade e apresentação de si mesmo no cotidiano.

Estar presente na rede significa aparecer, existir e ser reconhecido. Inclusive, muitas vezes, as fotos publicadas nas redes sociais buscam o exibicionismo, a aprovação e a autopromoção digital,[2] como uma nova maneira de expressão narcisista, criando a "sociedade do espetáculo",[3] entendida não como um conjunto de imagens, mas como uma relação entre pessoas medida por imagens,

---

[1] O Dicionário Oxford da língua inglesa, no ano de 2013, anunciou que um novo verbete passaria a figurar em suas páginas: *selfie*, que reúne o substantivo *self* e o sufixo *ie*. Eis sua definição: "Fotografia que alguém tira de si mesmo, em geral com smartphone ou webcam, e carrega em uma rede social".

[2] O Facebook encabeça o movimento. A cada dia, em média, usuários confiam 250 milhões de fotos ao serviço. Esta rede social criou mecanismos para que seus afiliados não apenas armazenem, mas também compartilhem suas criações.

[3] Cf. DEBORD. *A sociedade do espetáculo*. Rio de Janeiro: Contraponto, 1997. p. 14.

tornando públicas as vidas privadas num "reality show", como em um "big brother", procurando o próprio sucesso e a própria popularidade; contudo, correndo o risco de isolamento social na vida real, levando a sociedade espectadora a se distanciar do conhecimento de sua própria existência.

Na atualidade, muitos dos vocacionados que procuram a VRC são nativos digitais,[4] que sabem muito sobre tecnologia, videojogos, dominam a linguagem da Internet, são capazes de realizar várias tarefas *on-line* em simultâneo. Falam com naturalidade o idioma digital dos recursos eletrônicos, como se fosse a sua própria língua materna. Adaptam-se à realidade das novas tecnologias, o que os distingue dos imigrantes digitais, isto é, todos os que não tendo nascido na era digital ainda precisam ler manuais de instruções para usar as novas tecnologias. Dessa maneira, o ciberespaço é uma extensão do cotidiano, não sendo possível conceber as atividades separadas do auxílio dos instrumentos interativos, utilizados para a socialização, bem como para fazer pesquisas, baixar músicas, jogar etc. Enfim, a Internet é o meio mais prático e de rápido acesso.

Portanto, quando o mundo real transforma-se em simples imagens, estas se tornam seres reais e motivadores eficientes de um comportamento hipnótico. O espetáculo, como uma tendência de fazer alguém enxergar o mundo através de diversas mediações especializadas, naturalmente revela a visão como o sentido privilegiado do ser humano, como o tato foi privilegiado em outras

---

[4] Um *nativo digital* é aquele que nasceu e cresceu com as tecnologias digitais presentes na sua vivência, como videogames, Internet, celular etc. O conceito de nativos digitais foi cunhado pelo educador e pesquisador Marc Prensky para descrever a geração de jovens nascidos a partir da disponibilidade de informações rápidas e acessíveis na grande rede de computadores.

épocas.[5] Nesse sentido, as redes sociais criaram a falsa ideia de total liberdade, de estar no anonimato, de desempenhar um papel, fantasiar e também entrar em contato com outros e compartilhar. Segundo os gostos do usuário, a Internet se presta a uma participação ativa e a uma absorção passiva em um mundo narcisista e isolado, com efeitos quase narcóticos. Contudo, não é bem assim, tudo é monitorado e o que é postado tem repercussões positivas ou negativas. Cabe então se perguntar como cada religioso(a) faz uso destas tecnologias. Publica "fotos e *selfies*" para exibir-se, para buscar fama e sucesso, ou para divulgar a alegria de ser consagrado(a), de ser discípulo missionário no seguimento de Jesus Cristo?

As relações interpessoais pelas redes, muitas delas a partir de imagens, criaram novas fronteiras nos vínculos sociais, levando à modificação da maneira de ver, consumir, fazer comunicação e se relacionar, inclusive com o transcendente, por meio de novos aplicativos digitais. A convivência virtual cotidiana pelas redes sociais aparece como um desafio para a VRC. Embora a comunicação digital facilite conexões, a comunicação, a compreensão entre indivíduos e comunidades, na partilha de informações, notícias, imagens, opiniões e ideias, a relação em rede é incompleta, ainda que se tenha tornado necessária, como um local de participação e de compartilhamento. Por outro lado, às vezes pode ser dada mais importância à comunicação com as pessoas distantes pelo uso das tecnologias do que ao contato com as pessoas (religiosos/as) que dividem o mesmo teto.

Sendo assim, como fazer para que o mundo informatizado não seja um empecilho para o diálogo face a face? Inclusive, é comum ver cada vez mais, entre os membros da VRC, que se tem pouco

---

[5] DEBORD. *A sociedade do espetáculo*, p. 18.

tempo para amizade presencial, fora do ciberespaço, mas se cultivam muito as amizades virtuais. Infelizmente, há consagrados que passam horas diante de um notebook ou tablet, de um iphone ou android... deixando de lado a vida comunitária.

Os internautas compartilham informações de foro íntimo, que são, numa escala superdimensionada, partilhadas por uma rede de pessoas aparentemente amigas. Então, essa valorização dos aspectos do privado, que passa também por uma subjetividade pressionada, é o sintoma de que as redes sociais priorizam um egocentrismo que abdicou de pensar o espaço público. Também o comportamento em rede aparece mais espontâneo, mesmo com estranhos, já que não existem limitações contextuais como aparência e *status* social". A apresentação pode também ser anônima, já que é permitido a qualquer indivíduo mostrar-se como quiser e até criar novas identidades, ou seja, formar fortes amizades mesmo sem conhecer o outro fisicamente.

Há quem tenha muitos amigos virtuais com poucos ou nenhum amigo presencial com que possa bater um papo fora do ciberespaço. Essa noção de amizade e relacionamento é um fenômeno presente em especial no Facebook, a maior rede social atual de "amigos". Podemos perguntar: Será que chamar de amigos os contatos da rede social não banaliza o significado da amizade? Os amigos são transformados em números, logo eles não são amigos em nenhum lugar, nem na música de Roberto Carlos que diz: "Eu quero ter um milhão de amigos".[6] Será que não corremos o risco de ser uma multidão de estranhos acotovelados em listas virtuais, intercambiando vidas de simulacro e consumo?

---

[6] TIBURI, Márcia. *Filosofia prática:* ética, vida cotidiana, vida virtual. Rio de Janeiro: Record, 2014. p. 268-270.

A mudança de hábitos e de modelos de relações parece significativa; as novas tecnologias digitais estão determinando modificações fundamentais no modelo de comunicação e nas relações humanas. A revolução tecnológica, como foi dito, criou um novo fator relacional conhecido como a "sociedade do espetáculo", como o conjunto das relações sociais mediadas pelas imagens.[7] As novas fronteiras criam novos relacionamentos e novos laços, pelo uso constante da "rede", que interfere nos vínculos humanos, por meio de *e-mail*, *skype*, celular, do bate-papo, das mensagens de texto e de imagens, entre outras formas. Ao mesmo tempo que diminuem os contatos presenciais, cresce a grandes passos a comunicação virtual a distância. Inclusive, criaram multiplicidade cultural, alteraram o deslocamento de fronteiras, dando novas ressignificações às práticas tradicionais, trazendo mudanças de paradigmas, de acordo com os parâmetros do ciberespaço.

Outra característica das relações humanas com as novas fronteiras é que se tornam mais superficiais, instáveis, descartáveis.[8] Os encontros acontecem cada vez mais pelos novos contornos das redes sociais, possibilitando, assim, a comunicação e a exposição instantânea do ser, num jogo social de interação que ocorre por perfis virtuais, contendo todo tipo de informação e

---

[7] O espetáculo consiste na multiplicação de ícones e imagens, principalmente por meio de comunicação de massa, mas também dos rituais políticos, religiosos e hábitos de consumo, de tudo aquilo que falta à vida real do homem comum: celebridades, atores, políticos, personalidades, gurus, mensagens publicitárias, tudo transmite uma sensação de permanente aventura, felicidade, grandiosidade e ousadia. O espetáculo é a aparência que confere integridade e sentido a uma sociedade esfacelada e dividida. É a forma mais elaborada de uma sociedade que desenvolveu ao extremo o fetichismo da mercadoria (DEBORD. *A sociedade do espetáculo*, p. 25).

[8] Cf. GONÇALVES, Alfredo. Que espaço de fronteira se abre para nós? *Convergência*, ano XLIX, n. 473, p. 469.

ambivalência,[9] criando uma nova ética do relacionamento cada vez mais fragilizada.

Paradoxalmente, os meios de comunicação social aproximam os indivíduos, as culturas, os povos e as nações, mas ao mesmo tempo os contatos pessoais estão cada vez mais distantes uns dos outros, vão se perdendo. Na sociedade líquida moderna[10] os vínculos humanos tendem a ser conectados com o mundo virtual e desconectados com as vizinhanças. Com isso, os laços extensos da família e da juventude têm se esvaziado, deixando os indivíduos sozinhos com seus próprios recursos, além de poucos amigos transitórios e incertos, criando mudanças de paradigmas. Como consequência, os internautas solitários, na maioria jovens, sofrem mais seriamente de doenças devido à ausência de suporte social de amigos e parentes presenciais.

A sociedade atual está criando uma nova fronteira dos relacionamentos, estes estão cada vez mais fragilizados e desumanos, isto é, os seres humanos estão sendo usados por eles mesmos.[11] O "amor líquido" ou transitório representa a fragilidade dos laços humanos, a flexibilidade com que são substituídos. A sociedade provisória tira a responsabilidade de relacionamentos e vínculos sérios e duradouros, nada permanece. O significado do amor não

---

[9] Ambivalência é a "possibilidade de conferir a um objeto ou evento mais de uma categoria. É uma desordem específica da linguagem, uma falha da função moderna que a linguagem deve desempenhar" (BAUMAN. *Modernidade e ambivalência*. Rio de Janeiro: Zahar, 1991. p. 9).

[10] Vivemos tempos líquidos. Nada é para durar. Os tempos são líquidos porque tudo muda muito rápido. Nada é feito para sempre, para ser sólido. Vivemos num mundo de incertezas e rápidas mudanças. Cf. BAUMAN. *Modernidade líquida*. Rio de Janeiro: Zahar, 2003.

[11] BAUMAN. *Amor líquido:* sobre a fragilidade dos laços humanos. Rio de Janeiro: Jorge Zahar, 2004.

é mais o mesmo, é algo flexível, que não se caracteriza mais pela durabilidade e perenidade.

As novas fronteiras tecnológicas influenciam o ser humano em suas relações de um modo geral e o "amor líquido" representa a fragilidade dos laços e vínculos humanos, a facilidade com que são substituídos. A irradiação do amor supõe a superação do egoísmo. Vivemos a cultura de não se apegar a nada. Talvez por essa razão, hoje, mais do que nunca, haja uma grande busca de relações autênticas, não só no plano religioso, onde se procura superar o egoísmo e a indiferença, mas também no plano social, político, cultural, recreativo... Por toda parte há uma grande sede de amizades e convivências fraternas. Buscam-se pessoas confiáveis, capazes de acolher e amar.

2. Novas fronteiras tecnológicas e os laços comunitários

Até poucos anos atrás, as tecnologias na VRC eram apenas para o uso comunitário, isto é, uma televisão, um computador, um telefone, um aparelho de som. Entretanto, as coisas tomaram rumos diferentes e a vida comunitária sofre as consequências das novas plataformas de comunicação. Diante das novas plataformas tecnológicas, como falar de comunidade? Como nos posicionarmos na comunidade diante do avanço científico e tecnológico? De fato, nunca se falou tanto de comunidade como na atualidade, usada de maneira indiscriminada, às vezes, vazia, ambivalente e líquida. No entanto, a sociedade se organiza em comunidades, e estas podem ser formadas por pessoas que moram no mesmo bairro ou prédio, têm o mesmo emprego, seguem a mesma religião, frequentam a mesma escola, são da mesma comunidade religiosa, participam do mesmo sindicato; afinal, todo grupo que tem alguma coisa em comum forma uma comunidade, mas para as novas fronteiras tecnológicas o conceito de comunidade está mudando, no sentido de que se estabelecem relações no espaço virtual através de meios de comunicação à distância. Entretanto, a vida comunitária é necessária para a VCR, e esta exige maturidade, capacidade de entrega, sempre trazendo ganhos e perdas.

Apesar das mudanças ocorridas, a comunidade deve ser o lugar em que se pode e se deve alcançar o diálogo real entre os membros. O termo "diálogo" é o ponto de partida da relação entre a pessoa e a comunidade, entre a pessoa e Deus e entre a pessoa consigo mesma. A palavra comunidade pode ser vista como local em que as pessoas têm algo em comum não apenas no sentido geográfico, mas no sentido vivencial de confiança. A comunidade é o lugar de "comunhão", que implica uma reunião ou encontro profundo, não apenas com outras pessoas, mas também com Deus. A comunidade deve ser o lugar de segurança, "cálido", confortável e aconchegante; não pode ser apenas um teto sob o qual nos abrigamos, mas lugar fraterno de entendimento.

Para formar comunidade não basta morar na mesma casa religiosa; é necessário ter objetivos comuns, metas bem definidas, prioridades básicas que favoreçam a superação do individualismo e impeçam a fuga para o mundo cibernético. Saber viver em comunidade é sempre um aprendizado e uma missão cotidiana. É preciso superar limites e ir além dos interesses pessoais, olhar mais o "nós" e menos o "eu", sabendo que a comunidade é o espaço privilegiado para criar relações de comunhão fraterna. No entanto, a vida comunitária parece que também ficou mais líquida e fragilizada por mágoas acumuladas, competição, ironia e rigidez, levando, em algumas ocasiões, a nos refugiarmos no mundo virtual ou, quando analfabetos digitais, a passar muito tempo na frente da televisão. A fragilidade dos vínculos comunitários pode torná-los emblemáticos, conflitantes, inseguros e ambivalentes. Uma caminhada marcada pela insatisfação, pela amargura dos sonhos não realizados, torna-se uma caminhada solitária que nos pode levar ao individualismo, à fuga para o mundo virtual, a deixar de lado a vida comunitária.

Não existe o modelo de comunidade perfeita, sem conflitos e desafios; é sempre uma construção com as virtudes e limites dos membros que a formam. Nela devem ser integradas as diferenças e dificuldades. Porém, criar um clima de confiança ajuda a formar um ambiente de liberdade e responsabilidade. Quando a comunidade constrói uma atmosfera de respeito, tolerância, abertura, escuta e afeição incondicional, está possibilitando um clima de crescimento e de fraternidade sadia, superando o individualismo comunitário e a fuga às novas fronteiras tecnológicas.

Entretanto, é na comunidade que acontecem as inevitáveis tensões e conflitos. A comunidade é o lugar do crescimento, mas também dos desafios constantes. Acontece que nem sempre as pessoas estão maduras e preparadas para compartilhar e viver em harmonia e doação. Na vida religiosa pode-se criar o idealismo comunitário líquido, em outras palavras, construir castelos de areia, imaginando a comunidade como uma vida sem conflitos, incoerências, patologias. Quando se encontram essas coisas, devido à nossa fragilidade humana, pode acontecer um desencantamento e não se conseguir responder com relativa maturidade aos desafios da vida comunitária. Por isso é preciso nos educarmos ao realismo, sem procurar o refúgio nas redes sociais e sem perder o encanto da utopia da vida religiosa.

O caminho de crescimento passa pela correção fraterna comunitária, mas é necessário o autoconhecimento que evite a projeção dos defeitos, purifique o olhar, elimine as distorções e enganos e, ainda, permita a compreensão e a criatividade com os outros. Supõe-se ser corajoso, sem ter medo do conflito ou de possíveis reações. Também na correção fraterna é necessário um bom nível da autoestima que permita "se expor", aceitar e ponderar o que foi dito, sem fazer um drama das pequenas ou grandes críticas. Mas ter o desejo de melhorar, de mudar, sabendo que os outros veem dimensões de minha vida que eu não posso ver, o que ajudará na superação do individualismo comunitário ou do refúgio nas redes sociais.

O perigo do uso das novas fronteiras tecnológicas na vida comunitária é o isolamento e a evasão da realidade, através das redes sociais e do mundo virtual, em que o internauta tem a liberdade para poder criar a sua própria comunidade virtual ou se inserir em alguma existente, participando de conversas e discussões que preencherão interesses aparentemente comuns, sustentando a interação e o encontro social. No mundo virtual criam-se laços e vínculos com pessoas que estão em locais desconhecidos e em horários indeterminados, o que pode ser fuga dos conflitos da vida cotidiana. As relações virtuais não podem substituir o "sentar-se à mesa", ou olhar o rosto das pessoas e ter uma conversa face a face. "Neste tempo em que as redes e demais instrumentos da comunicação humana alcançaram progressos inauditos, sentimos o desafio de descobrir e transmitir a mística de viver juntos".[12] Essas atitudes são fruto do líquido mundo moderno, pois construímos

---

[12] FRANCISCO, Papa. *Evangaelii Gaudium*, n. 87.

REDES SOCIAIS E NOVAS FRONTEIRAS DA VIDA RELIGIOSA CONSAGRADA

e sustentamos as referências comuns de nossas identidades em movimento.[13]

As novas fronteiras tecnológicas podem levar a vínculos humanos mais flexíveis e líquidos, gerando níveis de insegurança e ambivalência. Nesse sentido, a fluidez dos vínculos, que marca a sociedade contemporânea, encontra-se inevitavelmente inserida nas próprias características da modernidade. Tudo ocorre com intensa velocidade, o que também se reflete nas relações entre as pessoas. O sentido de pertença e de identidade comunitária parece ser sempre mais líquido.

3. Discernir os sinais dos tempos

Perante tantas transformações vividas atualmente, como podemos entender as variações da realidade que vivemos como sinais de Deus? É possível acolher os dons divinos no mundo virtual? Acreditamos que a VRC, ante as novas fronteiras tecnológicas, deve estar atenta aos sinais dos tempos como sinais de Deus. O desafio é saber usar de maneira positiva a potencialidade da Internet, das redes sociais e das novas tecnologias, sem cair na "cultura do espetáculo". As mudanças nos relacionamentos nos convidam a compreender e distinguir o mundo em que vivemos com suas mutações e implicações em todos os campos, especialmente para a VRC.

Existe a necessidade de procurar entender o momento histórico à luz da sociologia, da antropologia, da psicologia, da teologia, da Palavra de Deus... tendo como ponto de partida e de referência "as alegrias e as esperanças, as tristezas e as angústias dos

---

[13] BAUMAN. *A sociedade individualizada, vidas contadas e histórias vividas*. Rio de Janeiro: Jorge Zahar, 2008.

homens de hoje",[14] para poder entender os sinais de Deus e seus significados que se revelam na história da humanidade com suas transformações.

> Para levar a cabo tal missão, é dever da Igreja investigar a todo momento os sinais dos tempos, e interpretá-los à luz do Evangelho, para que assim possa responder, de modo adaptado em cada geração, às eternas perguntas dos homens acerca do sentido da vida presente e da futura, e da relação entre ambas. É, por isso, necessário conhecer e compreender o mundo em que vivemos, as suas esperanças e aspirações e o seu caráter tantas vezes dramático. Algumas das principais características do mundo atual podem delinear-se do seguinte modo. A humanidade vive hoje uma fase nova da sua história, na qual profundas e rápidas transformações se estendem progressivamente a toda a terra.[15]

O próprio Jesus convida os discípulos a distinguirem "os sinais dos tempos" (Mt 16,3). Quando tudo parece obscuro, ele mesmo, ao caminhar com os discípulos de Emaús, ajuda a fazer uma leitura dos sinais dos tempos, ao explicar a realidade complexa, comentar as Escrituras, partilhar o pão e finalmente fazer renascer os sonhos, as esperanças e as utopias, reanimando a caminhada (Lc 24,15-24). Enfim, interpretar os sinais dos tempos significa saber discernir as transformações constantes da modernidade atual no contexto social, eclesial e teológico sobre os novos protótipos.

A nossa época, marcada por intensas, velozes e profundas mudanças, nos leva a pensar que, após a "época de mudanças", entramos na "mudança de época", que enfraquece e altera muito dos paradigmas tradicionais que sustentavam uma visão de mundo, gerando instabilidade, incertezas, inseguranças e até desorientações. O Papa Francisco diz que "esta mudança de época foi causada

---

[14] VATICANO II. *Gadium et Spes*, n. 1.
[15] Ibid., n. 4.

pelos enormes saltos qualitativos, velozes e acumulados que se verificam no progresso científico, nas inovações tecnológicas e nas suas rápidas aplicações em diversos âmbitos da vida".[16] Em outras palavras, as novas visões do mundo, da vida, da sociedade e do sagrado como fruto do mundo globalizado e tecnológico.

Certamente, as constantes transformações ocasionam incertezas sobre como julgar a realidade e como interagir com ela. As mudanças de época não atingem apenas este ou aquele aspecto concreto da existência humana. Abrangem os próprios critérios de compreender a vida, inclusive a própria maneira de entender Deus. Por isso, "quando a realidade se transforma, devem, igualmente, se transformar os caminhos pelos quais passa a ação evangelizadora" (DGAE, 25).[17] Entretanto, a mudança de época é um dos maiores desafios a serem enfrentados. Contudo, deparamo-nos com a fragilidade dos critérios para ver, julgar e agir de maneira adequada (cf. DGAE, 27).

As constantes transformações estão em todos os campos e em todas as atividades humanas, que devem ser acompanhadas para uma melhor eficácia da evangelização. Essas transformações que vivemos afetam profundamente as nossas vidas, nos desafiam a discernir os "sinais dos tempos", à luz do Espírito Santo, para nos colocar a serviço do Reino anunciado por Jesus,[18] que veio para que "todos tenham vida e para que a tenham em abundância" (Jo 10,10).

Diante das constantes transformações, fazer uma leitura dos sinais dos tempos implica não só reconhecer e interpretar os

---

[16] FRANCISCO, Papa. *Evangaelii Gaudium*, n. 52.

[17] CNBB. *Diretrizes Gerais da Ação Evangelizadora da Igreja no Brasil 2011-2015*. Brasília: CNBB, 2011.

[18] Cf. CELAM, *Documento de Aparecida*, n. 33.

movimentos do espírito, mas conhecer e analisar a realidade que vivemos à luz das ciências humanas. Nesse sentido, o Papa Francisco pede que saibamos ouvir tanto os jovens quanto as pessoas adultas e experientes. Os idosos são a experiência da vida. Os jovens, por sua vez, trazem consigo as novas tendências da humanidade e abrem-nos ao futuro, de modo que não fiquemos encalhados na nostalgia de estruturas e costumes que já não são fonte de vida no mundo atual.[19] Para estarmos atentos às constantes transformações que vivemos na sociedade atual, é necessário discernimento, assim como "investigar a todo o momento os sinais dos tempos e interpretá-los à luz do Evangelho".[20]

É preciso saber dialogar com as novas fronteiras tecnológicas de nosso tempo. Devemos ter presentes os "novos areópagos", as novas tecnologias, como mencionou o Papa João Paulo II, para quem, naturalmente, os meios de comunicação criam novas atitudes e, por isso, "é preciso integrar à mensagem esta nova cultura",[21] em que sagrado e profano convivem. É nos "novos areópagos" que a VRC se deve fazer presente para mostrar a alegria de ser consagrado.

A Igreja Católica tem transitado por caminhos incisivos, como o uso do Twitter pelo Papa Bento XVI, que aceitou em 2012 o desafio de inserir-se nas redes sociais,[22] como parte do encontro com as novas fronteiras tecnológicas e culturais. Por sua vez, o Papa Francisco, por ocasião do Dia Mundial das Comunicações de 2014, afirmou que: "a Internet pode oferecer maiores possibilidades de encontro e de solidariedade entre todos, e isto é uma coisa boa, é

---

[19] FRANCISCO, Papa. *Evangaelii Gaudium*, n. 108.

[20] VATICANO II, *Gaudium et Spes*, n. 4.

[21] JOÃO PAULO II, *Redemtoris Missio*, n. 37.

[22] O Papa Francisco, em agosto de 2014, ultrapassou os 15 milhões de seguidores no Twitter, tornando-se uma das contas mais acessadas.

um dom de Deus". Ele disse para "não ter medo de fazer-se cidadãos do ambiente digital",[23] como parte da cultura do encontro. Portanto, a Igreja vê de maneira positiva o uso das novas tecnologias, como verdadeiros dons de Deus, como fatores culturais que concorrem para o progresso do Reino de Deus na história. Por fim, o uso do ciberespaço é um ambiente privilegiado para potencializar e divulgar o Evangelho. Nesse sentido, as redes sociais e a Igreja são duas realidades destinadas a se encontrarem cada vez mais para a construção da Civilização do Amor.

4. Indicações para o uso das redes sociais

A VRC, ao ser remodelada pela capacidade de influência das novas tecnologias, nos leva a questionarmos: como aproveitar de maneira positiva as novas tecnologias? Que cuidados devemos ter? Como fazer para que as novas ferramentas estejam a serviço do Evangelho? Estes e outros questionamentos são feitos constantemente nas nossas comunidades. Sabemos que o uso das novas tecnologias, de maneira especial as redes sociais, nos leva a pensar em alguns cuidados que devemos ter para o bom uso dessas tecnologias, para saber nos policiar. Sem dúvida as novas plataformas de comunicação são um potencial para os relacionamentos, mas podem ser também uma ameaça. Trazem a vontade de conhecer e de se fazer conhecer, o desejo de novas relações humanas e de vivenciar novas amizades. Porém, as relações humanas não constituem um simples jogo, mas exigem longos tempos de conhecimento. As relações que são prioritariamente virtuais correm o risco de

---

[23] FRANCISCO, Papa. Mensagem do Santo Padre para o XLVIII Dia Mundial das Comunicações Sociais, *Comunicação ao serviço de uma autêntica cultura do encontro*. Domingo, 1 de junho de 2014.

ser incompletas, se não possuem uma integração com a realidade da vida comum. É necessário harmonizar e integrar os contatos diretos da vida cotidiana com os relacionamentos via tecnologia, para poder criar uma vida de relações plenas e sinceras.

O mundo virtual não é oposto ao mundo real, mas uma mutação de identidade, um deslocamento do centro de gravidade ontológico do objeto considerado. É um dos princípios vetores da criação da realidade,[24] isto é, o virtual é parte do mundo real, tem suas consequências no real e vice-versa. O ciberespaço não é desconectado da realidade, pelo contrário, trata-se de um espaço intermediário que faz parte da cultura contemporânea. Em outras palavras, o virtual tem suas implicações diretas com o mundo real. Inclusive, as redes sociais, ao mesmo tempo que informam, também podem deformar.

O mundo virtual é toda entidade desterritorializada capaz de gerar diversas manifestações concretas em diferentes momentos e locais, sem, contudo, estar presa a um lugar ou tempo em particular.[25] É dessa forma que o virtual se torna algo aberto, existente sem estar presente, assumindo suas atualizações com inúmeras formas que possibilitam encontros e contatos através das redes sociais.

O mundo cibernético não ostenta a pretensão de substituir as relações humanas presenciais, mas almeja articular que diferenciamos entre o espaço real e virtual. O espaço virtual reflete o que acontece no mundo real e, por assim dizer, é real, mas em uma dimensão virtual. Mas se deve ter o cuidado para não ficar alienado, dando mais importância ao mundo virtual do que ao mundo real.

---

[24] LÈVY, Pierre. *O que é virtual*. São Paulo: Editora 34, 2003. p. 17-18.

[25] Id. *Cibercultura*. São Paulo: Editora 34, 1999. p. 47.

Inclusive para que, dessa forma, as imagens criadas na "sociedade do espetáculo" não correspondam a uma ficção.

Nem tudo que está na rede tem credibilidade. A instantaneidade pode prejudicar a apuração da informação. Contudo, as redes sociais são úteis, e os formadores dos seminários e da VRC devem acompanhar as novas gerações para o bom uso deste instrumento, como parte da educação, mas nunca a proibir. Esta não funciona. O proibido atrai, cria o mundo do desejo.

O ciberespaço permite que as pessoas dialoguem, explorem a subjetividade (desejos, expectativas, angústias, temores, complexos...). Se existem visões politicamente incorretas na rede (pornografia, prostituição, racismo...), são demonstrações de que elas estão, também, presentes na sociedade, e o ciberespaço é apenas um ambiente de manifestação. É por isso que não faria sentido pensar que a saída é a censura. Um aspecto positivo é que, de fato, os internautas se sentem mais à vontade para usar esse espaço e expor sua subjetividade, falar de suas vidas e expressar seu pensamento ideológico.

Com certeza, as redes sociais são ótimas ferramentas de comunicação e de lazer, que facilitam e agilizam a vida em diversos aspectos. Por exemplo, o poder convocatório é inegável, pois possuem uma capilaridade que supera qualquer outro meio de comunicação. E carecem de censura ou editoração falaciosa. Entretanto, na mesma proporção que têm pontos positivos, contam também com aspectos negativos.

O usuário deve saber que não é ele quem está a serviço das redes sociais. No entanto, elas podem e devem ser um instrumento que trabalhe a seu favor. Porém, o uso indiscriminado e sem limites pode ser prejudicial. Cabe perguntarmos: como cuidar para não cair no vício do uso excessivo de horas que poderiam ser utilizadas em outras atividades ainda mais produtivas, estimulantes, necessárias? Mesmo assim, cabe salientar que o relacionamento em rede traz inúmeras possibilidades, como a troca de experiências, o compartilhamento de informações em tempo real, o encurtamento das distâncias geográficas, além da comunicação ágil, direta e instantânea.

Existem muitos internautas expondo suas vidas de maneira exagerada na Internet e nas redes sociais. Isso pode influenciar de maneira negativa a imagem e criar problemas. O desafio é usar de maneira adequada e positiva o ciberespaço, estar inseridos na realidade e nos acontecimentos do mundo, sem entrar nos modismos da sociedade líquida, já que é um válido suporte instrumental com muito a oferecer.

O Papa Francisco, no Dia Mundial das Comunicações Sociais de 2014, sinaliza alguns aspectos problemáticos da Internet, como a velocidade da informação, que supera a nossa capacidade de reflexão e discernimento, e não permite uma expressão equilibrada e correta de nós mesmos. Igualmente a variedade das opiniões expressas, que pode ser sentida como riqueza, é provável também que se feche numa esfera de informações correspondentes a nossas expectativas e a nossas ideias. O desejo de conexão digital pode ainda acabar por nos isolar, inclusive da própria comunidade religiosa. Para o Papa, "não basta circular pelas estradas digitais, isto é, simplesmente estar conectados: é necessário que a conexão seja acompanhada pelo encontro verdadeiro".

Enfatizamos que a VRC, se souber usar de forma positiva, discreta e inteligente, tem muito a ganhar com as novas fronteiras de comunicação. O desafio está em aproveitar a Internet e as redes sociais de maneira saudável, com intercâmbios e postagens que estimulem as habilidades e a alegria de ser consagrado, compartilhando conteúdos interessantes. Nesse sentido, o ciberespaço pode e deve ser um ótimo aliado para nossas vidas.

A tecnologia não é inimiga das verdadeiras relações, ao contrário, pode ser uma aliada; entretanto, é preciso saber integrá-la no contexto da vida, unindo o mundo virtual com o mundo real, mesmo que não seja uma tarefa muito fácil. Pois as relações humanas exigem tempos longos de conhecimento mútuo. As redes sociais digitais, como ambientes de construção da vida social, podem e devem ser também ambientes de testemunho cristão, que nos ajudem a expressar o que somos como VRC e aquilo em que acreditamos.

Conhecimentos e informações na era digital são difundidos rapidamente e facilmente acessíveis, propiciando novas maneiras de pensar e aprender... As possibilidades oferecidas pelos novos meios são excelentes oportunidades inéditas de estabelecer relações e construir comunhão, mesmo se não dispensam reflexões, encaminhamentos e ordenamentos quanto às extraordinárias potencialidades da Internet e a complexidade de suas aplicações. A inteligência humana tem que estar a serviço do bem integral, tanto da pessoa quanto da humanidade. Aliás, as possibilidades de saber coisas com mais agilidade não dispensam ninguém, nem as instituições, de abraçar, mesmo com muitos investimentos, a prática nesse areópago digital. A força de uma rede social marca a importância do conhecimento partilhado e a interação.

O que dizer em relação à privacidade? As redes sociais formam parte da "sociedade do espetáculo", em que se perde o controle do privado, pois o que é postado se torna público. Por isso, quem usa as redes precisa ser discreto e usar as ferramentas de segurança.[26]

---

[26] Porém, nada garante a privacidade total dos usuários das redes sociais. Mesmo após deletar a conta e abandonar, por exemplo, o Facebook, os dados do

É bom enfatizar que é necessário pensar bem antes de publicar dados pessoais, fotos, fatos e conteúdos, assim como ter cautela ao aceitar propostas de amizade.

Os próprios usuários podem diminuir ou evitar riscos, se tomarem alguns cuidados e atitudes conscientes, como ter bom senso de saber que tudo na Internet é público e que as informações não podem ser completamente apagadas, isto é, toda informação deixa um rastro e pode ter suas consequências na vida real. É necessário respeitar para ser respeitado; isto também significa não publicar materiais que envolvam terceiros sem o consentimento. Por isso, voltamos a enfatizar que, antes de publicar algo em uma rede social, se deve pensar e avaliar bem.

5. Considerações finais

Sabemos que é próprio da modernidade líquida o desejo de ser visto, de aparecer para se sentir famoso, como parte da chamada "sociedade do espetáculo", mas o espetáculo é sempre contraditório, ambíguo e ambivalente. A exposição no mundo virtual para ser visto parece que ajuda a aumentar a autoestima através dos elogios recebidos no ciberespaço. O que pode explicar o grande sucesso das

---

ex-usuário podem ser rastreados e registrados. Como funciona? O Facebook instala *cookies* no seu computador. Eles armazenam informações de navegação e as transmitem para servidores remotos. Veja o alerta de Renan Hamann: "Segundo o *USA Today*, a rede social quebra regras de privacidade em três níveis: 1) Conectado: assim que o usuário utiliza os servidores, um *cookie* de sessão e outro de navegação são instalados no navegador. São responsáveis pela medição de tempo de permanência na página, e localizam o IP, a resolução e várias informações técnicas. 2) Desconectado: quando o usuário sai do Facebook, apenas o *cookie* de navegação é instalado. Porém, todos os itens citados anteriormente continuam a ser informados ao servidor, incluindo IP e tempo de permanência. 3) Após o usuário deletar a conta na rede social, ele continua sendo rastreado".

redes sociais. A VRC deverá cada vez mais saber conviver de maneira positiva nos "novos areópagos".

As redes sociais fazem parte da "sociedade do espetáculo", entendida como a comunicação através da mediação das imagens e mensagens, em que se pode abdicar da realidade dos acontecimentos da vida e passar a viver num mundo virtual movido pelas aparências. Isto significa estar mais ligado no mundo virtual do que nos acontecimentos reais. O espetáculo, nas redes sociais, consiste na multiplicação de ícones e imagens, que transmitem uma sensação de permanente aventura, felicidade, grandiosidade e ousadia. É a forma mais elaborada de uma sociedade que desenvolveu ao extremo o exibicionismo. Dessa maneira, as relações entre as pessoas transformam-se em imagens e espetáculo. Afinal, o espetáculo não é apenas um conjunto de imagens, mas uma relação social entre pessoas, mediada por imagens.

O mundo virtual, na atualidade, é um dos princípios vetores da criação da realidade, tem suas implicações diretas com o mundo real. O virtual se torna cada vez mais algo aberto, existindo sem estar presente, assumindo inúmeras formas que possibilitam encontros e contatos. De maneira especial, as redes sociais facilitam e agilizam a vida em diversos aspectos, como o intercâmbio de experiências, o compartilhamento de informações em tempo real, assim como a comunicação ágil, direta e instantânea. O desafio para a VRC está em aproveitar a Internet e as redes sociais de maneira positiva e saudável, para que sejam ótimas aliadas.

O ciberespaço tem um conjunto de características impressionantes. É instantâneo, imediato, mundial, descentralizado, interativo, capaz de estender ilimitadamente seus conteúdos e seu alcance, flexível e adaptável em grau notável. É igualitário, no sentido de que qualquer um, com o equipamento necessário e com modestos conhecimentos técnicos, pode ser uma presença ativa no ciberespaço, anunciar sua mensagem ao mundo e buscar audiência. Permite permanecer no aparente anonimato, desempenhar um papel, fantasiar e também entrar em contato com outros e compartilhar. Segundo os gostos do usuário, a Internet e as redes sociais se prestam a uma participação ativa e a uma absorção passiva em um mundo narcisista e isolado, com efeitos quase narcóticos. Pode-se empregá-las para romper o isolamento de pessoas e grupos ou, pelo contrário, para aprofundá-lo.

Portanto, o ciberespaço se apresenta como "onipresente" por estar de maneira imediata em todos os lugares e momentos com bilhões de páginas; "onisciente" por pretender saber e julgar ter todo tipo de conhecimento e distribuir informações; "onipotente" por ambicionar encontrar e responder a tudo; em outras palavras, aparece como um "deus" que resolve tudo, sabe tudo, conhece tudo... Por fim, as redes sociais e a Internet fazem parte do mundo globalizado, alcançam mais da metade da população mundial, são uma ferramenta cada dia mais indispensável para a comunicação, da qual não se pode abrir mão, mas sempre há que se ter discernimento para poder usar esses instrumentos de maneira positiva, adequada e responsável.

VIDA RELIGIOSA CONSAGRADA FEMININA: "LEVANTE-SE!"

Rita Romio[*]

"É necessário que a mulher não seja somente mais ouvida,
mas que a sua voz tenha um peso real,
uma autoridade reconhecida,
tanto na sociedade como na Igreja"
(Papa Francisco).

1. Introdução

Lucas apresenta a mãe de Jesus como aquela que, ao ouvir a saudação do anjo, "se perturbou muito e pôs-se a pensar o que significaria". Como Maria, a VRC está atenta à realidade, ouve, questiona, quer se autocompreender no momento histórico atual,

---

[*] Irmã teresiana (Companhia de Santa Teresa de Jesus – STJ). Graduada em Teologia e Pedagogia, com mestrado em Teologia (PUC/RJ). Membro da Equipe Interdisciplinar de Assessoria da CRB.

principalmente ante os dados relevantes como: três quartos da VRC são formados pelo gênero feminino e um quarto pelo masculino, dos quais 80% são padres. Portanto, as mulheres, que são maioria, expressam o verdadeiro rosto da VRC atual. Por outro lado, nos últimos anos o número de religiosas diminuiu e a dos religiosos aumentou um pouco.[1]

Em nós brotam muitas questões, entre elas: O que estes dados expressam? Qual o caminho para sair desta encruzilhada? Que modelo de VRC sonhamos? Como manter fidelidade à tradição da VRC, caracterizada por ser profética, missionária e itinerante?

Sem a pretensão de esgotar o assunto, esta reflexão tem por objetivo trazer alguns elementos pertinentes à VRC feminina (VRCf) no contexto atual. O que se quer aqui é fomentar a esperança à luz da Sagrada Escritura, do Magistério Eclesial, da vida e testemunho de tantas mulheres e comunidades que nos precederam, com a história nas mãos, os pés na realidade e o horizonte no futuro. Porque a beleza da Vida Consagrada é "um dos tesouros mais preciosos da Igreja", disse o Papa Francisco. E nos convida a ir com paixão para onde for necessário, para todas as periferias anunciar o amor de Cristo aos afastados, aos pequenos, aos pobres, e deixar-se também evangelizar por eles (RV: Rádio Vaticano, 16/04/2015).

2. Desafio da autocompreensão das mulheres para a Igreja e para a VRC

Há cinquenta anos a VRC foi interpelada pelo Vaticano II a voltar às fontes e renovar-se. Coube particularmente à VRCf debruçar-se numa dinâmica de busca de ressignificado diante do seu

---

[1] Disponível em: <br.radiovaticana.va/news/2015/04/16/publicado_anu%C3%A1 rio_pontif%C3%ADcio/1137321>.

papel na Igreja e no mundo. Redimensionou estruturas, formação, assumiu presença missionária em solidariedade aos mais pobres, enviou membros e/ou comunidades para missões *ad gentes*, em situações de risco e, não raramente, dando a própria vida.

A VRCf busca alternativas e novo sentido diante da acentuada diminuição de novas candidatas, desistência de muitas religiosas jovens e com uma grande maioria de seus membros em idade avançada.

No passado delegaram-se às religiosas muitas tarefas na assistência social, suprindo o papel do Estado. As jovens que ingressavam na vida religiosa e exerciam atividades educacionais, filantrópicas, nos cuidados com doentes, nas obras sociais entre outras, hoje têm novos horizontes.

Encontramo-nos numa mudança de época. A distância de gerações parece ter aumentado, sobretudo por conta da tecnologia de informação, das redes sociais, de alguns dados das neurociências, enfim, da complexidade atual. Outros fatores também podem contribuir. Segundo o presidente da Congregação para os Religiosos do Vaticano, Dom João Braz de Aviz, "há circunstâncias de rigidez nas regras, nas vestes, no poder, assim como pessoas tristes e amargas, descontentes".

Às vezes se ouve algumas Irmãs um pouco apreensivas: "O que será do futuro, vamos desaparecer?". Talvez Millôr Fernandes tivesse razão quando disse: "Nunca soube por que tanta gente teme o futuro. Nunca vi o futuro matar ninguém, nunca vi o futuro roubar ninguém, nunca vi nada que tivesse acontecido no futuro. Terrível é o passado ou, pior, o presente!".

Rita Romio

3. Descompasso entre a nova condição da mulher na sociedade e na Igreja

A VRCf sonha com jovens seguidoras para continuar o precioso legado carismático recebido, mas se sente afetada diretamente pela desigualdade de gênero[2] que está aquém de ser superada, bem expressa por Ana Vicente:

> As mulheres têm tido um menor ou nenhum acesso, em comparação com os homens, à educação, à saúde, à alimentação, à herança em igualdade com os seus irmãos de sangue em algumas culturas, à formação profissional, ao emprego remunerado – ganham menos do que os homens por trabalho de valor igual –, aos meios de comunicação social, à investigação científica, aos lugares de decisão política, econômica, militar e religiosa. Morrem por ano, de causas evitáveis, cerca de 280 mil mulheres em todo o mundo, por estarem grávidas ou darem à luz (*Jornal Público Porto*, 24/12/2013).

De acordo com as últimas estatísticas do CERIS, o fator social tem interferido de forma acentuada na configuração da VRCf. Em vinte anos, a queda do número de religiosas foi de 10%, enquanto a população aumentou 30%. O ramo feminino apresentou uma evolução bastante reduzida, quando comparada ao número de presbíteros. As mulheres vivem a invisibilidade. "A vida religiosa feminina não oferece as mesmas perspectivas que a vida sacerdotal e, assim sendo, os fatores de atração são bem menores" (CERIS 2011, p. 18).

Para a cientista social Silvia Regina Alves Fernandes, a redução de membros na VRCf vem ocorrendo de forma sistemática,

---

[2] Segundo pesquisa publicada pelo Fórum Econômico Mundial (out. 2014), o Brasil ocupa a 71ª posição no *ranking* de "Abismo de Gênero", caindo nove posições em relação ao ano anterior. Se mantida neste progresso tal trajetória, levar-se-á 81 anos para que a igualdade de gênero seja superada (*Folha de S. Paulo*, 20/10/2014).

VIDA RELIGIOSA CONSAGRADA FEMININA: "LEVANTE-SE!"

ocasionada por um conjunto de fatores: "maiores oportunidades das mulheres no mercado de trabalho, as conquistas feministas que favoreceram mudanças culturais e ainda questões estruturais nas congregações femininas, que têm dificuldade em implementar mudanças".

De fato, a autonomia que a mulher vem ganhando na sociedade, a conquista de poder, entre outras, não encontra correspondência na Igreja, que ainda confere uma subalternidade às mulheres; elas vivem a invisibilidade. Silvia Fernandes, num estudo comparativo entre um grupo de rapazes e moças do Rio de Janeiro, analisou a construção social da vocação religiosa, onde esse grupo de rapazes expressou querer "ser padre para ser santo" e as jovens, "ser freira para servir". E, continua Silvia, as "moças tendem a ter uma forte atração pelo cuidado aos mais pobres. Essa busca é mais narrada pelas mulheres do que pelos rapazes que optam pelo sacerdócio" (*Jornal Globo*, 16 de março de 2013). Certamente é assim que se pode compreender a ousadia da presença da VRC feminina em realidades carentes, onde outras instâncias eclesiais ou públicas têm dificuldade de se fazerem presentes. Normalmente na invisibilidade, religiosas têm dado o melhor de si para promover a vida de pessoas menos favorecidas.

4. Tratamentos diferenciados de gênero no âmbito eclesial

A VRCf, não isenta aos avanços da participação social da mulher, lançou-se num processo de aprimoramento nas várias dimensões do ser humano. Uma delas é a formação acadêmica. No que se refere ao aspecto eclesial, o descompasso continua muito acentuado. Há circunstâncias onde o clero – celibatário, masculino, exclusiva autoridade oficial – parece ter demonstrado pouca simpatia perante a atuação do laicato e/ou de religiosas com especialização em Teologia.

Durante muito tempo a VRCf havia resumido sua formação apenas aos cursos internos das suas congregações. Atualmente boa parte delas foi conquistando o espaço acadêmico nas mais variadas áreas do conhecimento, uma vez que é muito raro encontrar uma paróquia que contribua economicamente com as religiosas, que dedicam seu tempo integral à pastoral. Os padres têm seus salários definidos e mais outras regalias,[3] o que não acontece com as religiosas.

Tratando-se do surgimento de conflitos pastorais, em muitos casos, a desvantagem acaba se sobrepondo à comunidade religiosa feminina ou a alguma Irmã envolvida na situação, que muitas vezes acaba sendo transferida ou abandona tal missão. Mesmo em situações extremas de algum envolvimento afetivo resultando numa gravidez, o tratamento tem sido muito distinto, se comparado aos religiosos e/ou clérigos, ao das exigências femininas. Em relação ao homem, em alguns casos a Instituição acabou assumindo algumas despesas econômicas, mantendo publicamente as aparências do religioso clerical, em detrimento do seu papel paternal.[4]

Por outro lado, grande parte do tratamento diferenciado de gênero é alimentado e reforçado pelas próprias mulheres, tanto na família, na educação sistemática em que elas são maioria atuante, quanto no espaço eclesial, onde elas mesmas acabam fortalecendo a desigualdade. De onde será que vem isso? Da família? Da falta de

---

[3] Disponível em: <http://crbnacional.org.br/site/index.php/noticias/imprensa/516-a-missao-da-vida-religiosa-feminina>.

[4] Disponível em: <http://www1.folha.uol.com.br/cotidiano/>. 23 out. 2014.

informação? Teria alguma relação com o resultado de algumas pesquisas apontando que não são somente homens que protegem os violadores, mas também as próprias vítimas? Certamente se trata de um conjunto de fatores. Porém, temos consciência de que a forma como as famílias educam os seus filhos, como a Igreja orienta os sacerdotes, as religiosas e o povo católico – nas pregações, na evangelização em geral –, carece de muita mudança para a superação da questão de gênero.

Voltando ao tema da formação, é praxe os seminaristas estudarem Filosofia e Teologia e a grande maioria das "formandas" da VRCf iniciam a formação acadêmica nos cursos profissionalizantes.[5] Consequentemente entram diretamente no mundo do trabalho.

Nesta mesma linha, refém do paradigma patriarcal, a mulher na VRC também reproduz a discrepância vivida na sociedade e na Igreja. Muitas vezes se sobrecarrega com dupla jornada de trabalho. Normalmente, nas pequenas comunidades de inserção popular ou nas obras, a religiosa assume vários papéis, entre eles: ser dona de casa com todas as consequências que isto supõe; a vida profissional; a pastoral eclesial; assessorias; e outras frentes de trabalho. Muitas vezes a produção acadêmica fica em segundo plano. Não se trata de encontrar culpados/as, mas da tomada de consciência do patriarcalismo assumido e reforçado pelas várias instâncias sociais e eclesiais, de ambos os sexos.

É nesta ótica que se quer compreender a perspectiva das nomeações realizadas em 2014, das cinco teólogas e mais vinte e cinco homens para a Comissão Teológica Internacional (CTI). "Os escritos

---

[5] Apenas 39% das religiosas brasileiras possuem formação superior (cf. pesquisa da CRB/ CERIS).

de, pelo menos, quatro das cinco teólogas aproximam-se muito das ideias de João Paulo II e Bento XVI nos assuntos que dizem respeito às mulheres", escreve Phyllis Zagano, e, continua ela, "aparentemente pertencem ao ramo mais conservador da filosofia e da antropologia".[6]

5. Papa Francisco e o papel da mulher

Enchem-nos de esperança algumas atitudes e afirmações do Papa Francisco, ao se referir à mulher. Segundo ele, "duplamente pobres são as mulheres que padecem de situações de exclusão, maus-tratos e violência, porque frequentemente têm menos possibilidades de defender os seus direitos".

Esta realidade nos desafia, é "missão de todos nós", como canta Zé Vicente. O Papa denuncia e convida:

> As tantas formas de escravidão, de mercantilização, de mutilação do corpo das mulheres nos comprometem, portanto, a trabalhar para derrotar esta forma de degradação que o reduz a um puro objeto de venda nos vários mercados. Desejo chamar à atenção, neste contexto, a dolorosa situação de tantas mulheres pobres, obrigadas a viver em condições de perigo, de exploração, relegadas às margens das sociedades e vítimas de uma cultura do descartável. (...). Símbolo de vida, o corpo feminino é, infelizmente com frequência, agredido e deturpado também por aqueles que deveriam ser os seus guardas e companheiros de vida (Papa Francisco, 07/02/2015).

Para o Papa Francisco "a presença feminina na Igreja apenas se faz notar, porque a tentação do machismo não deixou espaço para tornar visível o papel que corresponde à mulher na comunidade", e

---

[6] Disponível em: <http://www.ihu.unisinos.br/noticias/535624-compreen deram-a-mensagem>.

é preciso "ampliar os espaços de uma presença feminina mais incisiva na Igreja". Admitiu que nós "não temos uma teologia adequada sobre as mulheres". Mas encoraja as mulheres a irem em frente no testemunho, como bem o fizeram as mulheres do Evangelho, pois são elas que, "na Igreja e no caminho de fé, tiveram e ainda hoje desempenham um papel especial na abertura das portas ao Senhor, no seu seguimento e na comunicação do seu Rosto, pois o olhar de fé tem sempre necessidade do olhar simples e profundo do amor" (Audiência Geral, 03/03/2015).

Francisco, na EG 104, reconhece que as reivindicações dos "legítimos direitos das mulheres, a partir da firme convicção de que homens e mulheres têm a mesma dignidade, colocam à Igreja questões profundas que a desafiam e não se podem iludir superficialmente".

Num discurso sobre os temas relacionados aos homens e às mulheres, o Papa Francisco pediu "criatividade" para a "valorização" delas. "Precisamos fazer *muito mais em favor das mulheres*, se queremos dar mais força à reciprocidade. É necessário, portanto, que a mulher não seja só mais ouvida, mas que sua voz tenha um peso real e uma relevância reconhecida na sociedade e na Igreja" (Audiência Geral, 15/04/2015).

Reconhecendo ser necessário que a mulher participe nos vários âmbitos da Igreja, "nos lugares em que se tomam as decisões importantes",[7] realizou nomeações inéditas na história da nossa Igreja, como, por exemplo: uma Irmã para integrar a Secretaria Curial da Vida Religiosa (CICLSAL); consultoras para a Congregação para os Institutos de Vida Consagrada e as Sociedades de Vida Apostólica; a superiora das Missionárias Combonianas, a brasileira Luzia

---

[7] Disponível em: <http://www.ihu.unisinos.br/noticias/523920-procuremos-ser-uma-igreja-que-encontra-caminhos-novos-entrevista-com-o-papa-francisco>.

Premoli como membro da Congregação para a Evangelização dos Povos; a primeira mulher à frente de uma Pontifícia Universidade romana, como Reitora do Antonianum, a franciscana Ir. Mary Melone; e, como membro do Conselho Pontifício para a Promoção da Unidade dos Cristãos, a salesiana, Irmã Maria Ko Ha Fong, FMA. Ao criar a Comissão Pontifícia para a Proteção de Menores, entre os dezessete membros, nomeia sete mulheres, entre elas a irlandesa Marie Collins, abusada sexualmente na infância por um padre, e Sheila Hollins, psiquiatra britânica.

"Viver é desenhar sem borracha", dizia Millôr. Na caminhada eclesial católica, as mulheres não progrediram na hierarquia, mas avançaram na teologia, protagonizando uma reflexão inovadora da fé: contribuíram a uma renovada leitura teológica, ajudando a repensar a tradição cristã, para nutrir o Movimento de Jesus na atualidade. As mulheres foram abrindo caminhos, desenhando sem borracha, deixando suas marcas na evangelização.

Bem sabemos que, onde não há contribuição feminina, ocorre um vazio, pois "um mundo onde as mulheres são marginalizadas é um mundo estéril", diz o Papa, "porque as mulheres não apenas trazem a vida, mas nos transmitem a capacidade de olhar mais além, a capacidade de entender o mundo com olhos diferentes, de sentir as coisas com um coração mais criativo, mais paciente, mais terno" (Papa Francisco, 08/03/2015). Porque, ainda não conseguimos entender "em profundidade aquilo que nos pode proporcionar o ser feminino, o que a mulher pode oferecer à sociedade e também a nós: a mulher sabe ver tudo com outros olhos... Trata-se de uma senda que devemos percorrer com mais criatividade e audácia" (Audiência Geral, 14/04/2015).

Daí a indispensável importância da contribuição feminina "na sociedade, com uma sensibilidade, uma intuição e certas capacidades peculiares que normalmente são mais características nas mulheres do que nos homens... Vejo com prazer como muitas mulheres... oferecem novas contribuições para a reflexão teológica" (EG 103). Para Francisco, "as teólogas podem lançar luz, para o bem de todos, em certos aspectos inexplorados e profundos do mistério de Cristo. Eu convido todos vocês a aproveitar as contribuições específicas das mulheres na compreensão da fé" (Discurso à Comissão Teológica Internacional, 05/12/2014).

E para finalizar esta breve coletânea, é bom lembrar algumas palavras pronunciadas pelo Papa no Dia da Mulher (2015): "uma saudação a todas as mulheres que a cada dia procuram construir uma sociedade mais humana e acolhedora". Agradece a contribuição feminina em nível eclesial: "um obrigado fraterno também àquelas que de mil modos testemunham o Evangelho e trabalham na Igreja".

6. Testemunhando a profecia, a mística e a missão

A proposta aqui é fazer uma especial memória a mulheres da VRCf, que atualmente deixaram seu legado com testemunho existencial, algumas delas dando a própria vida. Independentes de apoio ou de reconhecimento, souberam ocupar o seu espaço. A maioria sem muita fama, mulheres simples no meio do povo, que marcaram presença profética, promovendo a vida em várias situações de risco e vulnerabilidade junto a pessoas sofridas. No cotidiano gestaram a presença de Deus na humanidade com seu ser e agir individual e comunitário. Entre elas lembramos:

- A francesa Genoveva Helena de Jesus – Irmã Veva –, da Fraternidade das Irmãzinhas de Jesus, falecida no final de 2013, após ter vivido 61 anos entre os *Apyãwa* (Tapirapé), no Mato Grosso.

- A italiana orionita, Irmã Alberta (Dina Girardi), que, após trabalhar como professora na periferia de Roma, em 1970 veio ao Brasil, Norte e Nordeste, sempre envolvida com a defesa dos trabalhadores mais pobres. Por ter sido jurada de morte, teve que deixar a cidade quando o padre Josimo, seu companheiro de trabalho pastoral, foi assassinado em Imperatriz, MA. Trabalhou no CIMI, pastorais sociais, da Criança, CEBs. E hoje, com mais de noventa anos, continua sua missão em São Paulo, na Pastoral Carcerária e com os Sem-Terra.

- Há poucos meses as scalabrinianas enviaram a Siracusa, sul da Itália, duas brasileiras e uma albanesa, para formarem uma comunidade a serviço dos migrantes africanos; centenas e centenas deles têm submergido no mar na tentativa de atravessar o Mediterrâneo para buscar refúgio na Europa.

- Lembramos comunidades presentes em situações de alto risco como as Missionárias do Verbo Encarnado, no conflito da faixa de Gaza;[8] as dominicanas de Santa Catarina de Siena, junto aos cristãos no norte do Iraque, perseguidos por causas religiosas e tendo que viver em campos de refugiados.[9]

- Entre as religiosas missionárias que há poucos meses deram a própria vida, cita-se aqui a congolesa Chantal Pascaline, das Hospitaleiras de São João de Deus, vítima do Ebola, na Libéria; as três xaverianas assassinadas em Burundi: Bernadetta Bogianni, Lucia Pulici e Olga Raschietti, que viviam no quarteirão mais miserável da capital Bujumbura, lugar

---

[8] Disponível em: <http://crbnacional.org.br/site/index.php/noticias/destaque/ 1362-missionarios-do-verbo-encarnado-testemunho-cristao-em-gaza>.

[9] Facebook, Help for the Iraqi Dominican Sisters.

de violentos conflitos entre Hutu e Tutsi, onde promoviam a conciliação entre estas duas etnias; e a religiosa austríaca Stefani Tiefenbacher, das Missionárias do Preciosíssimo Sangue, que estava em missão há 60 anos e se dedicava às crianças pobres; em abril de 2015 foi violentada e assassinada em Ixopo, Província de KwaZulu-Natal, leste da África do Sul.

Falando em mulheres consagradas, atentas à sua missão no momento histórico, parece pertinente e oportuno o depoimento de Mary Lou Kownacki sobre as religiosas americanas da LCRW (Leadership Conference of Women Religious), ao dizer que elas "têm dado claro exemplo de contemplação, igualdade e justiça nestes últimos anos" e que, por terem entregado a vida ao serviço da Igreja, não significa que "temos dado a nossa consciência", a não ser a Deus. "Reconhecemos a legitimidade da lei eclesial, mas acreditamos que, às vezes, entra em conflito com o Evangelho. E nossos corações, desde a nossa juventude, têm sido incendiados com a mensagem radical e a vida de Jesus de Nazaré. Agir de outro modo afetaria a nossa integridade". Mary cita Santa Catarina de Siena, quando recordava aos fiéis: "Estamos fartos de exortações para permanecer em silêncio. Clamem com mil línguas. Eu vejo o mundo podre por causa do silêncio".[10] Há poucos dias nos congratulamos com a notícia do fim do espinhoso processo de investigação da Congregação da Doutrina da Fé, iniciado em 2008, na organização das religiosas norte-americanas LCRW.

Atualmente as Irmãs continuam o compromisso na defesa da vida, entre as pessoas necessitadas, os mais pobres, como nos anos

---

[10] Disponível em: <http://ncronline.org/blogs/where-i-stand/cry-out-sisters-cry-out>.

posteriores ao Vaticano II, mas com os novos horizontes que o momento presente impõe. Aprendem a somar e dividir suas expectativas, esperanças e sonhos com mulheres de várias famílias carismáticas, avançando na interculturalidade. A sensibilidade feminina, que lhe é própria, faz a VRC feminina sintonizar com outras pessoas que priorizam a defesa da vida, nos vários âmbitos, tanto eclesial como social.

É desta maneira que vemos a opção pelas novas frentes, decorrentes das diversas formas de exclusão – conflitos, corrupção, violência, tráfico humano, entre outras:[11]

- Abraçando a causa dos sem voz e sem vez, congregações buscam redescobrir o compromisso com os excluídos nas propostas iniciais de seus fundadores e fundadoras, os quais "souberam ouvir um grito social ao fundar uma nova comunidade".

- Trabalhos em redes, parcerias e articulações horizontais nas políticas públicas, no acompanhamento de portadores de HIV e homoafetivos, no mundo do trabalho.

- Conscientização e combate ao tráfego humano, na sua maioria liderada pela VRC feminina através da Rede brasileira Um Grito pela Vida (CRB), a qual integra a Rede internacional da VRC Talitha Kum.[12]

---

[11] "Embora a concentração de renda tenha diminuído um pouco, os 5% mais ricos detêm mais de 40% da renda total do país. Nas faculdades, apenas 11% dos alunos são negros. Gays tomam lampadadas na orelha na Paulista. A polícia mata em média cinco pessoas por dia. As mulheres ganham cerca de 30% menos do que os homens e mais de 50 mil delas são estupradas, todo ano" (Antonio Prata, *Folha de S. Paulo*, 12/04/2015).

[12] Fundada pela União Internacional das Superioras Gerais (UISG) – instituição que reúne superioras-gerais de 1.900 congregações femininas – e pela Organização Internacional para as Migrações (OIM), que integra 125 países.

- Solidariedade aos migrantes; trabalho escravo; prostituição infantil e feminina; direitos humanos; direitos da mulher; justiça e paz; consciência ecológica.

7. Mulher "andarilha, irrequieta, desobediente e contumaz"

O Papa Francisco interpela a não deixar que nos roubem o entusiasmo missionário, a alegria da evangelização, a esperança, a comunidade, o Evangelho, o ideal do amor sororal/fraterno. Chama-nos a superar os desafios, "sem perder a alegria, a audácia e a dedicação cheia de esperança. Não deixemos que nos roubem a força missionária!" (cf. EG 80-109).

Estas palavras do Papa nos reportam à vida e obra de uma mulher que viveu no séc. XVI. Trata-se de Santa Teresa de Ávila, a Doutora da Igreja, cujo V Centenário do seu Nascimento celebra-se neste ano de 2015. Viveu num momento histórico muito crítico, degradante, tanto eclesial como de VRC, especialmente a feminina. Sentindo-se insatisfeita, não fica de braços cruzados, busca saídas. Aprofunda as fontes carismáticas da sua ordem carmelita. E, no contato com a Patrística, descobre existencialmente que "Deus é Trindade, que habita dentro de cada um nós". Por ser mulher não podia ser missionária, como desejava: "Resolvi fazer o pouquinho que estava ao meu alcance" e "ensinar mais com obras que com palavras".

Teresa rompe barreiras e começa um movimento de mulheres com a meta de viver como pobres, orantes e iguais, apaixonadas por Deus e pela humanidade; mais adiante propõe isso a homens. Queixava-se de que "bastava ser mulher para ser considerada suspeita", com o forte risco de ser condenada à fogueira. Chega a ser chamada pelo Núncio Sega de "mulher andarilha, irrequieta, desobediente e contumaz... ensinando como mestra", desobedecendo à ordem de "que as mulheres não ensinassem".

Alimenta a esperança de dias melhores para as mulheres: "Vejo surgirem tempos em que não haverá mais razão para subestimar almas virtuosas e fortes, apenas pelo fato de pertencerem a mulheres". Infelizmente estas suas palavras ainda são de uma atualidade extraordinária. A vida de Santa Teresa de Ávila pode iluminar o nosso momento atual, pois para ela amar a Deus consiste em servir a humanidade "com humildade, fortaleza e justiça" e "muito ajuda ter pensamentos elevados, para que as obras também o sejam" (C 4,1).

8. O ser humano à imagem e semelhança de Deus Trindade

O cristianismo foi quem socialmente mais empoderou as mulheres, outorgando-lhes igualdade como pessoa humana: "feita à imagem e semelhança" de Deus, e criou macho e fêmea; e Deus, quando fala de si mesmo, usa o plural. Jesus Cristo nos revela que o rosto deste Deus é Trindade, comunidade, comunhão de amor.

A partir de Jesus Cristo, somos pessoas chamadas a viver a liberdade, próximas umas das outras, e a nos tornar cada vez mais humanas. Jesus provoca uma revolução: coloca a pessoa como centro, e não a lei. As pessoas discriminadas socialmente são as preferidas: pobres, pecadores, as crianças, os doentes, as mulheres, os deficientes. Com a encarnação do Verbo, a existência humana ganhou *uma nova dignidade*.

Passaram-se mais de dois mil anos de ética cristã: "não há judeu nem grego, escravo nem livre, homem nem mulher; pois todos são um em Cristo Jesus" (Gl 3,28) e a discrepância ainda é grande entre os seres humanos, especialmente em relação à mulher na sociedade e, sobretudo, no contexto eclesial.[13] Em nosso país, a discriminação é bem maior, quando se fala em mulheres pobres e negras. Então, qual seria a origem da tendência em separar o masculino e o feminino como realidades opostas, sendo que o masculino domina e despreza o mundo feminino?

Para compreender esta dicotomia, faz-se necessário perceber a infiltração do dualismo grego e do cartesianismo na Igreja, na vida cristã e na sociedade. Segundo A. Garcia Rubio (2004), o dualismo está presente sempre que, querendo valorizar uma dimensão ou aspecto do ser humano, desvaloriza-se outra dimensão ou aspecto com o qual se encontra em tensão. Essa visão dicotômica é evidenciada quando os cristãos estabelecem a dicotomia entre sagrado e profano, entre teoria e prática, entre oração e ação, entre fé e política, por exemplo. A partir dessa visão dualista do ser humano, no cristianismo se desenvolveu algumas tendências, levando a graves consequências, como: "desprezar o corpo, visto como inimigo da vida espiritual; reprimir o mundo afetivo, ou seja, os sentimentos, as emoções; desvalorizar a sexualidade, reduzindo-a ao aspecto genital biológico; tender a separar o masculino e o feminino como realidades opostas, sendo que o masculino domina e despreza o mundo feminino".

Contrapondo esta visão dicotômica, a reflexão teológica atual e o magistério eclesial têm-se posicionado na defesa da unidade da pessoa. Essa reflexão se fundamenta na Sagrada Escritura, a

---

[13] Prossimo Sinodo sulla famiglia: 253 partecipanti, di cui le donne (il 50% della famiglia) sono circa il 10%. Non è strano, Papa Francesco? Disponível em: <https://twitter.com/VitoMancuso>; cf. Igreja Episcopal celebra 40 anos de mulheres no sacerdócio. Disponível em: <http://www.ihu.unisinos.br/noticias/533838-igreja-episcopal-celebra-40-anos-de-mulheres-no-sacerdocio>.

qual acentua a unidade do ser humano e, ao mesmo tempo, considera-o na sua dualidade ou pluralidade de aspectos ou dimensões. A antropologia cristã dá essencial importância à totalidade do ser humano, visto que é o ser humano inteiro que aceita ou rejeita a salvação de Jesus Cristo. Portanto, a concepção hebraica, assumida pela fé cristã, tem uma visão unitária do ser humano.

Uma visão integrada de ser humano articula a pessoa na sua totalidade de dimensões ou aspectos. A antropologia cristã, ao afirmar que Deus se fez *sarx*, valoriza o ser humano na sua totalidade. Por isso, pode-se afirmar que tudo o que afeta o ser humano não pode ser ignorado pelos seguidores e seguidoras de Jesus Cristo, porque a salvação de Jesus Cristo atinge a pessoa na sua globalidade de aspectos ou dimensões. Assim, o masculino e o feminino não são realidades opostas, mas diferentes, chamadas à complementaridade, ambos criados à *imagem e semelhança de Deus Trindade*, chamados à comunhão.

9. As mulheres na Sagrada Escritura

Atualmente se encontra a nossa disposição uma preciosa bibliografia bíblico-teológica relacionada ao tema das mulheres na Sagrada Escritura e na Igreja. Aqui não é o caso de pretender um aprofundamento desta temática. Através de um breve resumo, deseja-se apresentar alguns elementos iluminadores ao tema proposto.

Em relação ao Primeiro Testamento, é provável que tenha sido durante o período da monarquia que Israel chegou a um posicionamento de inferiorização feminina. Estudos mostram que, nas origens agrárias de Israel, a mulher tem um papel relevante, porque, além da sua cooperação biológica, ela é necessária na estruturação econômica.[14] No Código da Aliança reza-se que se honre pai e mãe, e não somente o pai; ambos os relatos da criação (Gn 1–2) evidenciam homem e mulher igualmente necessários para a vida humana. No conjunto dos textos, apesar da projeção masculina de Deus, a Sagrada Escritura ressalta a liderança feminina como mediadora entre Yahweh e Israel. A seguir serão citadas algumas mulheres libertadoras, corajosas e proféticas presentes no Primeiro Testamento:

- As parteiras do Egito, Séfora e Fua, que, com astúcia, defendem a vida (Ex 1,8-22).

- Agar – mostra que Deus ouve o clamor da mulher oprimida; Sara – superação da esterilidade por intervenção divina (Gn 16–21).

- Ana sente-se humilhada e ora confiante. Deus lhe dá Samuel, com uma missão especial. Ela reconhece a ação de Deus (1Sm 1,2-11).

- Míriam – o dom de celebrar a libertação – proclama que a glória de Israel é a glória de Deus (Ex 15,20).

- Débora e Jael. Débora surge como uma liderança, é mulher forte. Promove a justiça, ordena, fala e ensina em nome de Javé. Mulher sábia, desperta e convoca o povo de Israel a reagir. Através de Jael, mulher frágil, Deus dá a vitória. Débora considera que a luta do povo é uma façanha de Javé (Jz 4–5).

- Mulher, viúva e sem nome: acolhe o visitante profeta Elias, partilha com ele a sua pobreza e a graça de Deus age (1Rs 17,7-16).

---

[14] MEYER, Carol L. As raízes da restrição: as mulheres no antigo Israel. In: *Estudos Bíblicos*, Petrópolis: Vozes (20), 1998.

RITA ROMIO

- Rute e Noemi: capacidade de resistência, reconhecimento do Deus dos pobres (Rt 1,16-17).

- Judite e Ester: Judite mostra resistência; faz um plano ousado e lembra a seu povo o sentido de passar pelas provas que Deus envia; compõe um dos mais belos cânticos da Bíblia (Jt 8,25-27). Ester e Judite utilizam seus encantos femininos para libertar o povo.

Como no ontem, hoje as mulheres também são atuantes no meio do povo. Fomos criadas/os à imagem e semelhança de Deus Pai/Mãe; mulher e homem, para juntos concretizar o Projeto do Reino de Deus, na construção de um mundo sem discriminações e preconceitos. Que o exemplo das mulheres libertadoras na Bíblia possa despertar em nós criatividade, sabedoria, entusiasmo, resistência, astúcia e profetismo.

10. Jesus e as mulheres

Os evangelhos narram a proximidade de Jesus com as pessoas excluídas que se encontravam em situação miserável e injusta: pobres, crianças, pecadores, prostitutas, assaltantes, cobradores de impostos, açougueiros, pastores, órfãos, doentes... e mulheres.

Jesus incluiu as mulheres em seu discipulado itinerante. Elas, junto a seus irmãos, também aprenderam sobre o Reino de Deus. É o Deus de Israel, que enviou seu Filho, o qual se encarnou na história, se fez gente, "nasceu de uma mulher", dela aprendeu os primeiros passos da sua vida; aprendeu a cultivar e desenvolver as várias dimensões humanas: física, afetiva, espiritual, social, intelectual.

O Nazareno valoriza as mulheres: "Ela muito amou!"; não condena conforme manda a lei: "eu também não te condeno" (Lc 7,47; Jo 8,7); exalta a viúva generosa (Lc 21,1-4); exalta a fé da mulher cananeia; ouve, acolhe a samaritana, e esta se torna missionária (Jo 4,1-30).

Algumas mulheres o acompanhavam, dentre elas: Maria Madalena, Maria, mãe de Tiago e de José, Salomé, mãe dos filhos de Zebedeu, Joana e Susana, e várias outras mulheres que ajudavam Jesus e os discípulos com os bens que possuíam (cf. Lc 8,1-3).

Nenhuma mulher se envolveu na condenação de Jesus. A própria mulher de Pilatos, pagã, tentou impedir a condenação (Mt 27,19). Elas seguiam Jesus desde a Galileia: colocaram-se ao seu lado, chorando no caminho do Calvário (Lc 23,27-28); no Gólgota, elas observam "de longe", da distância que lhes era permitida. Na sequência dos acontecimentos, as mulheres o acompanham ao sepulcro (Lc 23,55). Desafiaram o perigo de se mostrar em favor de um condenado à morte, enquanto a maioria dos discípulos simplesmente o abandonou.

O tema da presença feminina na Igreja nascente é riquíssimo, mereceria ser ampliado. Porém, no objetivo aqui proposto, basta reconhecer a ênfase de que elas seguiram a Jesus "para servi-lo" (Lc 8,3; Mt 27,55); sua motivação não era fazer carreira, mas eram movidas por gratidão pelo bem recebido: foram valorizadas, compreendidas, não julgadas, curadas, defendidas. E foram as primeiras a testemunhar a ressurreição (Mc 16,1). Conforme o Papa Francisco, é muito bom "refletir sobre a experiência das mulheres discípulas de Jesus", pois elas foram as primeiras a visitar o túmulo de Cristo, que encontraram vazio, enquanto os homens tinham ficado no Cenáculo. Delas aprendemos sobre o mistério da ressurreição de Cristo.

Na audiência geral de 05 de abril (2015), Francisco convida a olhar "o modo como Jesus considerava a mulher num contexto menos favorável que o nosso", e que atualmente estamos longe do exemplo do Mestre. Para o Papa, Jesus nos encoraja "explicitamente ao testemunho desta beleza", reconhecendo o ser humano como imagem de Deus, homem e mulher, vivendo a comunhão, concretizando a ternura trinitária.

11. VRC feminina: "Levante-se apressadamente!"

É bom ter presente que a fidelidade das mulheres abre e fecha as histórias dos evangelhos! Oxalá possamos continuamente nos retratar nelas! Trata-se da presença feminina que seguiu Jesus, não por esperar algum cargo ou para ficar em evidência, mas "para servi-lo" (Lc 8,3; Mt 27,55). E assim foram as primeiras a testemunhar a ressurreição (Mc 16,1).

VRCf, veja em Maria seu *protótipo da VRC. Ela soube levantar-se, caminhar, ir ao encontro de quem necessitava!*

Em Maria, a Mãe de Jesus, nos espelhamos de modo especial. Ela empenhou a sua vida para oferecer-nos o que recebeu de mais precioso: o Emanuel, Deus Conosco. Fez o que o amor materno é capaz: acolheu, gerou, cuidou, acompanhou, esteve ao seu lado desde a concepção até a vida pública e, inclusive, aos pés da cruz e na ressurreição.[15]

Sabemos que no contexto social em que Maria vivia, palavra de mulher não tinha valor. Ao assumir o papel Mãe de Jesus, ela o faz consciente das consequências que teria de enfrentar: "Como será isso se não conheço varão?" (Lc 1,34). Maria faz a sua parte e deixa-se conduzir: "O Espírito Santo descerá sobre ti, e o poder do Altíssimo te cobrirá com a sua sombra" (Lc 1,35). Ela é

---

[15] Cf. ROMIO, Rita. Natal: sim de Maria, mulher conectada. Revista *Convergência*, ano XLIX, n. 477, p. 745-753, dez. 2014.

bem-aventurada, pois acreditou! Aceita ser mãe, arriscando ser considerada "mãe solteira", diríamos hoje. Poderia sofrer as consequências do preconceito social, ser rejeitada pelo noivo e até apedrejada pela sociedade. Ela rompe barreiras em relação à família, ao noivo, à religião e à sociedade. É cúmplice com a Trindade e com a história do seu povo explorado e marginalizado pelo contexto sociopolítico, econômico e religioso.

Assume então uma atitude consciente, livre, que atinge todas as dimensões da vida: "Eis-me aqui, faça-se em mim a tua vontade", ousando enfrentar o que fosse necessário, em favor da vida.

E Lucas diz que "Maria se levantou". A palavra levantar-se ou erguer-se está relacionada com ressurgir, voltar à vida: *anastasis* (grego), *resurrectio* (latim).[16] Certamente a VRCf atual também necessita levantar-se apressadamente, encontrar caminhos para ser fiel à missionariedade, à itinerância, que a caracterizou desde as suas origens. Mesmo diante da crescente redução de novos membros, compreender-se neste novo contexto, ousar meios a fim de continuar comunicando às novas gerações a pérola que lhe dá sentido existencial: a paixão por Jesus Cristo e seu Reino.

Ela "se levantou e se dirigiu apressadamente... Entrou na casa de Zacarias e saudou Isabel". O evangelista registra este encontro onde ocorre a polarização misteriosa entre Jesus e João e a proclamação desta alegria, o *Magnificat*. De Maria aprendemos a ressignificar a vida. Ela não se encurva diante do novo. *Levanta-se*, e vai à busca de outra mulher, Isabel. O detalhe aqui é importante. Diz o Evangelho que ela vai "na casa", lugar onde a vida é cultivada, lugar das relações, da acolhida, do amor; espaço de domínio feminino.

---

[16] Cf. pt.wikipedia.org/wiki/Ressurrei%C3%A7%C3%A3.

Quantas mulheres nos precederam, lutaram pelo seu espaço, realizaram o que estava ao seu alcance, apesar da invisibilidade a que foram submetidas! As mulheres na Bíblia são nossas estrelas guias. A vida e o testemunho de religiosas e religiosos nos indicam que o seguimento a Jesus Cristo e o seu Reino nos espera constantemente.

A divina *Rûah* continua soprando, onde e quando quer. O grito humano existencial ecoa: na ilusão da busca da felicidade consumista, na fome, exploração, prostituição, tráfico humano, pobreza, globalização, na dimensão ecológica ou no acúmulo dos bens do mundo nas mãos de uma elite em detrimento da grande maioria marginalizada. Estas novas frentes nos desafiam, desinstalam, exigem competência, ternura, fortaleza, perspicácia, doação, entrega, amor, simplicidade, capacidade de ouvir os tempos atuais, as novas gerações, as novas tendências, redes, comunidades, novas formas de vida, novas comunidades.

A vida da Mãe de Jesus é protótipo para a atual VRC, especialmente às religiosas, que carregam uma história discriminatória na sociedade e na Igreja. Assim, independentemente de reconhecimento ou apoio, a VRCf não esmorece, procura ocupar o seu espaço na Igreja, na sociedade, no mundo. Continua *levantando-se*, tecendo a afirmação da liberdade na profecia, missionariedade e itinerância.

> Pensem em uma Igreja sem as Irmãs! Não se pode pensar: elas são esse dom, esse fermento que leva adiante o Povo de Deus. São grandes estas mulheres que consagram a sua vida a Deus, que levam adiante a mensagem de Jesus (Papa Francisco, 02/02/2014).

INTERCULTURALIDADE NAS COMUNIDADES RELIGIOSAS: NOVAS FORMAS DE VIVER

Joachim Andrade[*]

"Nem tudo que é ouro fulgura,
nem todo vagante é vadio;
o velho que é forte perdura,
raiz funda não sofre o frio.
Das cinzas um fogo há de vir,
das sombras a luz vai jorrar...."
(Gandalf).

---

[*] Indiano, missionário da Congregação Verbo Divino (SVD), chegou ao Brasil no ano de 1992. Possui mestrado em Antropologia Social, pela UFPR (2003), e doutorado em Ciência da Religião pela PUC de São Paulo (2007). Foi provincial da província Brasil Sul (2008-2103). Atualmente é professor no Studium Theologicum, na Faculdade Claretiana e na Faculdade Vicentina – FAVI, ambas em Curitiba. Membro da Equipe Interdisciplinar de Assessoria da CRB.

1. Introdução

Vivemos num mundo cada dia mais conectado, em que as pessoas estão cada vez mais em contato umas com as outras. Novas pessoas, etnias, raças, povos e nações passam a criar uma nova sociedade contemporânea, mais diversificada. Através dos meios de comunicação observamos um fluxo de seres humanos do norte ao sul, do leste a oeste, e dos campos à cidade, por motivos diversos. Alguns por motivos econômicos, outros por fuga das repressões religiosas e políticas, assim como alguns pelas viagens exóticas, e outros pelos investimentos à exploração de recursos naturais, criando sociedades pluralizadas e reproduzindo as distintas faces dos seres humanos. Em algumas cidades como New York, Roma, São Paulo, Paris ou Londres – entre as mais cosmopolitas –, os moradores praticamente tropeçam diariamente com "os mil rostos do outro", além de poderem entrar em contato com diferentes idiomas, bandeiras e costumes. Difícil hoje, se não impossível, encontrar um país que de alguma forma não esteja envolvido com o fenômeno do vaivém das pessoas ou das migrações. Uns como lugares de origem, outros como lugares de destino e outros ainda como lugares de trânsito, sem falar de alguns que podem, ao mesmo tempo, representar as três funções.[1]

Com esse fenômeno podemos dizer que iniciamos um processo que se refere a um "atravessamento de culturas", e isso implica um movimento mútuo e multidirecional entre culturas, dando origem aos novos conceitos como "aculturação", "inculturação", "transculturação", "interculturação", assim como "multiculturalidade" e também "interculturalidade", promovendo uma vivência

---

[1] GONÇALVES, Alfredo. *Solicitude pastoral com os migrantes*. Mumbai, Índia, 2015.

intercultural, criando uma aldeia global.[2] Somos a primeira geração a experimentar em uma forma real a diversidade cultural, religiosa e étnica no mesmo espaço e tempo. Como isso, somos forçados sutilmente a modificar nossos hábitos e nossas prioridades para nos colocarmos mais seriamente à escuta do mundo em que estamos embarcados. Pois, no mundo atual, não há mais estrangeiros, há apenas "companheiros de viagem". Que os nossos contemporâneos morem do outro lado da rua ou do outro lado da Terra, estão a dois passos de nós; nossos comportamentos os afetam na própria pele, como os deles a nós.

---

[2] Os conceitos apresentados no texto mostram seus universos específicos. Exporemos sucintamente esses conceitos.

Socialização: é a assimilação de hábitos característicos do seu grupo social; todo o processo através do qual um indivíduo se torna membro funcional de uma comunidade, assimilando a cultura que lhe é própria (http://conceito.de/socializacao).

Aculturação: é um processo que implica a recepção e a assimilação de elementos culturais de um grupo humano por parte de outro. Dessa forma, um povo adquire uma nova cultura ou certos aspectos da mesma, usualmente em detrimento da cultura própria e de forma involuntária. A colonização costuma ser a causa externa de aculturação mais comum (http://conceito.de/aculturacao).

Inculturação: é o método de acrescentar a sua cultura aspectos culturais de determinado povo. O processo de aprender a cultura do outro (http://conceito.de/incultura%C3%A7%C3%A3o).

Transculturação: é o processo que ocorre quando um indivíduo adota uma cultura diferente da sua, podendo ou não implicar uma perda cultural, ou, em outras palavras, transportar os elementos de uma cultura para outra (http://conceito.de/transculturacao, consulta em 20 de abril de 2015).

Interculturação: é o processo em que as culturas relacionam-se entre si ao mesmo tempo (http://conceito.de/intercultura%C3%A7ao).

Multiculturalidade: é o reconhecimento das diferenças, da individualidade de cada um (http://multiculturalidadeap12d.blogspot.com.br/2011/02/definicao-de-multiculturalidade.html).

Interculturalidade: é o processo pelo qual duas ou mais culturas entram em interação de forma horizontal e sinérgica, tendo um objetivo comum. Para tal, nenhum dos grupos se deve encontrar acima de qualquer outro que seja, favorecendo assim a integração e a convivência das pessoas (http://conceito.de/interculturalidade).

Apesar disso, poucos sabem que essa nova realidade virou objeto de estudo, um novo campo teórico. Assim como a sociologia e a antropologia, o interculturalismo estuda as culturas dos povos, mas se diferencia de ambas essas áreas por propor uma análise do ponto de vista da interação entre as pessoas. Historiadores e outros estudiosos renomados, tais como Eric Hobsbowm, Alain Touraine, Boaventura Santos, Manuel Castells, Antonio Negri, Jürgen Habermas – entre outros –, dedicam longas páginas e não poucos subtítulos a esse tema da mobilidade humana. Assim os deslocamentos humanos em massa constituem, em geral, uma espécie de termômetro que mede o grau ou a temperatura das transformações mundiais; ao mesmo tempo, abriu-se uma janela para olhar o mundo atual ou uma chave de leitura privilegiada de qualquer estudo sério e atualizado.

Transportando esse olhar para a vida religiosa, percebemos que nada é diferente. Qualquer que seja o carisma, todas as Ordens e Congregações nasceram nos contextos locais, vivência com os membros da mesma cultura, mas a geração fundadora teve uma visão global. O carisma e a visão globalizada da missão deram a origem à dinamicidade da deslocação, fazendo o processo dinâmico da "nacionalidade" à "internacionalidade", e depois, da "multiculturalidade" ao conceito atual da "interculturalidade". As comunidades religiosas estão se tornando cada vez mais interculturais e internacionais devido às exigências da vocação missionária ou pela escassez dos membros em alguns países, possibilitando o deslocamento de membros de outros países para preencher as lacunas existentes.

Sabemos que grande parte das congregações religiosas foram fundadas no continente europeu nos séculos XVIII e XIX, donde iniciaram o processo de evangelização, indo aos outros continentes.

As tarefas eram bem definidas: em primeiro momento, implantar sua cultura no país da missão e, depois, no segundo momento, adaptar-se à cultura local. Nos tempos atuais, o vaivém dos missionários teve um aumento drástico, não somente da Europa para outros continentes, mas também entre os continentes. Observamos também esse fenômeno de deslocação nas congregações que tiveram origem no Brasil. Essas congregações surgiram para atender às demandas locais, mas hoje saíram dos seus ambientes fazendo o processo de vaivém, saindo do Sul ao Norte-Nordeste ou vice-versa. Algumas delas saíram de seus países de origem a convite de bispos estrangeiros aos países africanos ou asiáticos. Encontramos as comunidades formativas com os formandos do Sul no Norte ou Nordeste, e do Norte ou do Nordeste nas comunidades do Sul. Assim observamos que os membros das congregações, além de desenvolver a capacidade para uma convivência intercultural, também são obrigados a elaborar o conteúdo pastoral missionário numa forma intercultural. Como acontece essa vivência? De que forma essas comunidades elaboram os conteúdos? Como acontecem os "ajustes" entre os membros e os elementos reais, como: "acolher", "aprender", "hospedar" e "compreender"? Por fim mapear a vivência intercultural e elaborar algumas pistas concretas para uma vivência adequada seria o objetivo deste artigo.

Portanto, pretende-se, em primeiro momento, apresentar as trilhas históricas do contato intercultural que deram origem ao objeto do estudo. Em segundo momento, abordaremos o processo da interculturalidade e os contextos que motivaram as congregações para uma vivência intercultural nas comunidades. Pretendemos observar os mecanismos utilizados pelos membros "nativos" e "hóspedes", para lidar com a nova forma de vivência comunitária, e conclui-se esta abordagem com a inspiração bíblica apontando ao dever de preservar a mística do caminhar como religiosos.

2. Trilhando os caminhos históricos da interculturalidade

Os intercâmbios culturais entre sociedades coincidem quase com o início da história da humanidade. Os estudos históricos e antropológicos nos apresentam que sempre existiram as migrações dos povos por diversos motivos.

Num olhar mais profundo nos textos bíblicos encontramos os relatos nítidos dos diálogos interculturais: o movimento de Abraão saindo de Ur para a terra prometida – Canaã; José possibilitando seu pai e irmãos a migrarem ao Egito; Moisés conduzindo seu povo do Egito para a terra prometida; são os exemplos nítidos dos intercâmbios culturais. No Novo Testamento, Jesus realizando seus diálogos com a mulher samaritana, o elogio da fé do centurião romano e a parábola do Bom Samaritano são os exemplos dos diálogos interculturais. No período pós-pascal, logo após Pentecostes, os discípulos trilharam o caminho intercultural se deslocando a contextos diferentes, na tentativa de apresentar a nova ordem messiânica (cf. Rm 2,5; 9,18). Pedro e Paulo trilharam o caminho da interculturalidade, passando pelas diversas culturas até chegar a Roma, o centro do Império Romano (cf. At 14,27; 15,12).

O olhar histórico mostra que desde a Grécia Clássica e o Império Romano, com as inúmeras trocas e interações ocorridas no Mediterrâneo, passando pela expansão da Europa em direção à América e à África, sempre ocorreu o contato entre diferentes culturas.[3]

---

[3] CANCLINI, Nestor Garcia. *Culturas híbridas*. São Paulo: Editora da Universidade de São Paulo, 2006.

INTERCULTURALIDADE NAS COMUNIDADES RELIGIOSAS: NOVAS FORMAS DE VIVER

A invasão Bárbara a Roma, dos mongóis ao leste europeu; as cruzadas entre os europeus e árabes, e por fim as colonizações promoveram os processos de convivência intercultural. Mas, nesses processos, o dominado era obrigado a viver a cultura do dominador; podemos dizer que havia a implantação da cultura europeia nas regiões e países colonizados. Assim se percebe que existia uma convivência intercultural ainda que seja na fase rudimentar, sendo que ela era forçada.

Porém, a questão da diversidade cultural começa a ser tema do interesse dos cientistas sociais a partir do processo de descolonização ocorrido na África, América Latina e Ásia, com o consequente fluxo numeroso de emigrantes vindos das ex-colônias para o continente europeu. Este movimento migratório, que alcançou seu auge nos anos setenta e oitenta do séc. XX, provocando uma transformação demográfica em algumas cidades europeias, teve como consequência o surgimento de situações-limite de tolerância.[4] Com esse novo cenário a sociedade europeia agora era forçada à convivência com o "outro", que até então vivia distante, "seguramente controlado". O "outro", o ex-colonizado, frequenta agora as "ruas e praças, mercados e igrejas, escolas e cinemas" cotidianamente, disputa vagas de emprego, submete-se à tutela do Estado que é responsável por sua saúde, pela educação de seus filhos e por sua seguridade social, e traz consigo valores que colocam em cheque

---

[4] O mapa migratório mostra que a maior parte tende a deixar os países periféricos (ou subdesenvolvidos), migrando em direção aos países centrais (ou desenvolvidos). Trata-se, portanto, de um movimento do sul do planeta – Ásia, África e América Latina – em busca de novas oportunidades no norte. Por outro lado, muitas pessoas ou famílias deixam os países do leste europeu, antiga "cortina de ferro" da ex-União Soviética, tentando construir o futuro nos países do oeste.

suas tradições morais como instituição familiar e monogâmica (MOURA, 2005).[5]

3. Interculturalidade na Igreja e nas Congregações religiosas

O contato com os povos de diversas culturas não é uma novidade para a Igreja e para as Congregações religiosas. Desde os tempos de fundação, a Igreja projetou sua missão para as culturas diferentes. A compreensão do anúncio carregava duas vertentes, sendo que a primeira tem por alvo o povo eleito, aqueles que aderiram à fé na pessoa de Jesus, os cristãos. A segunda vertente direcionava-se aos pagãos, principalmente àqueles que não conhecem Jesus. Essa vertente ficou marcada por um trágico senso de superioridade, a negação do outro e a sangrenta expansão colonial.[6]

Nos tempos pós-Constantino, com o casamento com o Estado, a Igreja teve seu êxito de estabelecer sua supremacia com as culturas e também aceitando as trocas agradáveis nas relações mútuas entre as culturas. A princípio foi dado peso demais à influência das religiões sobre os povos, e não suficiente à influência dos povos sobre as religiões. A partir do momento que, no século IV, o Império Romano se cristianizou, o cristianismo romanizou enormemente. Essa circunstância histórica é o que, de início, explica a emergência de um papado soberano, e com isso nasce a forma tradicional de fazer a missão *ad gentes*. Numa perspectiva mais ampla, se o cristianismo contribuiu para fazer da Europa o que ela é, a Europa

---

[5] MOURA, Milton. Diversidade cultural e democracia: breve reflexão sobre os desafios da pluralidade. *Textos e Contextos*, Salvador, v. 3, n. 3, p. 29-38, 2005.

[6] RASCHIETTI, Estêvão. *Ad Gentes*: texto e comentário. São Paulo: Paulinas, 2011.

igualmente contribuiu para fazer do cristianismo o que ele é.[7] Nos tempos medievais, as Ordens religiosas embarcaram nesse espírito e enviaram seus missionários a diversos cantos do mundo, em um primeiro momento impondo sua cultura aos demais e, no segundo, iniciando o processo de vivência intercultural com as culturas de missão.

Mas, na segunda metade do século XX, principalmente o Concílio Vaticano II trouxe um cenário muito mais aberto, introduzindo a novidade na missão. A repercussão das duas guerras gerou um novo paradigma missionário. Como observa Raschietti, a missão aos povos na mudança de época exige, como preconiza o Concílio Vaticano II, a instauração de "uma ordem de relações humanas" que, por sua vez, convoca a Igreja para um "novo Pentecostes" e "um salto adiante" capaz de recriar uma nova e "simpática relação com a humanidade, a fim de colocá-la em contato com as energias vivificadoras e perenes do Evangelho, sobretudo através do compromisso com a justiça, a paz e a unidade dos cristãos e da família humana universal".[8]

Essa atitude da Igreja promoveu novos rumos da missão, em que as ordens e as congregações religiosas enviaram seus membros a diferentes países como missionários, depois de uma formação adequada e específica para realizar a missão. Os membros eram chamados a aprender a cultura, língua e costumes dos nativos, inculturar-se e encorajar as vocações nativas. Antes do Concílio, esses países eram os lugares da missão, mas agora, tendo os membros nativos prontos para partir como missionários inclusive à Europa, é o lugar

---

[7] MAALOUF, Amin. *O mundo em desajuste*: quando nossas civilizações se esgotam. Rio de Janeiro: Diffel, 2011.

[8] RASCHIETTI, Estêvão. *Ad Gentes*: texto e comentário. São Paulo: Paulinas, 2011.

de origem da missão. No Brasil, sendo geograficamente quase um continente, com culturas diversas, a realidade da Igreja era a mesma. O movimento dos religiosos do Sul ao Norte e Nordeste, e do Nordeste para Sudoeste, deu um novo ar de vivência intercultural. "Igrejas Irmãs", "missão continental", "projeto Moçambique", "projeto Timor Leste" e "projeto Haiti" são exemplos concretos da missão e convivência intercultural. As congregações que não tiveram como foco a missão *ad agentes* tem seus membros na África, Haiti e em outros países, e os membros de lá estão aqui, seja na formação, seja no trabalho pastoral. Este novo cenário, por um lado, trouxe um novo paradigma congregacional, criando muitas tensões, desconfiança, gastos exorbitantes, mas, por outro, trouxe missão dialogal, vivência intercultural e o poder partilhado entre a "Europa" e os "nativos". Assim, temas como interculturalidade, vivência cultural, liderança nas comunidades interculturais e outros, tornaram-se objeto de estudo nas congregações e ordens religiosas.

4. Fotografia da vivência intercultural

A fotografia da interculturalidade é visível em diversos ambientes, principalmente nas cidades cosmopolitas e nas empresas multinacionais – é um fenômeno universal. Mas a nitidez dessa fotografia intercultural nas comunidades religiosas começou a chamar a atenção principalmente nos últimos vinte anos. O Brasil se tornou terreno dessa fotografia, sendo que as comunidades possuíam membros de diversas culturas e também estrangeiros. Membros de diversas nacionalidades e etnias partilhando o mesmo teto, a mesma comida e a mesma motivação pastoral num ambiente determinado. As discussões dos ambientes acadêmicos sobre os temas: multiculturalidade, interculturalidade, aculturação, inculturação e interculturação foram levadas aos ambientes religiosos a fim de produzir reflexões teológicas e antropológicas para uma vivência intercultural harmônica.[9] A compreensão tradicional da missão, que é sair de si para o outro, sair de uma cultura para outra, ou sair de um lugar para outro, começou a receber novos contornos. No processo de deslocação do missionário, duas vertentes receberam o foco: a missão e o missionário. O foco do missionário era esquecido, mas agora é visto com muito carinho, e assim se inicia o cuidado da vivência intercultural. Para que haja uma convivência intercultural sadia, os missionários passam por três tipos de experiências nos períodos iniciais da adaptação, que Tom Ascheman denomina como três modelos.

O primeiro modelo é chamado de *tornar-se nativo*, que implica assimilar a nova cultura de maneira mais completa e rápida possível. O objetivo é tornar-se o mais parecido possível com os membros da cultura hospedeira, de modo que não se possam perceber as diferenças com muita facilidade. Neste modelo a nova cultura é vista como uma coisa boa, e a cultura de origem como algo inferior. Os traços da sua cultura são camuflados. E também o missionário acaba parecendo uma figura caricatural na comunidade, dificultando a vivência intercultural, o que nos faz lembrar um provérbio africano: um ramo que cai no rio não vira crocodilo.

O segundo modelo articulado como *tornar-se gueto* apoia-se no olhar bastante crítico à cultura da missão, enquanto a cultura de origem é supervalorizada. É necessário construir um gueto para

---

[9] Sendo responsável pelos novos missionários provenientes de diversos países, na Congregação do Verbo Divino, uma congregação que possui forte foco da missão *ad gentes*, acompanhei os missionários provenientes da Ásia, Europa e África por dez anos, durante as fases iniciais de adaptação. A partir dessa experiência, elaborei algumas reflexões sobre o processo da vivência intercultural.

manutenção dos velhos hábitos da cultura de origem, como comida, música etc. Tudo é preservado da terra natal. Mas, uma vez que saem dos seus próprios quartos, tudo é estrangeiro. Muitos missionários parecem ter esse modelo arraigado, uma vez que, embora viva em um novo ambiente, seus hábitos são os mesmos da cultura de origem. Esse modelo parece estável, duraria por muito tempo, mas não é uma forma de se viver a interculturalidade. Nesse modo de viver, o missionário provoca uma vida infernal para os outros.

O que nos interessa para uma vivência intercultural é o terceiro modelo, chamado de *tornar-se bom estrangeiro*. Neste caso, tanto a nova cultura quanto a cultura de origem são vistas como conjuntos que englobam aspectos positivos e negativos. O objetivo é uma adaptação que possibilite uma relação saudável com os membros da nova cultura. Algumas vezes, um pouco de "estrangeirice" pode ser vista como uma valiosa contribuição para a nova cultura. Mas, na maioria dos casos, é necessário ser flexível e adaptar-se à cultura local para uma vivência adequada na comunidade.[10]

O terceiro modelo parece ser uma solução teórica de interculturalidade, mas existem os problemas ainda despercebidos. Os "nativos" e os "hóspedes", aparentemente, parecem estar tranquilos, mas no interior desta aparência encontram-se profundos problemas não notados, que, por sua vez, dão espaço aos problemas comunitários. Podemos identificar uma comunidade com dois rostos, em que os indivíduos realizam os trabalhos comunitários sozinhos, aparecem os pequenos grupos dentro do grande grupo (comunidade/província) e, por fim, a comunidade se torna uma coletânea de indivíduos, dividindo o mesmo teto sem se preocupar

---

[10] ASCHEMAN, Thomas. *Mission in Dialogue*. Mission Secretariat – Divine Word Missionaries, Rome, 2004.

com o outro. Portanto, é fundamental que haja uma radiografia da vida intercultural da comunidade religiosa.

5. Radiografia da vivência intercultural

O processo radiográfico da vida intercultural parte da observação e constatação de que os missionários que vieram de outras culturas possuem fortes laços com dois universos ao mesmo tempo e têm vocação para o papel de correia da transmissão, de interface, nos dois sentidos. Sendo normal que um missionário defenda no país que o recebe a sensibilidade natural de sua sociedade de origem, seria igualmente normal para ele defender, no país de origem, a sensibilidade adquirida na sociedade que o recebeu. Esses estão em duas margens ao mesmo tempo. Muitas vezes nas comunidades os nativos que convivem com os hóspedes não percebem esses dois universos dos hóspedes por serem realmente "nativos". Essa despercepção pode levar aos fatores de julgamento e às crises comunitárias.

Os missiólogos Steve Bevans e Roger Schroeder, com sua vasta experiência da vivência intercultural, oferecem algumas pistas para se ter uma vida intercultural adequada; podemos dizer que oferecem três imagens simbólicas processuais durante o processo de deslocação de uma cultura para outra e no processo da adaptação ao novo ambiente.[11]

A primeira imagem da radiografia da vivência intercultural é "saber tirar os sapatos", que parte da inspiração bíblica da experiência de Moisés, em que ele recebe a ordem de Deus na sarça: "Tire as sandálias dos pés, por que o lugar onde você está pisando

---

[11] BEVANS, Stephen; SCHROEDER, Roger. *Prophetic Dialogue*. Reflections on Christian Mission Today. New York: Orbis Books Maryknoll, 2011.

é um lugar sagrado" (Êxodo 3,5). As sandálias representam o que está amoldado ao nosso pé, a forma que acompanha nosso feitio, nossos calos. A ordem de tirar as sandálias significa retirar de nós o habitual que nos envolve e reconhecer que a cultura onde estamos é sagrada.[12] No processo de socialização na nossa cultura, habituamo-nos a determinados padrões e condutas que se tornam nosso sapato. Com esse sapato caminhamos pela vida. A vivência intercultural exige que cada membro esteja consciente do seu sapato cultural e em que momento deve tirar esse sapato para melhorar a vivência intercultural na comunidade. No nosso movimento como missionários, de uma cultura para outra, as nossas bagagens da cultura de origem se deslocam, como se fossem os apelos das aeromoças depois do pouso da aeronave na pista: "Cuidado ao abrir os compartimentos de bagagem, pois os objetos podem ter-se deslocado durante a viagem". Na viagem missionária nada estará no lugar onde deixamos, pois as bagagens culturais, religiosas e familiares deslocam-se durante a viagem. Se nós carregarmos muitas bagagens culturais, a deslocação será difícil. Durante a viagem o missionário aprende a tirar os sapatos e, com isso, adquire a sabedoria: o que deve ser preservado e o que deve ser eliminado no processo de viagem de uma cultura para outra.

A segunda imagem radiográfica é "entrar no jardim do outro". Todas as culturas apresentam o jardim como um lugar de flores variadas e pequenas plantas que embelezam, principalmente, o lar das famílias ou das grandes cidades. O jardim é o lugar onde se percebe a dificuldade de se produzir uma bela flor e, ao mesmo

---

[12] A ideia de tirar os sapatos é extensivamente usada por outro autor brasileiro, Nilton Bonder, em sua obra *Tirando os sapatos: o caminho de Abraão, um caminho para o outro* (Rio de Janeiro: Rocco, 2008), a qual também foi consultada na elaboração deste assunto.

tempo, onde sem esforço crescem as ervam daninhas. A beleza do jardim depende do capricho do jardineiro e também das forças da natureza e de outros fatores que se encontram fora do seu controle, os quais determinam o resultado final.

A nossa imagem do jardim seria o "jardim cultural", onde em muitas culturas o *status*, a identidade e o mundo de pensamento são associados à quantidade de flores e plantas no jardim. Enquanto o missionário tenta passar para outro mundo cultural, ele precisa ter a consciência do resultado teológico e das consequências que o acompanham.

Se a atitude inicial de alguém é aquela em que a outra cultura é um "jardim" *somente* de "ervas daninhas", não teria muita consideração para o interesse de uma compreensão "cultural". Isso obviamente representa uma aproximação na tábula rasa – quer dizer, removendo tudo da nova cultura e/ou religião –, que foi predominante durante muitos períodos na história da missão cristã.

Entretanto, se o missionário vê o mesmo jardim contendo somente "belas flores", uma posição que é teologicamente igualmente perigosa, ficaria suspenso no horizonte. Esse tipo de tendência pode diluir o poder de "corte" das boas-novas para cada sociedade e fazer cultura ao invés do evangelho normativo.

Uma posição teológica apropriada, que poderia chamar de diálogo profético, cai entre os dois extremos e reconhece a presença de ambos: das "belas flores" e das "ervas daninhas" no mesmo jardim. Obviamente, isso se aplica igualmente à perspectiva teológica do missionário respeitando sua própria cultura.

A terceira imagem radiográfica seria "tornar-se um bom hóspede", que possui dois momentos sequenciais. O primeiro momento sequencial apresenta que o missionário vindo de outra cultura, antes de tudo, é um hóspede que estabelece sua morada na casa do outro povo e de outra cultura. Ele cria uma situação de dependência em relação ao outro. O hóspede tem como obrigação apreciar e aceitar o que é oferecido, qualquer que seja a oferta; ele está numa casa emprestada, pois o hóspede não possui nenhum direito na casa do outro. O bom hóspede sempre toma consciência de um simples saber: saber deixar e saber chegar.

O segundo momento sequencial acontece somente quando o primeiro momento é bem trilhado, e nessa etapa o hóspede é esperado a transcender e transformar seu estado de hóspede em anfitrião. Depois de algum tempo de adaptação, o hóspede consegue expressar e comunicar seus sentimentos e pensamentos na língua da cultura acolhedora, e começa a agir como anfitrião, assumindo os compromissos como se estivesse na sua própria cultura.

6. Compreensão da vivência cultural

Compreendemos que a vivência intercultural não vem numa forma automática, simplesmente colocando pessoas de culturas diferentes debaixo de um único teto. As verdadeiras comunidades interculturais devem ser conscientemente criadas, intencionalmente promovidas e cuidadosamente nutridas. Para uma vida intercultural são necessárias algumas atitudes pessoais básicas, algumas estruturas comunitárias e uma espiritualidade particular. Consequentemente ela chama a atenção para uma formação específica que prepara o missionário para viver efetivamente numa comunidade intercultural.

O primeiro aspecto na comunidade intercultural é que devemos tomar consciência de que as pessoas em outros países podem pensar, sentir e agir de forma muito diferente, mesmo quando confrontadas com problemas básicos de vida. A Teoria das Dimensões Culturais de Hofstede[13] nos apresenta algumas lições de que, em todas as situações e em particular quando se trabalha no estrangeiro, os seres humanos tendem a pensar, sentir e agir a partir das suas próprias experiências.

A comunidade intercultural ideal não é aquela composta de pessoas de nacionalidades e culturas diferentes. Também não é uma comunidade onde pessoas de culturas e nacionalidades diferentes coexistem ao lado do outro. Faz-se o caminho processual com seis estágios gradativos, como apresenta Milton Bennet.[14]

O primeiro é a negação, no qual a pessoa considera e experimenta sua cultura como verdadeira e nega a cultura do outro através da isolação psicológica e fisiológica.

O segundo estágio seria a defesa, quando o sujeito considera sua cultura (ou uma adaptada cultura) como verdadeira e se sente ameaçado pelas diferenças culturais, desenvolvendo a tendência de criticar fortemente outras culturas, com alto grau de polarização: "nós" e "outros".

O terceiro estágio é o de minimização, em que o missionário considera a cosmovisão cultural da sua cultura como universal,

---

[13] Geert Hofstede é um autor conhecido mundialmente por ter desenvolvido a Teoria das Dimensões Culturais, aplicada no campo da organização das empresas, onde acontece constantemente o vaivém dos executivos e profissionais qualificados. Tentamos utilizar a ideia desse autor no campo religioso, reorganizando as ideias ao nosso contexto. Para adquirir mais informações, consulte: http://www.portal-gestao.com/item/6675-teoria-das-dimens%C3%B5es-culturais-geert-hofstede.html.

[14] BENNETT, Milton. Becoming Interculturally Competent. In: WURZEL, J. (Ed.). *Toward multiculturalism*. A reader in multicultural education. 2nd ed. Newton, MA: Intercultural Resource Corporation, 2004. p. 62-77.

onde os valores profundos de sua cultura são absolutos e os valores de outras culturas, ridicularizados.

O quarto momento é o de aceitação, quando o missionário vê sua cultura como uma entre outras, que possui igualmente uma complexa cosmovisão, mas isso não necessariamente significa o consenso. A diferença cultural pode ser julgada negativamente, mas o julgamento nunca é etnocêntrico.

No estágio de adaptação o missionário toma consciência de que a experiência de outra cultura lhe fornece as pistas para desenvolver apropriada percepção e comportamento conforme aquela cultura. Nesse estágio consegue ver o mundo "através dos olhos diferentes" e intencionalmente mudar o comportamento para se comunicar efetivamente em outra cultura.

Por fim, no estágio da integração, percebe-se o movimento "de dentro para fora" e "de fora para dentro" entre as cosmovisões do mundo de culturas diferentes, dentro do próprio sujeito.

A vivência intercultural chega a sua perfeição somente no último estágio. Podemos dizer que, quando cada membro de uma comunidade atinge esse estágio, adquire a dimensão da universalidade ou, em outras palavras, se torna um "cidadão universal". Faz a experiência de estar "nem aqui nem lá", quer dizer, estar em nenhum lugar e ao mesmo tempo estar em todos os lugares. Os membros de diversas culturas na comunidade começam a interagir numa forma harmoniosa, em que os nativos tornam-se hóspedes e, estes, anfitriões. Tudo acontece simultaneamente sem machucar o outro e sem machucar a si próprio; assim a comunidade faz a experiência concreta do conceito de Reino de Deus, elaborado por Jesus.

Então, para criar uma vivência intercultural adequada numa congregação ou numa comunidade, cada indivíduo, seja nativo,

INTERCULTURALIDADE NAS COMUNIDADES RELIGIOSAS: NOVAS FORMAS DE VIVER

seja hóspede, deve se mover além da tolerância mútua um do outro e da tolerância mútua de diferenças culturais, a tal ponto que as diferenças culturais interajam entre si, enriquecendo, assim, os indivíduos e a comunidade como um todo. Portanto, uma comunidade intercultural genuína deve incorporar os seguintes aspectos:

a) Reconhecer outras culturas (tornar as culturas menores visíveis).

b) Respeitar as diferenças culturais (não permitir desaparecer as diferenças culturais, subjugando as culturas menores pela cultura dominante).

c) Promover uma interação sadia entre as culturas (buscando criar um clima onde cada cultura permita ser transformada ou enriquecida pela outra).

d) Criar espaço de abertura dentro de si para receber a cultura do outro.

e) Usar uma linguagem não violenta quando em diálogo com o outro.

7. Inspiração bíblica

O caminho da interculturalidade e a vivência intercultural exigem outro processo puramente individual, que seria a espiritualidade. Sendo comprometidos com a vocação e a missão, os religiosos passam por dificuldades pessoais muitas vezes não percebidas. Ao contrário dos empresários, executivos e profissionais que se deslocam de uma cultura para outra ganhando um bom salário e também acompanhados por suas famílias – o foco de sua deslocação são eles mesmos e suas famílias –, os religiosos possuem a missão ou o outro como foco central de sua deslocação, encontrando-se sozinhos numa comunidade na fase inicial. Durante o processo do aprendizado da cultura e língua, passam por um desgaste tremendo que, muitas vezes, é razão da desordem emocional. Há possibilidade de se perder contato com a proposta original da missão, já que os novos ambientes culturais fornecem novos conteúdos, novos estilos de vida; assim, perde-se a lucidez crítica da missão. Portanto, deve-se estar perto da fonte, que é a *Palavra* de Deus, algo fundamental para elaborar uma vivência intercultural harmoniosa.

Algumas imagens bíblicas ajudariam imensamente para se fazer o caminho da interculturalidade. O missionário deve ir ao *deserto*, que é o lugar do silêncio, e ir ao encontro do Pai. Em outros momentos ele deve ir à *Galileia*, lugar de grande pobreza, lugar dos contextos missionários contemporâneos, e assim pisar com os pés no chão. Também deve ir a *Jerusalém*, centro do poder econômico, religioso e político, e no contexto atual estar informado sobre os acontecimentos mundiais, da Igreja global e da Congregação. Por fim, deve conhecer a *Samaria*, lugar de abertura, e descobrir novos areópagos, novos rumos da missão.

O "deserto" adquire novo valor, o valor da recuperação das energias e do encontro verdadeiro com Deus Salvador. Quem vai para a "Galileia", "Jerusalém" e "Samaria" e esquece-se de parar no "deserto", deixa-se arrastar pelo entusiasmo, mas cai diante das primeiras dificuldades por não contar com o alimento de uma forte espiritualidade. Quem vai somente a "Jerusalém", sem ter no coração a situação da "Galileia", sem a lição da "Samaria", de abrir novos poços, e sem passar pelo "deserto", arrisca-se a cair nas amarras do poder.[15]

---

[15] Fonte: <http://www.cnbb.org.br/component/docman/doc_view/1082-a-missao-da-pastoral-social>.

8. Conclusão

Durante o processo da deslocação e da vivência intercultural numa comunidade, os religiosos missionários devem preservar a compreensão da itinerância da VRC, pois o religioso é aquele que está sempre a caminho; o religioso parado cessa de ser religioso. Como afirma Paulo Suess: "O que importa para nós como religiosos é caminhar, e no caminho a gente se encontra com outros, mas cada um deve trilhar seu caminho. [...] A mística da itinerância é feita de despojamento e liberdade, de leveza e sobriedade, de disposição e abertura de contínuos avanços e desalojamentos" (SUESS, 2012, p. 10).[16] Nessa viagem peregrina devem-se manter dois focos e três cuidados íntimos que pertencem somente aos peregrinos religiosos. Os dois focos são: oração e compaixão. A oração para si e compaixão para com o outro. Os três cuidados são: cuidar de si, cuidar da congregação/comunidade e cuidar da Igreja. O cuidar de si envolve a dimensão das relações pessoais, cuidar da congregação significa preservar o carisma atualizado e cuidar da Igreja quer dizer estar em comunhão com a Igreja global.

---

[16] SUESS, Paulo. *Impulsos e intervenções:* atualidade da missão. São Paulo: Paulus, 2012.

ECOLOGIA: NOVOS ESPAÇOS PARA A VIDA RELIGIOSA CONSAGRADA

Afonso Murad[*]

"Chamava todas as criaturas de
irmãs e, de maneira especial,
descobria os segredos do coração
das criaturas, porque na verdade
parecia já estar gozando a liberdade
gloriosa dos filhos de Deus"
(Tomás de Celano, *Vita I*,
sobre São Francisco de Assis).

Ecologia é um dos assuntos mais importantes do atual momento histórico. Mobiliza pessoas, grupos, instituições, empresas, mídia, religiões e governos. As reações são distintas: adesão, indiferença, rejeição, fascínio. Mas não se pode escapar da questão. Tema significativo, conflituoso em alguns contextos, a "ecologia"

---

[*] Pertence à Congregação dos Irmãos Maristas (FMS). Doutor em teologia, professor e coordenador do Grupo de Pesquisa de Ecoteologia. Docente na FAJE e no ISTA, em Belo Horizonte. Membro da Equipe Interdisciplinar de Assessoria da CRB e da Equipe de teólogos/as assessores da presidência da CLAR.

ECOLOGIA: NOVOS ESPAÇOS PARA A VIDA RELIGIOSA CONSAGRADA

faz parte do *vocabulário*, das *preocupações* e também dos *sonhos* humanos atuais. E pelo fato mesmo de ser um grito que ressoa, sob forma de indignação, encantamento e esperança para a humanidade, toca de perto os religiosos/as.

Desde que assumiu seu pontificado, o Papa Francisco disse, com clareza, que a humanidade, e os cristãos, em particular, são chamados a cuidar da Terra e dos pobres, e reverter o quadro de destruição do planeta e da exclusão social. Na exortação "Alegria do Evangelho" afirma:

> A fé autêntica comporta sempre um profundo desejo de mudar o mundo, transmitir valores, deixar a Terra um pouco melhor depois da nossa passagem por ela. Amamos este magnífico planeta, onde Deus nos colocou, e amamos a humanidade que o habita, com todos os seus dramas e cansaços, com os seus anseios e esperanças, com os seus valores e fragilidades. A Terra é a nossa casa comum, e todos somos irmãos. O pensamento social da Igreja é primariamente positivo e construtivo, orienta uma ação transformadora e, neste sentido, é sinal de esperança que brota do coração amoroso de Jesus Cristo (EG 183).

Afinal, o que é ecologia? Que contribuição ela traz para a Vida Consagrada? De sua parte, como os religiosos/as e seus institutos podem contribuir efetivamente para o desenvolvimento da consciência ecológica? Que perspectivas se apresentam? Tais perguntas servirão de guia para nossa reflexão.

1. Ecologia: um belo leque

A ecologia exerce um fascínio no meio das crianças e dos jovens. Encontra eco em várias correntes espirituais, de distintas religiões. Mobiliza pessoas e grupos em várias partes do planeta. Parte desta atratividade reside no fato de que ela não consiste somente em uma teoria, nem se limita a aspectos práticos ou místicos. É tudo isso junto. Assemelha-se a um lindo leque colorido, tecido de muitas partes. De forma resumida, dizemos que a ecologia reúne: práticas de cuidado, ciência, visão de mundo (paradigma), forma específica de gerar conhecimento (pedagogia e epistemologia) e espiritualidade. Vejamos alguns destes componentes, que só podem ser compreendidos na relação com os demais.

Somos da ecologia: práticas pessoais e coletivas do cuidado

No mundo inteiro, há indivíduos, grupos e organizações empenhados em diminuir os impactos negativos do ser humano sobre a Terra. Mais. Querem garantir que o nosso planeta continue habitável, no presente e no futuro. Há pessoas que desenvolvem atitudes individuais, em relação ao solo, à água, ao ar, às plantas e animais. Outras reduzem seu nível de consumo e buscam um estilo de vida mais simples e saudável. Optam pelo transporte coletivo, mesmo que possuam um carro.

Ecologia, enquanto cuidado com o planeta, é muito mais do que ter uma plantinha ou fechar a torneira, embora isso também importe. Os gestos e hábitos sustentáveis não se limitam ao âmbito individual. Em cada realidade local, grupos de cidadãos se mobilizam em diversas causas que chamamos de "socioambientais". Essas envolvem não somente o cuidado com o planeta, mas também a atenção com a população humana, sobretudo a mais pobre e fragilizada. Trabalho lento e eficaz de organização e conscientização, no campo, em cidades pequenas, nas periferias e nas metrópoles. Sobretudo as mulheres se destacam, em múltiplas atitudes pessoais e comunitárias de defesa da vida ameaçada. São as grandes protagonistas do cuidado!

Nesta ação convergente e conjunta, ocupa papel fundamental a formação da consciência das novas gerações. E quantas são as iniciativas, episódicas e continuadas, de educação para a sociedade sustentável em creches, escolas, universidades, centros socioeducativos, igrejas e espaços comunitários!

O cuidado com a vida, em toda a sua extensão, exige políticas públicas consequentes. Não adianta a pessoa separar o lixo de sua casa, se o município não tiver uma política de coleta e destinação dos resíduos sólidos. O mesmo se diz dos processos de captação e tratamento da água, bem como dos efluentes (esgoto). Quanto mais complexa a questão, como a da mobilidade urbana, mais necessária se faz a articulação de diferentes setores da sociedade, envolvendo os usuários, os prestadores de serviços e o poder público. Os cidadãos que cuidam do planeta também se engajam em lutas em prol da melhoria da qualidade da vida e do contexto vital.

Em espanhol se cunhou a expressão "ecologismo", para designar o que no Brasil chamamos de movimento socioambiental. Cada vez mais, as duas palavras se juntam. Pois cresce a consciência de que o cuidado com a Casa inclui lutar pela justiça social e criar novas estruturas políticas e econômicas. O ser humano faz parte do ambiente. Habita a casa e lhe confere sentido. Pode aperfeiçoar e adequar o planeta-lar para atender às suas demandas, mantendo o ciclo da vida.

Ecologia: uma forma de compreender as relações entre todos os seres

Se alguém buscar na Internet a palavra "ecologia", encontrará uma gama de conceitos. Em vários *sites*, ela é definida como a ciência que estuda a relação dos seres que constituem a biosfera

(= esfera de vida no nosso planeta). Ou seja, como interagem, em múltiplas relações, os seres abióticos (água, solo, ar, energia do sol) e os seres vivos (micro-organismos, plantas e animais). Ou ainda, o meio físico com o biológico. Evidentemente, os seres humanos necessitam deles, estão no meio e atuam sobre os sistemas vivos. Em consonância com esta visão, o físico e ecólogo Fritjof Capra assim define ecologia: o estudo de como o planeta funciona, ou seja, as relações que interligam todos os moradores da Casa Terra (CAPRA, 2003, p. 20).

A ecologia, como ciência, faz a gente descobrir como a teia de vida se constitui. E, com isso, podemos realizar ações e mudar hábitos que terão mais impacto positivo sobre a comunidade de vida do planeta. A ecologia se desenvolveu muito nas últimas décadas e estabeleceu relações estreitas com outros saberes, como a geografia, a engenharia, a biologia, a zoologia, a arquitetura, e até a gestão de organizações.

Leonardo Boff, na clássica obra *Ecologia, grito da Terra, grito dos pobres*, sustenta que:

> a ecologia é um saber de relações, interconexões, interdependências e intercâmbios de tudo com tudo em todos os pontos e em todos os momentos (...). Não um saber de objetos de conhecimento, mas de relações entre os objetos de conhecimento. Um saber de saberes, entre si relacionados (BOFF, 2. ed., 2003, p. 17).

A ecologia quer compreender a forma como os seres dependem uns dos outros, numa imensa teia de interdependência. Então, a singularidade do saber ecológico consiste na transversalidade:

> relacionar pelos lados (comunidade ecológica), para a frente (futuro), para trás (passado) e para dentro (complexidade) todas as experiências e todas as formas de compreensão como complementares e úteis no nosso conhecimento do universo, nossa funciona-

ECOLOGIA: NOVOS ESPAÇOS PARA A VIDA RELIGIOSA CONSAGRADA

lidade dentro dele e na solidariedade cósmica que nos une a todos (id., p. 17).

O holismo resulta deste procedimento. "Ele traduz a captação da totalidade orgânica e aberta da realidade e do saber sobre esta totalidade" (p. 18). O ecologista José Lutzenberger dizia que "a ecologia é a ciência da sinfonia da vida, é a ciência da sobrevivência". Então, essa não se reduz a um movimento de preservação do verde e das espécies. Tornou-se uma crítica à civilização atual, que devora energia e desestrutura os ecossistemas. E mais ainda, propõe uma forma de viver, "uma via de redenção para o ser humano e o ambiente" (p. 19).

Embora ainda minoritário, há um grupo significativo de pessoas que escolhem um estilo de vida saudável, consoante com o ritmo da natureza. Multiplicam-se, em várias frentes, as alternativas de matriz ecológica, tais como: terapia holística, alimentação saudável, ecoturismo sustentável. Busca-se a sintonia com o meio ambiente, que o ser humano urbano (e suburbano, das periferias) perdeu.

Ecologia: nova visão acerca do ser humano no mundo

Nos últimos séculos, o Ocidente desenvolveu um modelo de compreensão do ser humano, em relação aos outros seres, que chamamos "antropocentrismo". Tal paradigma sustenta que tudo o que existe no planeta está em função dos humanos. Este modelo foi importante para a evolução da humanidade, pois, junto com outras características da modernidade (como a historicidade, a cientificidade e a subjetividade), impulsionou a libertação do domínio férreo da tradição e dos esquemas religiosos fixistas. Se o humano não está pronto, mas também se constrói na história, como indivíduo e espécie, ele deve criar, transformar, ser protagonista da história.

No entanto, o antropocentrismo moderno apresenta limites e desviantes. O ser humano pretende reinar sozinho no centro. O afã de dominar e conquistar não tem limites. Assim, os seres abióticos que constituem o meio físico (água, solo, ar, energia do sol) são considerados meros "recursos naturais". Perdem seu potencial simbólico e relacional. O mesmo acontece com as florestas, os rios, os biomas com suas plantas e animais. Valem enquanto são úteis ao ser humano. A biodiversidade não é considerada um valor. Assim se rege grande parte do agronegócio. Seu raciocínio é pragmático e imediatista. Para que manter tantas espécies de frutas, grãos, legumes, hortaliças e animais, se somente algumas, em forma de produção padronizada, são suficientes para alimentar as cidades? Seria melhor aniquilar as espécies consideradas de baixa produtividade e desenvolver as mais rentáveis, inclusive com organismos geneticamente modificados (transgênicos).

Então, no antropocentrismo absoluto, as plantas e os animais são tidos apenas como "coisas". Pelo fato de não possuírem consciência reflexa (saber que pensa), nem linguagem complexa, nem constituir cultura como os humanos, os outros seres não são reconhecidos em sua alteridade. Tampouco se admite que devam ser respeitados ou que tenham direitos. O antropocentrismo moderno não é inocente nem neutro. Tem suas preferências exclusivistas. Quem está no centro, afinal? Até pouco tempo atrás, eram os homens (e não as mulheres), de etnia branca (e não indígenas ou negros), de origem europeia ou estadunidense (e não latino-americanos ou africanos).

Ora, a ecologia crítica visa à superação do antropocentrismo moderno. Se vivemos em relação de interdependência com os outros seres, numa enorme e complexa "teia da vida", então é incoerente falar em um centro. Ou a vida, em toda sua extensão, está no centro, ou então se abandona a ideia de um único centro. E a superação do antropocentrismo moderno leva, necessariamente, a acolher a diversidade humana de gênero, de opção sexual, de etnia, social e geracional, entre outras.

Vamos ligar os elos do leque. A ecologia se tornou mais do que uma ciência. Há muita gente que nunca estudou seus conceitos e está entranhadamente engajada em causas ambientais, no campo e na cidade. Ecologia evoca estudar sobre nossa casa comum, cuidar do planeta e zelar pela qualidade de vida pessoal e coletiva. Alude, portanto, a uma postura ética, com práticas correspondentes em nível pessoal, comunitário e institucional. Ecologia se tornou uma "paixão" que atrai, seduz, mobiliza, suscita interesse e apelo.

Em síntese, *ecologia*, de maneira ampla, comporta vários aspectos relacionados, como: cuidado, saber, paradigma. Postula uma espiritualidade, uma trilha para reconectar o humano com si mesmo, os outros, o cosmos e Deus. A percepção complexa de ecologia implica, ainda, visão sobre o micro e o macrocosmos. Ou seja, o que constitui a matéria, de onde ela vem, para onde ela vai, qual a relação entre matéria e energia e como entender a evolução. Neste campo, aproxima-se da física quântica, que descobre múltiplas formas de relação entre matéria e energia; e da cosmologia, que estuda sobre a origem e o desenvolvimento do cosmos.

2. Vida Consagrada e ecologia. Breves notas

Apresentaremos aqui algumas intuições e ideias-chave sobre este tema, que ainda está em processo de elaboração. Merece, por isso, ulterior ampliação e aprofundamento.

Consagrados/as no mundo

Durante muitos séculos, a consagração foi entendida como "fuga do mundo" e negação das realidades históricas. A ascética e a mística se configuraram com uma visão pessimista em relação ao corpo, que deveria ser mortificado. Com o Vaticano II, resgatou-se a importância da pessoa humana inteira, que leva até a raiz a consagração batismal, comum a todos os cristãos. No horizonte latino-americano demos um passo a mais. Compreendemo-nos como consagrados/as para viver intensamente o seguimento de Jesus e colaborar no advento do Reino de Deus, preferencialmente para os mais pobres. O momento ecológico não nega os anteriores, mas visa ampliá-los e configurá-los de forma nova.

A consagração é sempre diálogo e resposta. Exige certo grau de renúncia. Visa integrar a pessoa numa vocação específica, em colaboração e interação com outras diversas. Permanece o apelo de servir preferencialmente onde a vida está ameaçada. Desta vez, o conceito de "vida" se amplia. Compreende-se em toda a sua extensão, envolvendo os humanos, as plantas, os animais, a água, o solo. Mais. Ora, se o consagrado/a se autodefine como "uma pessoa de Deus", também sua relação com o mundo material deve mudar. O mundo é de Deus, embora haja forças negativas à graça divina! Então, é preciso compreender como Deus se relaciona com sua criação.

Moltmann, no seu clássico livro *Deus na criação* (MOLTMANN, 1987), afirma que a visão ecológica da criação implica uma nova ideia de Deus. O eixo não seria mais "a distinção entre Deus e o mundo, mas o conhecimento da presença de Deus no mundo e da presença do mundo em Deus" (p. 26). É verdade que o judaísmo acentua a diferença entre Deus e o mundo. Javé não é mundano e o mundo não é divino. Deus não se manifesta nas forças e ritmos da natureza, mas na história e na aliança. Não se permite venerar as forças da fertilidade como forças divinas. Javé se contrapõe a Baal. Deus está na transcendência. Mas, hoje, é necessário captar e ensinar a imanência de Deus no mundo (p. 27). Então, "Deus não é somente o criador do mundo, mas também o Espírito do universo" (idem). A criação é obra das mãos de Deus, distinta dele, mas também presença diferenciada de Deus Espírito, presença do Uno nos muitos.

Segundo este teólogo, na rede relacional de Deus com suas criaturas, há relações unilaterais: criar, conservar, sustentar, consumar. E há outras que são recíprocas e configuram uma cósmica comunhão de vida entre Deus e suas criaturas: inabitar, compadecer, participar, acompanhar, suportar, deleitar, glorificar (p. 28). Assim, a visão trinitária da criação "parte de uma tensão imanente em Deus mesmo: Deus cria o mundo e ao mesmo tempo entra nele. (...) O mundo vive da força criadora de Deus e Deus vive nele. Há simultaneamente uma autodiferenciação e uma autoidentificação de Deus, em relação à criação" (p. 28). Deus cria, reconcilia e redime a criação por meio do Filho, na força do Espírito. "O Filho, eternamente outro em Deus mesmo, se converte em sabedoria, no modelo pela qual se cria... Ele se faz carne e entra no mundo para redimi-lo. E padece a autodestruição da criação para salvá-la mediante seu sofrimento" (p. 29).

Então, a consagração em perspectiva ecológica não é nem a mera negação do mundo material nem a acrítica e perniciosa adesão a uma vida mundana, que coisifica as pessoas e destrói lentamente o meio ambiente. Consiste em assumir o mundo com amor, para ajudar a realizar o projeto salvífico.

Místico, cientista, teólogo e defensor da visão evolutiva, Teilhard de Chardin resume numa bela oração esta perspectiva holística e ecológica da consagração:

> Cristo glorioso (...), que reunis em vossa exuberante unidade todos os encantos, todos os gostos, todas as forças, todos os estados – sois vós que o meu ser chamava com um desejo tão vasto quanto o Universo: Vós sois verdadeiramente o meu Senhor e meu Deus! Quanto mais profundamente vos encontramos, Mestre, mais a vossa influência se descobre universal (...).
> Ensinai ao meu coração a verdadeira pureza, aquela que não é a separação que torna as coisas anêmicas (...); revelai-lhe a verdadeira caridade, aquela que não é o temor estéril de fazer o mal, mas a vontade vigorosa de forçar, todos juntos, as portas da vida (...).
> Toda a minha alegria e o meu êxito, toda a minha razão de ser e o meu gosto de viver, meu Deus, estão suspensos a essa visão fundamental da vossa conjunção com o Universo (...). Para mim, dominado por uma vocação que atinge as últimas fibras da minha natureza, não quero nem posso anunciar outra coisa senão os inumeráveis prolongamentos do vosso ser encarnado através da Matéria; eu não conseguiria jamais proclamar a não ser o mistério de vossa Carne, ó Alma que transpareceis em tudo aquilo que nos envolve! (DE CHARDIN, p. 37-39)

Um exemplo novo: o voto de pobreza e a ecologia

"O todo é mais do que a soma das partes." "A relação antecede e dá sentido às realidades singulares." Estes dois princípios da ecologia são fundamentais para repensar os votos religiosos, em perspectiva ecológica. Em primeiro lugar, convém recordar que os clássicos três votos (castidade, pobreza e obediência) ganharam a forma atual praticamente no segundo milênio do cristianismo. No começo, predominava a visão unificadora do "votum", da consagração a Deus. Além disso, as novas comunidades católicas apresentam hoje uma visão diferente de consagração, que não está ligada necessariamente aos três votos. Daí se encontrarem, em algumas comunidades, os "casais consagrados". Há associações de fiéis que incluem diversas formas de adesão, como "comunidade de aliança" e "comunidade de vida". Outras, nos processos de iniciação como o noviciado (ou algo similar), enfatizam a pertença a Deus e a adesão à comunidade. Somente ao final da etapa da formação inicial a pessoa opta por um "estado de vida".

É verdade que a concepção clássica de consagração, traduzida nos três votos, continua em vigor. Mas parece que ela tende a continuar como uma forma singular de consagração, embora não a única. Dito isso, a título de exemplo, vejamos brevemente alguns aspectos a respeito do voto de pobreza, na perspectiva ecológica. Em outra ocasião, refletiremos sobre os outros votos.

Por vários séculos a pobreza religiosa foi compreendida e vivida não só como renúncia a acumular pessoalmente proventos e salários, mas também como adoção de um padrão de vida simples e despojado, centrado no necessário. Com a Teologia da Libertação, o voto de pobreza assumiu também um perfil social e crítico: estar com os pobres e denunciar as injustiças sociais que geram a pobreza. No atual momento, quando a sedução do consumismo arrasta a muitos/as, a ecologia acrescenta outro fator. Os religiosos/as são instados a romper com a postura de depredação do ambiente e de coisificação dos outros seres, a serem sinais de simplicidade voluntária e de consumo responsável.

Aconteceu uma mudança de hábitos no Brasil nos últimos anos. Nos tempos em que a economia estava bem e se estendeu o consumo para as classes populares, vários produtos e serviços, que antes estavam reservados às elites, se tornaram acessíveis à grande parte da população. Alguns produtos considerados até então "de luxo" se tornaram comuns. Desde a alimentação básica, passando pelo vestuário, até o uso dos meios de transporte a longa distância, como o avião. Isto foi bom e também afetou a Igreja e a vida religiosa. De outro lado, o mero estímulo ao consumo, sem oferecer critérios educativos para as escolhas, estimula a doença do consumismo.

A ânsia de consumir, como forma de afirmação do indivíduo, traz consequências ruins para as pessoas e o planeta. O ser humano tende a se revestir de um "segundo corpo", no qual se projeta uma imagem idealizada, em torno de marcas, associada a desejos e símbolos. A posse predatória das coisas esvazia a pessoa e dá-lhe falsa segurança. Do ponto de vista da sustentabilidade, a espiral do consumo apresenta crescente impacto ambiental negativo. A chamada "obsolescência programada" leva à percepção de que produtos e serviços se tornam ultrapassados rapidamente. Então, é preciso comprá-los e usá-los logo, até que venham outros mais belos, fascinantes e (pretensamente) eficientes. Isso significa, entre outras coisas, intensa exploração de metais com geração de resíduos, aumento de demanda de água e de energia, produção de lixo eletrônico e de componentes com baixa capacidade de reciclagem.

Neste contexto, o voto de pobreza se traduz, entre outras coisas, num sinal profético de rejeitar o consumismo, cultivar o consumo responsável, resistir aos assédios do mercado, cultivar um olhar de comunhão sobre os seres vivos e não vivos, e reconhecer com gratidão os benefícios dos serviços ambientais que eles nos prestam. Em suma: renunciar ao consumo ilimitado e sem critérios e cultivar uma relação de comunhão com todos os seres.

Fraternidade/sororidade planetária

A Vida Consagrada está marcada, desde os seus inícios, pela fraternidade/sororidade. Ela estabelece relações para além dos laços biológicos, étnicos, culturais. Os religiosos/as constituímos comunidades de vida, em torno do seguimento de Jesus, conforme nossos diferentes carismas. Assim, buscamos viver o apelo de Jesus: "minha mãe e meus irmãos são aqueles que ouvem a Palavra e a praticam" (Lc 8,21). Mais. Somos sinal de uma Igreja-comunidade, como relações novas, onde o serviço corrige os desvios do poder autoritário: "entre vocês não seja assim. Quem quiser ser o primeiro, que seja o servidor de todos" (Lc 22,26). E cada vez mais, os/as religiosos, suas comunidades, obras, serviços e presenças, devem sinalizar, com gestos, atitudes e estruturas de animação e governo, este jeito novo de ser irmã(ão). A ecologia confirma esta convicção e amplia seu horizonte.

O físico Frijof Capra criou a expressão "ecoalfabetização". Segundo ele, durante mais de três bilhões de anos de evolução, os ecossistemas do planeta se organizam de forma sutil e complexa, a fim de maximizar a continuidade da vida. Tal sabedoria da natureza é a essência da ecoalfabetização. Os princípios básicos da ecologia constituem diretrizes para construir comunidades humanas sustentáveis. Tomemos o primeiro deles: a interdependência.

O que significa interdependência? Nos ecossistemas, os membros estão interligados numa vasta e intrincada rede de relações, que compreende a *teia da vida*. Eles derivam suas propriedades essenciais e a própria existência das relações com outros. A interdependência – a dependência mútua de todos os processos vitais dos organismos – é a natureza de todas as relações ecológicas. O comportamento de cada membro vivo do ecossistema depende do comportamento de muitos outros. O sucesso da comunidade toda depende do êxito de cada um de seus membros, enquanto o sucesso de cada membro depende do êxito da comunidade como um todo (CAPRA, 1996).

Isso leva às mudanças de percepção, conforme o pensamento sistêmico: das partes para o todo, de objetos para relações. Uma comunidade humana sustentável está ciente das múltiplas relações entre seus membros. Nutrir a comunidade significa nutrir essas relações. Ora, o que isso diz para a Vida Consagrada? Construir comunidades sustentáveis significa fortalecer as relações entre as pessoas e destas com o meio ambiente e seus múltiplos elementos, como o ar, o solo, a água, as fontes de energia, as plantas e os animais. Precisamos uns dos outros para viver e manter o ciclo da vida, de forma saudável e duradoura. Portanto, amplia-se a visão sobre a fraternidade/sororidade. Ela abarca tanto as relações humanas quanto aquelas que estabeleceremos com a "comunidade de vida" do planeta.

A expressão "interdependência" significa mais do que somente a dependência (necessito do outro) ou independência (não necessito de ninguém). Ela expressa algo positivo: cada um é simultaneamente sujeito de sua história, que livremente constrói em colaboração recíproca com suas coirmãs(ãos). Esse princípio ecológico leva a priorizar a qualidade da relações efetivas e a desabsolutizar as estruturas constituídas. Na Vida Consagrada, cultivar a interdependência significa incentivar as múltiplas relações entre seus membros, na vida em comum, na oração, na partilha de vida, nos projetos pastorais. Implica também assumir juntos(as) as opções que delineiam o presente e o futuro de determinado carisma congregacional. Uma província ou Instituto se constitui de pessoas que estreitam e alimentam o senso de pertença, ao compartilhar uma forma comum de se consagrar a Deus e servir ao seu Reino. As estruturas formais devem ser revistas e recriadas, visando favorecer esta interdependência.

Ampliar a visão da fraternidade/sororidade para o nível planetário exige ainda: uma espiritualidade ecológica (contemplar Deus na sua criação), incluir a tarefa da sustentabilidade na missão e modificar o nosso impacto sobre o ambiente.

3. Ecoespiritualidade e Vida Consagrada

A experiência de lutar pela continuidade da vida em toda a sua extensão amplia o horizonte de nossa fé. Passamos a experimentar e a compreender elementos vitais do seguimento de Jesus em relação com a "casa comum" e das relações de interdependência que a constitui. Ao voltar para a Bíblia e a tradição eclesial, fazemos novas conexões na mente e no coração. Professamos convicções e alentamos a esperança. Redescobrimos elementos teológico e espirituais que estavam implícitos. Nesta linha, serão apresentados aqui alguns elementos-chave da ecoespiritualidade.

> (a) Cremos no Deus Vivo, comunidade interdependente! Pai-mãe, Filho(a) e Espírito, princípio da diversidade biológica e humana, Luz das luzes, Fonte das fontes (Sl 36,10), Amor transbordante e infinito, proclamado(a) e reverenciado de várias formas e com tantos nomes em múltiplas tradições religiosas.

A biodiversidade se fundamenta teologicamente na Trindade, diversidade do Deus-Comunidade, que, sendo muitos, é um. Unidos a homens e mulheres de distintas crenças, como também aos não crentes, defendemos tanto a biodiversidade quanto os direitos humanos provenientes das diferenças étnicas, culturais, religiosas, de gênero, de orientação sexual, de gerações. Se estas diferenças forem acolhidas em perspectiva de solidariedade, de colaboração recíproca, e superarem a estreiteza do corporativismo, a humanidade caminhará em direção à paz. Com o Salmista louvamos: "Como são numerosas tuas obras, Senhor. Com sabedoria fizestes todas eles. A Terra está cheia das tuas criaturas" (Sl 104,24).

O Deus da Vida, diverso e uno, nos chama a promover a vida. O planeta Terra é a nossa "casa comum". Aqui partilhamos da mesma morada, edificada pelo solo, o ar, a água e a energia. Com os sete bilhões de humanos, habitamos esta bela e frágil casa, onde convivem em múltiplas teias, os micro-organismos, as plantas, e os outros animais.

(b) Todos os seres, bióticos e abióticos, foram criados na Palavra e pela Palavra (Jo 1,1). Por isso, recebem de Deus: dignidade, sentido, meta, direção, inteligibilidade e impulso para a comunicação.

Na narração poética de Gênesis 1, proclama-se que todos os seres passaram a existir a partir da livre vontade criadora de Deus. Assim se repete várias vezes: "e Deus disse" (v. 1.3.69.11). A visão bíblica é compatível com as conclusões provisórias da ciência sobre a origem e a evolução do Universo, e particularmente do nosso planeta. Enquanto a ciência formula hipóteses sobre como surgiu e se desenvolveu a matéria, dos seres abióticos até os seres vivos complexos, nossa fé reflete sobre por que e para que ela existe. A criação, sistema aberto de matéria e energia em evolução, ainda não terminou. Cremos que todo este movimento se origina em Deus e para ele se orienta. A natureza é palavra silenciosa de Deus, que nela manifesta sua beleza e esplendor (Sl 19,1-8).

(c) Os ecossistemas estão marcados pela presença do Espírito Santo.

Sopro primordial, força vital, alento, o Espírito cria laços, vínculos, teias, pois ele/a é relação e tece relações, entre todos os seres e entre os humanos. Em diferentes níveis, todas as criaturas, nas quais habita o Espírito de Deus, são imagens de Deus e devem ser respeitadas. O Espírito Santo cria, sustenta, renova (Sl 104,30) e

ECOLOGIA: NOVOS ESPAÇOS PARA A VIDA RELIGIOSA CONSAGRADA

leva à consumação a criação (MOLTMANN, 1987, p. 25). Vento surpreendente e fogo abrasador, ele/a impulsiona os seguidores de Jesus para criarem uma nova sociedade, onde cada um ouve na sua própria língua materna (At 2,8), é respeitado na sua peculiaridade, os jovens profetizam e os anciãos nutrem sonhos (At 2,17), partilha-se o alimento, cultiva-se a simplicidade, a alegria, e se saboreia a vida em comunidade (At 2,44.46).

Portanto, com distinta intensidade e modos diferentes, o Espírito de Deus está presente desde o princípio da criação (Gn 1,1), habita no ser humano que pratica o bem e faz sua morada naquele(a) que acolhe Jesus, e junto com seus irmãos e irmãs trilham o caminho do Seguimento.

(d) A Palavra se fez matéria em Jesus de Nazaré (Jo 1,14).

A encarnação do Filho de Deus significou uma nova etapa evolutiva para a humanidade e para o cosmos. O divino assume e transforma não somente o humano, mas também a matéria mesma. Esta matéria finita, degradável, bela e limitada, criada radicalmente boa (Gn 1,31), mas contagiada pelo mistério do mal, começa a ser redimida. A criação geme e aguarda a sua libertação (Rm 8,19-20), para participar da liberdade e da glória dos filhos de Deus (Rm 8,21). Jesus Cristo glorificado ama profundamente o mundo em que ele viveu.

(e) Cremos na unidade entre mística e libertação.

O engajamento social e ecológico se caracteriza pela tensão positiva entre mística e libertação. Mergulhar em Deus, nutrir-se de sua Palavra, provar seu amor gratuito e fiel, colocar-se no seguimento de Jesus. E, simultaneamente, empenhar tempo, energia e processos para mudar a sociedade e ter uma nova postura com o meio ambiente.

A espiritualidade ecológica acentua a gratuidade, o silêncio, a sintonia com a dança do cosmos, a reconexão, a transparência de Deus na criação, a sabedoria que aprende da natureza. A espiritualidade libertadora, por sua vez, enfatiza o compromisso com a transformação social, a indignação e a mobilização em favor dos fracos e oprimidos, o pensar crítico, o profetismo. A ecoespiritualidade libertadora articula estas dimensões distintas e complementares do humano. Alcança maior profundidade e amplidão do mistério divino.

(f) Deus nos confia a missão do cuidado.

O livro do Apocalipse anuncia, de forma esperançosa, a vinda do "Novo Céu e Nova Terra" (Ap 21,5). Cremos que a salvação, libertação da maldade, da provisoriedade e da degradação em vários níveis, atingirá a todos os seres, que seremos transformados e recapitulados em Cristo, no Espírito. O cuidado com a Terra não é algo opcional, mas um componente fundamental do projeto salvífico de Deus, ao qual somos chamados a colaborar.

Somos filhos e filhas da Terra. O ar, o solo, a água e a energia do sol, os micro-organismos, as plantas e os animais não são somente "recursos naturais", mas também nossos irmãos e irmãs. Compartilhamos de sua beleza e finitude. Deus nos confiou este planeta para administrar, gerir (Gn 1,15) e cuidar (Gn 2,15). Os direitos humanos se expandem com os direitos da Terra, assegurados pelo Deus da Vida. Chegou o momento de renunciar à postura de dominadores e destruidores e cuidar de nossa casa e dos seus habitantes, a começar dos mais fracos.

4. Algumas perspectivas

Na missão

Atualmente, religiosos e religiosas atuam em várias frentes socioambientais no país, em âmbito congregacional, eclesial, educativo e de cidadania. Algumas dessas enfatizam os aspectos sociais e incluem a questão ecológica como parte integrante. Outras acentuam a dimensão de cuidado com o planeta e visão holística do ser humano. Nem sempre o aspecto de inclusão social está tão claro. Sem pretender esgotar este quadro tão amplo e diversificado, citamos algumas destas frentes de atuação:

- Comissões de Justiça, Paz e Integridade da Criação (JPIC), ou similares, nos institutos e famílias religiosas.

- Apoio e assessoria às associações e cooperativas de Economia Solidária e sustentável.

- Acompanhamento às Organizações de catadores e coletores de material reciclado.

- Atuação como agentes de pastoral em CEBs, na CPT, no CIMI e na Pastoral da criança, entre outras.

- Centros de terapia holística e de retiros na linha da ecoespiritualidade.

- Educação ambiental (ou para a sustentabilidade) em instituições sociais e de ensino.

- Atuação em ONGs e movimentos populares em defesa da água e das florestas.

- Participação no grupo latino-americano de "Igrejas e mineração".

- Atuação junto a eventos e processos da Caritas e da CNBB, como o "Fórum de Mudanças climáticas e justiça social", as "Semanas sociais", a Comissão da Pan-amazônia, o apoio aos povos quilombolas, a articulação do Semiárido...

De forma geral, os/as consagrados/as que avançam mais no compromisso social e ecológico são aqueles/as que conseguem enxergar para além de seus problemas intrainstitucionais, que aprendem com os outros/as e se conectam com redes de articulação em causas semelhantes.

Se a Vida Consagrada quer, de fato, abraçar a ecologia como algo constitutivo de sua identidade e missão, ela precisa incluir esse tema na formação inicial de seus membros, na formação permanente, nos planos de ação de suas iniciativas, presenças e obras. E contagiar os leigos(as) com esta proposta. E a formação ecológica implica simultaneamente: compreender (estudar, analisar), experimentar de maneira sensorial e prática (exercitando os cinco sentidos) e empreender iniciativas transformadoras. Irmã Dorothy Stang é uma figura inspiradora para nós. Sua missão na região amazônica articulava, ao mesmo tempo, a defesa dos pobres, a organização de comunidades e os projetos de economia sustentável.

Os religiosos(as) atuam em grande parte na formação das consciências. Sua missão tem claro caráter educativo e evangelizador. É preciso incorporar o cuidado com o planeta como parte constitutiva de nossa missão de formar cristãos e cidadãos.

Gestão para a sustentabilidade

Reverter a destruição ambiental e começar um novo ciclo de cuidado com o planeta exige simultaneamente atitudes pessoais, gestos e práticas comunitárias no local de moradia, ações institucionais, educação para a sustentabilidade, ecoeficiência na cadeia produtiva, políticas públicas e governança global. Nenhuma instância substitui a outra ou lhe antecede. Os consagrados/as devem fazer sua parte, como indivíduos, comunidades e instituições, e se alinhar nesta grande corrente em defesa da vida em toda sua extensão.

Além disso, a postura ecológica, em nível pessoal, implica a adoção de um estilo de vida que "aprende de natureza". Um ritmo saudável que conjuga trabalho e descanso, atividade e sono, momentos e experiências de reconexão com a água, o solo, o ar; cultivo de relações humanas saudáveis fundadas na cooperação. Pequenos gestos de se alegrar ao ver o sol da manhã, buscar a lua cheia, ouvir o canto dos pássaros. Por fim, compete a cada um manter-se informado/a sobre as questões ambientais, os problemas e as alternativas em curso.

A vida em comunidade, nos institutos religiosos, tem alguns elementos "familiares" (de relações primárias e cotidianas) e institucionais. A adoção de atitudes comunitárias sustentáveis é eficiente e duradoura quando resulta de um processo de estudo, reflexão e discernimento, elaborado em consenso. Começa-se com um simples diagnóstico ambiental: onde estamos, o que consumimos, que impactos ambientais produzimos.

Vários institutos religiosos mantêm obras, ou seja, iniciativas sob sua gestão e coordenação. As mais comuns são os centros socioeducativos para crianças e jovens pobres, as escolas, os hospitais, as casas de retiro. Há também instituições de ensino superior, creches, asilos, centros de terapia holística, editoras, emissoras de rádio, além de paróquias (para as congregações masculinas clericais).

Constata-se, à primeira vista, que grande parte de nossas instituições ainda não incorporaram na sua missão a questão ecológica.

Enquanto grandes empresas do mercado e instituições financeiras de renome tomam para si a bandeira da sustentabilidade, por vezes com interesses meramente mercadológicos, predomina no ambiente eclesial certa indiferença. Parece que o tema não é importante, nem nos diz respeito. No campo da consciência ecológica, estamos muito atrasados.

Seguem algumas sugestões para que nas nossas obras se desenvolva a consciência planetária. Ou seja, a percepção afetiva e mental de que somos filhos/as da Terra e responsáveis para que o planeta continue habitável.

- O primeiro passo consiste na tomada de consciência do corpo diretivo da instituição. Para uns, consistirá em apurar a sensibilidade e reforçar convicções. Para outros, serão descobertas. E para alguns, uma verdadeira conversão. Este processo de conscientização se inicia com acesso a informações, reflexão e experiências que tocam o coração, a partir dos nossos mecanismos sensoriais: tocar, ouvir, cheirar, degustar, olhar. Inclui ainda a pesquisa e identificação de práticas sustentáveis em instituições similares. Então, a equipe gestora deixa sua zona de conforto e é impulsionada a buscar soluções para diminuir o impacto ambiental negativo e dar passos para a sustentabilidade.

- A seguir, empreende-se um longo e contínuo processo educativo com os colaboradores, em diversos níveis (coordenações, executores, operacionais). Alguns aspectos serão comuns, pois visam despertar, sensibilizar, cativar. Outros tocarão seu trabalho específico. Para quem atua em escritório, por exemplo, os gestos e hábitos estarão ligados à redução do uso de papel, utilização de rascunho, separação dos

ECOLOGIA: NOVOS ESPAÇOS PARA A VIDA RELIGIOSA CONSAGRADA

resíduos sólidos, iluminação adequada. Para quem trabalha na limpeza, implicará o uso equilibrado de água, detergentes e outras substâncias.

- É importante que esta postura institucional se traduza em "política ambiental". E isso não se faz de maneira amadora, mas sim recorrendo aos profissionais da área de planejamento e gestão ambiental. É importante também ouvir os colaboradores e valorizar as suas iniciativas.

- A instituição religiosa deve realizar investimentos que expressem, de forma clara e pública, seu compromisso com a sustentabilidade. As medidas não podem ser tomadas de forma aleatória. Exigem ousadia, criatividade, estudo, consultoria, discernimento e previsão em orçamento.

- Os espaços educacionais (creches, escolas, universidades, centros socioeducativos) e as paróquias apresentam o diferencial de envolver diretamente o público-alvo. As pessoas se tornam protagonistas da mudança no que diz respeito à consciência ecológica. São multiplicadoras e colaboram efetivamente para a "corrente da sustentabilidade".

5. Conclusão aberta

A ecologia, enquanto belo leque de conhecimento, prática transformadora, postura de vida e modelo de compreensão do mundo, oferece muitas oportunidades de renovação da Vida Consagrada. Revitaliza-a por dentro. Abre perspectivas para a missão. Enriquece a espiritualidade. Por sua vez, o envolvimento dos religiosos(as) e seus institutos na causa ecológica contribui significativamente para que a fé cristã assuma esta bandeira, como sinal profético e sapiencial. O caminho é belo e longo. Estamos nos primeiros passos. O Deus da vida vai conosco, rumo ao "novo céu e nova terra"!

6. Referências bibliográficas

BOFF, L. *Ecologia, grito da Terra, grito dos pobres*. Petrópolis: Vozes, 2003.

GUDYNAS, E. Buen vivir. Germinando alternativas al desarrollo. *América Latina en Movimento – ALAI*, Quito, n. 462: 1-20; fev. 2011, reproduzido no dossiê "Bem viver" do Instituto Humanitas (IHU), texto 1, digitalizado, 2012.

JUNGES, R. *(Bio) Ética ambiental*. São Leopoldo: UNISINO, 2010.

MOLTMANN, J. *Dios en la creación*. Doctrina ecológica de la creación. Sígueme: Salamanca, 1987.

MOSER, A. *O problema ecológico e suas implicações éticas*. Petrópolis: Vozes, 1983.

PAPA FRANCISCO. *Exortação apostólica "A alegria do Evangelho" (EG)*, n. 183, 215, 216.

SUÁREZ BARRERA, E. M. Iniciativas e signos de esperanza. In: MURAD, A.; CÁCERES, A. *Mosaicos de Ecoteología* (no prelo).

TEILHARD DE CHARDIN, P. *Hino do Universo*. São Paulo: Paulus, 1994 (nova edição).

TOMICHÁ, P. R. Vida Religiosa Cósmica. Interpelaciones desde la Física. *Revista CLAR*, ano XLIX, n. 4, p. 9-31, 2011.

PROFISSIONALIZAÇÃO, ESPECIALIZAÇÃO E MISSÃO CONGREGACIONAL

Estêvão Raschietti[*]

"As árvores têm de se resignar,
precisam das suas raízes; os homens não.
Respiramos a luz, cobiçamos o céu...
Para nós só as estradas contam"
(Amin Maalouf).

1. Introdução

Falar de profissionalização e especialização na VRC é tratar de um tema complexo e, em certos aspectos, inquietante. Em primeiro lugar, porque gera algum incômodo ao desafiar o amadorismo e

---

[*] Missionário xaveriano (SX) italiano, no Brasil desde 1990. Mestre em Teologia Dogmática com Concentração em Missiologia pela Pontifícia Faculdade de Teologia Nossa Senhora da Assunção, SP. Atualmente é Secretário Executivo do Centro Cultural Missionário de Brasília, assessor do Conselho Missionário Nacional e da Conferência dos Religiosos do Brasil. Membro da Equipe Interdisciplinar de Assessoria da CRB.

o genericismo estrutural de muitas iniciativas apostólicas, em que pessoas são solicitadas a fazer de tudo um pouco, com muita generosidade e disposição, mas com pouca qualificação. Em segundo lugar, porque parece algo que não se articula bem com a dimensão vocacional e o espírito carismático da VRC, sendo elementos característicos mais do mundo corporativo e dos serviços em geral da sociedade civil. As congregações de VRC e suas obras não podem ser equiparadas com tais organizações públicas, empresariais ou do terceiro setor: isso significaria a desvirtualização de seu sentido mais profundo.

Contudo, as missões promovidas pelos religiosos e religiosas necessitam continuamente de aprimoramento de conhecimento, de organização e de competências em diversos setores de atividades, segundo os diversos carismas e projetos. Quanto mais desafiadora é a missão, pelo limiar onde se encontra a atuar ou pelas exigências impostas pela sociedade contemporânea, mais os agentes engajados precisam se especializar e se profissionalizar: serviços e intervenções marcadas pela incompetência e pela mediocridade levam, hoje em dia, à inevitável ineficácia e irrelevância. Isso diz respeito também – com urgência imperiosa! – ao âmbito pastoral, especificamente clerical.[1]

Não adianta, porém, colocar vinho novo em odres velhos. Não basta qualificar um ou outro membro da ordem ou do instituto sem se dispor a repensar o conjunto. Algumas pontuais iniciativas de capacitação de recursos humanos podem se tornar totalmente

---

[1] Francisco, em sua Exortação Apostólica *Evangelii Gaudium*, dedica uma ampla sessão ao tema da homilia (cf. EG 135-159), diante das "muitas reclamações relacionadas com este ministério importante" (EG 135). Convida os ministros ordenados a debruçar-se na preparação, porque "um pregador que não se prepara não é 'espiritual': é desonesto e irresponsável quanto aos dons que recebeu" (EG 145).

PROFISSIONALIZAÇÃO, ESPECIALIZAÇÃO E MISSÃO CONGREGACIONAL

improdutivas se não encontrar espaços de expressão e operacionalização. Nesse sentido, processos de profissionalização e especialização convocam a VRC como um todo a abrir caminhos de renovação de suas estruturas e de sua organização, redefinindo sua missão, sua gestão, suas estratégias, sua mobilização de recursos, em vista de planejar uma necessária sustentabilidade e garantir a relevância missionária de seus projetos.

Portanto, se de um lado as congregações religiosas são chamadas essencialmente a oferecer um testemunho do primado da vida espiritual (cf. PC 6), por outro lado nenhuma delas é tão radicalmente diferente de instituições que atuam na sociedade e no mercado, ao ponto de dispensar princípios de gestão profissional na sua missão e na sua organização.[2] O que nos cabe indagar, então, é como esses aspectos da profissionalização e da especialização, além da capacitação de recursos humanos, hão de articular-se com a missão congregacional como elementos decisivos para a sua projetualidade histórica, a sua eficácia concreta e, finalmente, a sua profecia evangélica.

2. Inquietações para a missão da VRC

Antes de tudo, uma premissa necessária e um grave dilema para a VRC. Vivemos num mundo globalizado, regrado por uma economia capitalista altamente estruturada, tecnicizada e informatizada, e ao mesmo tempo extremamente flexível, eficiente e racional. Com a progressiva ampliação e a afirmação de sofisticados sistemas de produção e de gestão, muitos empreendimentos de cunho tradicional ou familiar deixaram de existir para dar espaço

---

[2] Cf. MURAD, Alfonso. *Gestão e espiritualidade:* uma porta entreaberta. São Paulo: Paulinas, 2012. p. 23.

à irrupção de grandes corporações multinacionais ou ao surgimento de novos sujeitos dinâmicos. Trata-se, sem dúvida, de uma nova colonização que mira, acima de tudo, a maximizar lucros, sob o disfarce da promessa de um progresso que traz riqueza para todos e que, por isso, tem um poder de sedução irresistível. O que resta muitas vezes é a espoliação de identidades, o desnorteamento cultural e a desestruturação societária, sem perspectiva de uma rápida reconfiguração para a maioria das pessoas, das famílias e das instituições envolvidas.

Todavia, entre joio e trigo, esse é o nosso mundo. Em sua conturbada transformação, podemos enxergar nele sinais dos tempos ambivalentes que interpelam radicalmente a missão da VRC hoje. A maior tentação para esse estado de vida é de se refugiar no espiritual ou num vago utopismo, diante dos desafios ostentados pela atual conjuntura. A gratuidade e a entrega parecem não ter espaço num mundo cujo princípio vinculante é o da concorrência e do livre mercado. Os religiosos e as religiosas fadigam a se encontrar neste cenário. Mas a fuga não é a solução. Pelo contrário, o embaraço é um dos motivos pelos quais as congregações religiosas devem encarar os desafios de maneira crítica e profética, simplesmente porque o Evangelho é chamado a transformar *toda* a realidade humana, também sua dimensão socioeconômica, para recolocá-la a serviço das pessoas, das comunidades e das sociedades.[3]

Repropõe-se aqui uma tensão tão antiga quanto a história da própria VRC: sua relação com o mundo deve ser de separação ou de integração? Como é possível hoje em dia "estar no mundo sem

---

[3] Cf. DE PAOLIS, Velasio. *La rilevanza dell'economia nella vita religiosa*. Convegno per Superiore Maggiori e Consigli. Roma, 15-16 novembro de 2007, p. 8. Disponível em: <http://www.usminazionale.it/convegni/2007/depaolis.pdf>. Acesso: 19/03/2015.

ser do mundo"? Até que ponto os religiosos e as religiosas poderão entrar num esquema competitivo de mercado sem perder a própria identidade? Se a integração a esse sistema parece inevitável para a própria sobrevivência e para a missão, como manter uma distância crítica a fim de poder manifestar a memória viva de Jesus e do Reino por ele anunciado? Enfim, o que tem também a aprender a VRC, em termos de purificação, sentido e qualificação da própria vocação, nessa sofrida inserção e participação na vida deste mundo?

Esquivar-se destas perguntas, ou improvisar respostas numa postura integralista, espiritualista ou relativista, significa hoje renunciar a toda e qualquer autêntica disposição missionária. Mas o problema para a VRC talvez esteja ainda mais a fundo: é saber se é possível no século XXI viver uma consagração apostólica sem se confrontar com a intensidade dessas inquietações e sem buscar profundidade e concretude para possíveis soluções.

> Uma fé autêntica – diz Papa Francisco – exige sempre um desejo profundo de mudar o mundo. Eis a pergunta que nos devemos fazer: temos também nós grandes visões e estímulos? Somos também audazes? O nosso sonho voa alto? O zelo devora-nos (cf. Sl 69,10)? Ou somos medíocres e satisfazemo-nos com as nossas programações apostólicas de laboratório?[4]

Uma reflexão sobre a profissionalização e especialização na VRC vai exatamente nesta direção: a partir dos desafios que o mundo coloca, precisamos encontrar perspectivas de discernimento, significado e esperança para estes tempos de crise e de oportunidades.

---

[4] FRANCISCO. A companhia dos inquietos: na Igreja do Jesus o Papa celebra a missão de ação de graças pela canonização de Pedro Fabro [Homilia na santa missa por ocasião do Santíssimo nome de Jesus. Roma, 3 de janeiro de 2014]. *L'Osservatore Romano*, 4 de janeiro 2014, p. 7.

3. Profissionalização: significados e desdobramentos

"Profissão" é uma palavra que vem do verbo latim *profitéri*, que quer dizer "declarar publicamente". É um termo carregado de fortes significados religiosos. Na Igreja passou a ser relacionado com a "profissão de fé". Na VRC designou a observância dos conselhos evangélicos, a profissão dos votos religiosos. Com o surgimento das universidades, na Idade Média, a expressão veio a ser usada para indicar o exercício de uma arte nobre como a teologia, o direito e a medicina. Essas artes eram "professadas", ou seja, ensinadas por "professores" em cátedras acadêmicas. O acesso a esses ofícios era privilégio das elites. Tendo presente que estudantes e professores na sociedade medieval eram clérigos de diversas ordens, o exercício das profissões tendia assim a se confundir com a necessidade de uma profissão de fé.

Com o processo de secularização, o termo "profissão" perdeu progressivamente suas conotações religiosas, mantendo, porém, seu significado elitista de *status*. Profissão se distingue da simples ocupação: diz respeito a algo mais restrito, mais elevado, mais qualificado, mais reconhecido. De consequência, a noção de "profissionalização" aponta para o *processo* de aquisição de competências, de conhecimentos, de comprometimento e de conseguimento de estatutos públicos por parte de uma específica profissão e de seus atores.

Dessa maneira, o conceito inclui dois aspectos complementares: um interno, denominado *profissionalidade*, e outro externo, o *profissionalismo*. O primeiro diz respeito ao saber técnico, à competência e à capacidade necessária para o desempenho de uma determinada profissão. O segundo é relativo à ética, codificada em

PROFISSIONALIZAÇÃO, ESPECIALIZAÇÃO E MISSÃO CONGREGACIONAL

valores, normas e relações, que caracteriza a função social de uma identidade profissional.[5] Portanto, podemos ter o caso de um trabalho executado com extrema competência, mas não a serviço do bem público, onde reconhecemos o mercenário ou o corrupto, não o profissional. Ao contrário, quando um serviço é realizado com sincera dedicação, mas sem a devida preparação técnica, deparamo-nos com o desvio do amadorismo.

No âmbito da gestão organizacional, a profissionalização caracteriza o processo de racionalização e modernização das atividades administrativas e produtivas por parte de uma empresa ou instituição, capaz de responder com maior grau de eficácia aos desafios de um ambiente de mercado cada vez mais complexo e competitivo. A empresa profissionalizada se distingue pela prevalência do poder administrador profissional sobre o patrimonial, o predomínio da racionalidade funcional, a delimitação da autoridade e sua distribuição, a exigência de qualificação para o emprego das pessoas, maior formalização e documentação das ações administrativas. O que está em jogo é a sustentabilidade e a relevância das próprias organizações. A profissionalização é uma consequência da progressiva complexidade da sociedade atual, mas faz parte também da evolução natural das instituições, quando começa a ficar evidente que uma fase pioneira empreendedora está chegando ao seu limite: o grupo fundador começa a não dar mais conta das demandas que lhe chegam, e a sua equipe deseja cada vez mais

---

[5] Cf. Núñez, Isauro Beltrán; RAMALHO; Betania Leite. A profissionalização da docência: um olhar a partir da representação de professores do ensino fundamental. *Revista Ideroamericana de Educación*. Madrid (46/9) set. 2008, p. 4. Disponível em: <http://www.rieoei.org/deloslectores/2504Beltran.pdf>. Acesso em: 19/03/2015.

180

incorporar novas ideias à atuação institucional, para responder de forma adequada às exigências de uma nova conjuntura.[6]

4. Especialização: qualificações e competências

O conceito de "especialização" é complementar ao de profissionalização. Está associado ao ato de especializar-se, assim como às palavras "especial" ou "especialidade". Especial é próprio ou específico para um fim concreto. A especialidade é o campo de uma atividade sobre a qual uma pessoa, um profissional, busca *qualificações e competências* muito precisas. As primeiras, as qualificações, são de ordem teórica, de conhecimento e de reconhecimento acadêmico. As segundas, as competências, estão mais vinculadas à subjetividade e às habilidades que envolvem todas as dimensões do indivíduo. A aquisição de competências específicas, portanto, não está simplesmente relacionada ao *saber*, mas também ao *saber-fazer* e ao *saber-ser*; esse último associado a qualidades comportamentais como capacidade de iniciativa, diálogo, relação, comunicação, responsabilidade, comprometimento etc.[7]

Evidentemente, não basta a titulação acadêmica para garantir uma especialização numa área do saber. A procura por uma competência específica envolve conhecimentos, habilidades, aptidões, junto com alto desempenho prático, como resolução de problemas, pensamento analítico e liderança. A ideia de especialização inclui também motivações, engajamento, espiritualidade, paixão

---

[6] Cf. SILVA, Antonio Luiz de Paula e. *A profissionalização e o facilitador*. Disponível em: <http://www.institutofonte.org.br/node/156>. Acesso em: 19/03/2015.

[7] Cf. Araujo, Ronaldo Marcos de Lima. *Competência e qualificação*: duas noções em confronto, duas perspectivas de formação dos trabalhadores em jogo. Disponível em: <http://www.ufpa.br/ce/gepte/imagens/artigos/qualificacao%20e%20competencias%20-%20anped.pdf>. Acesso em: 19/03/2015.

e valores. Em outras palavras, as competências específicas não se fundamentam nos *recursos* a serem mobilizados, mas no modo como esses recursos são mobilizados: saber aplicar conhecimentos é o grande diferencial quando falamos de especialização.[8] Alguém pode conhecer soluções avançadas para algum tipo de problemas e, até mesmo, ter desenvolvido habilidades relacionadas à sua aplicação, mas pode não perceber o momento e o local adequados para aplicá-las em sua atividade. Dessa maneira, a suposta especialização se torna algo de efêmero, estéril e improdutivo.

Numa perspectiva humanista, a especialização pode ser vista como um aprofundamento de conhecimento simplesmente para melhorar um desempenho funcional, estimulando a autossuficiência, a autoestima e o sentimento de confiança. Isso tem a ver com o processo de formação do "capital humano" das organizações, contra a concepção fordista pela qual a "especialização" consistia apenas em movimentos repetitivos de caráter mecânico, em tarefas predeterminadas, implementadas com o mínimo de treinamento. Este modelo, concretizado na linha de montagem automatizada, limitava por demais o desenvolvimento de capacidades e habilidades das pessoas, confinando-as num estado de alienação. As empresas modernas, especialmente as de serviço, descobriram o imenso valor dos recursos humanos como seu principal patrimônio. Consequentemente, hoje investem na formação continuada e articulada de seus funcionários, junto com a aplicação de políticas de benefícios proporcionais à produtividade da organização e

---

[8] Cf. MAIA, Anselmo Carrera. *Administradores de Hospitais do Município de São Paulo:* formação, competências e conhecimentos. São Caetano do Sul, 2003, p. 14. Disponível em: <http://alexandria.cpd.ufv.br:8000/teses/199309f.pdf>. Acesso em: 19/03/2015.

à necessidade de manter determinados profissionais qualificados em seus quadros.

Contudo, a especialização técnica dentro de uma estrutura organizacional é vista hoje como necessária, mas não como algo de absoluto. Em certos segmentos do mercado de trabalho têm-se tornado correntes os argumentos de que, na atualidade, os especialistas estão cedendo lugar aos generalistas, capazes de mover-se de um ponto para outro da organização, conforme necessidades desta.[9] Essa tendência seria mais compatível com a flexibilidade estrutural que as empresas estão buscando. Estas, cada vez mais enxutas pelos constantes processos de reengenharias, reduzem os espaços dos especialistas ao mínimo necessário e concentram os interesses naqueles profissionais que exibem a capacidade de atuação nos diversos segmentos básicos da empresa.

5. Missão segundo as empresas

Assim como "profissão", também a palavra "missão" vem do latim e seu uso está relacionado ao âmbito religioso cristão. O termo *missio* (envio) foi utilizado pela teologia tomista da Trindade a respeito do envio do Filho por parte do Pai, e do Espírito por parte do Pai e do Filho. A partir do século XVI, os jesuítas começaram a empregar a expressão "missões" para indicar atividades específicas de difusão da fé, por meio de um *envio* entre os não cristãos.[10] De lá

---

[9] Cf. OLIVEIRA, José Roberto de. *Plano de carreira* versus *crescimento do indivíduo e eficácia das organizações:* o caso do Instituto Batista de Educação de Vitória (ES). Rio de Janeiro, 2001, p. 1. Disponível em: <http://bibliotecadigital.fgv.br/dspace/bitstream/handle/10438/4109/000304024.pdf?sequence=1>. Acesso em: 19/03/2015.

[10] Cf. BOSCH, David J. *Missão transformadora:* mudança de paradigma na Teologia da Missão. São Leopoldo, RS: Sinodal, 2007. p. 17.

PROFISSIONALIZAÇÃO, ESPECIALIZAÇÃO E MISSÃO CONGREGACIONAL

para cá, esse substantivo veio significar todo e qualquer encargo, incumbência, propósito, função específica que se confere a alguém, compromisso, dever, obrigação a executar etc., até ser incorporado na linguagem empresarial. As igrejas cristãs no século XX resgataram seu sentido teológico originário, associado ao mistério da Trindade e à *missio Dei*.[11] No entanto, é interessante nos confrontar com outros horizontes de significado, que muito têm a ver com a relevância da noção e que nos podem comunicar algo importante.

No mundo das corporações, o termo missão designa a *razão de ser* de uma organização, a própria vocação. Peter Drucker, um dos maiores experts do mundo em gestão empresarial, afirma:

> Uma empresa não se define pelo seu nome, estatuto ou produto que faz; ela se define pela sua missão. Somente uma definição clara da missão é a razão de existir da organização e torna possíveis, claros e realistas os objetivos da empresa.[12]

Essa definição, portanto, deve ser simples, curta e extremamente objetiva; deve servir como base para a construção de uma estratégia; deve esclarecer o benefício gerado para a sociedade (e não para a própria empresa); deve ser inspiradora e desafiadora para as pessoas envolvidas na organização; deve ser vivenciada e partilhada junto a todos os envolvidos com o negócio. E o mais importante:

> Uma declaração de missão deve ser operacional: caso contrário, não passa de boas intenções (...). Deve focalizar aquilo que a instituição tenta realmente realizar, de forma que cada um na organização possa dizer: esta é a minha contribuição para a meta.[13]

---

[11] Ibid., p. 466-470.

[12] DRUCKER, Peter. *Sociedade pós-capitalista*. São Paulo: Pioneira, 1993. p. 34.

[13] Id. *Administração de organizações sem fins lucrativos*. São Paulo: Campus, 1995. p. 4.

Uma vez definida a missão, passa-se a explicitar o marco referencial, a *visão* de futuro, o horizonte da própria missão, a utopia para a qual se quer direcionar a organização. Um exemplo clássico de determinação visionária é o da agência espacial americana NASA, que, ao ser constituída em 1958, estipulou a seguinte meta: "um homem na lua no final dos anos 60". Desta maneira, com uma definição linear, respondeu ao mesmo tempo às seguintes questões: o que queremos, quando queremos, onde queremos. Portanto, uma visão deve: retratar um estado futuro de longo prazo, entendendo que quanto maior a distância entre visão e realidade atual, maior o desafio que se apresenta; ter uma descrição clara sem maiores explicações; estar alinhada com os valores centrais da organização; ser inspiradora e impulsionadora; proporcionar focalização e sinergias.[14]

Enfim, qualquer organização deve determinar, em sintonia com a missão e a visão, uma série de princípios não negociáveis, que orientam atitudes fundamentais e comportamentos dentro de seu ambiente, e que vão sob o nome de *valores*. Através desses valores, a empresa cria um estilo próprio, uma ética que a diferencia das demais, uma disciplina e um comprometimento que brotam de uma identidade profunda e que são considerados indispensáveis para alcançar seus objetivos. Se o conceito de missão responde à pergunta "quem somos?", e o de visão "o que queremos ser?", os valores definem "*como* queremos ser?". É o grande marco institucional de uma organização.

Quando não se tem o conjunto destas definições expressas e partilhadas, as empresas costumam enfrentar muitos problemas

---

[14] Cf. PORTO, Marco Antoniazzi. *Missão e visão organizacional:* orientações para a sua concepção. Disponível em: <http://www.abepro.org.br/biblioteca/ENEGEP1997_T4105.PDF>. Acesso em: 19/03/2015.

por não se conhecerem e não saberem o que querem. Num mundo em contínua transformação, as instituições precisam enveredar por um contínuo processo de inovação e redefinição de sua missão, visão, valores; por isso, "você pode não aprender muito ao ler a missão de uma empresa, mas você aprenderá muito ao tentar escrevê-la" (S. Tilles).[15]

6. Oito lições para a VRC hoje

De tudo isso que até aqui tratamos, e que diz respeito à gestão das organizações no mundo de hoje, a VRC pode tirar oito lições básicas:

1) Reconhecer o valor da racionalidade empresarial e de suas exigências de profissionalização e especialização. A *Gaudium et Spes* nos lembra: "as vitórias do gênero humano manifestam a grandeza de Deus e são fruto do seu desígnio inefável" (GS 34). Sem dúvida, a ciência e a prática da gestão são uma conquista da humanidade. No entanto, nas instituições religiosas há um equívoco em considerar esse tipo de abordagens como algo de específico de empresas comerciais, que visam somente ao lucro e não às pessoas, nem a sua vocação social. Mesmo que a empresa comercial tenha o desempenho econômico como missão específica, ela não conseguiria esse objetivo se não focasse nos benefícios que seus produtos trazem aos consumidores: "quando uma engenheira da Boeing comenta o lançamento de uma incrível e revolucionária aeronave, não diz

---

[15] Citado por: CENTRO UNIVERSITÁRIO DE MARINGÁ. *Estratégias empresariais*. Daniel Eduardo dos Santos, José Renato Lamberti, Marcelo Cristian Vieira. Maringá: CESUMAR, 2012, p. 17. Disponível em: <http://www.ead.cesumar.br/moodle2009/lib/ead/arquivosApostilas/1093.pdf>. Acesso em: 19/03/2015.

'pus minha alma e meu sangue neste projeto porque a cotação de nossas ações iria subir 37 centavos'".[16]

A realidade, portanto, é outra: noventa por cento dos princípios, das tarefas e dos desafios das organizações em geral são absolutamente semelhantes. Somente dez por cento têm que ser adequados à missão específica de cada entidade, de acordo com sua origem, história, cultura e finalidade. Trata-se, consequentemente, de conhecer bem os noventa por cento que são comuns a qualquer instituição, concentrando-se, ao mesmo tempo, no dez por cento que a qualificam.[17]

2) *Discernir os perigos e as seduções* que estão por trás de um uso equivocado dos instrumentos de gestão organizacional. À argumentação anterior sobre os noventa por cento de semelhança entre as diversas organizações, poderíamos replicar que também os primatas têm noventa e oito por cento do DNA dos seres humanos. Entretanto, são aqueles dois por cento que qualificam o ser humano enquanto tal. Essa diferença é substancial: poderíamos cair no erro de buscar eficiência e profissionalidade a todos os custos, perdendo pelo caminho a identidade que mais nos diferencia (cf. EG 96).

Na cultura da globalização há uma tendência radical em padronizar os instrumentos organizacionais, ao ponto de não dar mais importância àqueles dois por cento que dizem respeito aos elementos carismáticos de cada organização. É preciso ficar alerta em se manter a uma distância crítica da ideologia capitalista e de seus mecanismos iníquos de nivelamento, também porque nem sempre é possível relacionar serenamente a categoria de "sucesso" com

---

[16] COLLINS, p. 37.
[17] Cf. MURAD, p. 21

"fidelidade" ao Evangelho. Papa Francisco alerta claramente a Igreja da América Latina sobre a tentação do funcionalismo:

A sua ação na Igreja é paralisante. Mais do que com a rota, se entusiasma com o "roteiro". A concepção funcionalista não tolera o mistério, aposta na eficácia. Reduz a realidade da Igreja à estrutura de uma ONG. O que vale é o resultado palpável e as estatísticas. A partir disso, chega-se a todas as modalidades empresariais de Igreja. Constitui uma espécie de "teologia da prosperidade" no aspecto organizativo da pastoral.[18]

Pelo que podemos perceber ainda na maioria das comunidades religiosas, estamos longe de cair tão cedo nesta tentação. Contudo, é bom se prevenir. Certamente, um dos aspectos intrínsecos ao conceito de profissionalização é a aquisição de *status*, que distancia de certa forma o sujeito das relações e da realidade. É preciso sempre temperar a qualificação e a competência com as relações comunitárias, que prezam pela simetria, pela reciprocidade e pela participação, junto a uma atitude humilde de constante serviço. Na maioria das vezes, porém, o *status* na VRC não é conferido pelas competências profissionais, e sim por pretensões carismáticas ou por funções hierárquicas reivindicadas por algumas personalidades, mesmo quando estas cessam de exercê-las. Isto quer dizer que o maior perigo de cair em certo mundanismo não está fora da VRC, mas vem de dentro (cf. EG 100).

3) Organizar a missão congregacional em torno de um projeto. Olhando para o mundo corporativo, podemos aprender que a missão precisa ser definida em termos bem objetivos. Para a VRC

---

[18] FRANCISCO. *Discurso do Santo Padre aos bispos responsáveis do Conselho Episcopal Latino-Americano por ocasião da Reunião Geral de Coordenação.* Rio de Janeiro, 27 de julho de 2013. Disponível em: <http://www.vatican.va/holy_father/francesco/speeches/2013/july/documents/papa-francesco_20130728_gmg/celam-rio_po.html>. Acesso em: 19/03/2015.

não basta apenas ter um projeto comunitário de vida: é preciso, antes de tudo, configurar a comunidade apostólica a partir de um "Projeto Comunitário de Missão", porque a comunidade se define a partir da missão, na missão e em vista da missão, e não antes e quase que independente da missão.[19] Podemos encontrar um modelo de inspiração no Evangelho de Mateus ao capítulo 10, no momento em que Jesus, ao enviar os doze para a missão, dá algumas disposições sobre o que têm que fazer, para quem e como. Podemos enxergar aqui cinco elementos-chave para elaborar um projeto missionário:

1. ver a realidade do mundo com os olhos de Deus cheios de compaixão, reconhecendo o valor da colheita, rezando para que o Dono envie operários (Mt 9,36-38);

2. chamar e capacitar pessoas para serem enviadas em comunidade (dois a dois), por meio de uma organização participativa e descentralizada (Mt 10,1-4.11-15);

3. definir o objetivo em torno de um anúncio essencial (Mt 10,7) e de destinatários específicos (Mt 10,5-6).

4. escolher linhas de ação de promoção da vida e de luta contra o mal (Mt 10,8a); metodologias missionárias de aproximação (Mt 10,12-13); atitudes básicas diante das inevitáveis perseguições (Mt 10,16-23);

5. procurar os meios necessários para alcançar metas e objetivos, mobilizando os recursos humanos (Mt 10,31), agilizando os recursos estruturais (Mt 10,11), racionalizando os

---

[19] Cf. RASCHIETTI, Estêvão. O núcleo identitário e a dimensão profético-missionária da VRC. In: CRB Nacional. *Seminário Nacional para a VRC*. Texto-base. Brasília: CRB, 2014. p. 41.

recursos financeiros (Mt 10,8b-10a),[20] mas garantindo o salário aos enviados (Mt 10,10b).[21]

Podemos concluir que a exigência de formular projetos missionários não vem apenas de circunstâncias históricas hodiernas. A nota do Documento de Aparecida é extremamente indicativa: "não se trata só de estratégias para procurar êxitos pastorais, mas da fidelidade na imitação do Mestre" (DAp 372). Ter um projeto missionário, portanto, significa imitar Jesus, ser fiel a ele, porque ele elaborou, sim, um projeto para os seus enviados.

4) Valorizar e capacitar os recursos humanos. É um dos pontos mais significativos do projeto missionário de Jesus, e por isso é importante nos deter um pouco nele. Jesus chama e dá poder aos discípulos (cf. Mt 10,1), os anima a não ter medo (cf. Mt 10,31), os orienta (cf. Mt 10,5), cuida deles um por um (cf. Jo 17,12b), os convida a tomar iniciativa e a dar tudo de si (cf. Mc 6,37), os desafia quando for preciso (cf. Jo 6,67), os envia e lhe confere uma missão importante: "assim como o Pai me enviou, eu também envio vocês" (Jo 20,21). Assim como o Pai não envia qualquer um, Jesus

---

[20] O texto de Mt 10,8b-10 convida os discípulos a não levar dinheiro, sacola, túnica, calçado, bastão. É claro aqui que o testemunho de despojamento e de simplicidade é algo essencial para a missão. Contudo, estas disposições de Jesus são introduzidas pela frase: "Vocês receberam de graça, deem também de graça!". A orientação é dar gratuitamente o que receberam gratuitamente – o poder sobre os espíritos impuros –, e não dar/receber dinheiro ou bens materiais neste serviço. Também a conclusão que fecha é extremamente importante: "porque o operário tem direito ao seu alimento". Ou seja: não leve nada porque vocês têm direito a ser cuidados dignamente pelo povo que vos recebe. Trata-se, portanto, de indicações para viabilizar concretamente a missão peregrina dos discípulos; caso contrário, não seria possível.

[21] Cf. Lc 10,7; 1Cor 9,14; Gl 6,6. Parece claro pelas palavras de Paulo aos Coríntios, num dos pouquíssimos casos em que se refere ao ministério histórico de Jesus de Nazaré, que a questão do salário aos missionários é uma ordem explícita do Senhor.

ESTÊVÃO RASCHIETTI

também envia as pessoas em que mais confia. No ministério de Jesus a valorização, a formação e a capacitação de seus seguidores é a garantia principal da operacionalização de sua missão.

Da mesma forma, profissionalização e especialização são elementos que devem fazer absolutamente parte da formação integral dos missionários de hoje (cf. AG 26; 34). Contudo, é preciso ter bem claro o projeto institucional no qual se inserem: onde não há uma formulação clara e uma adesão efetiva a um projeto comunitário de missão, alimenta-se a proliferação dos projetos pessoais que desencadeiam afastamentos da comunidade. Na VRC afloram muitas vezes ressentimentos, frustrações, decepções neste sentido, tanto por parte dos sujeitos, por se sentirem desvalorizados, deslocados e desorientados, como também por parte da instituição, por não ver correspondido o capital investido na formação. Para isso é necessário, antes de tudo, chegar a um consenso em torno de um plano comum de ação, onde profissionalização e especialização são direcionadas e também não podem faltar (cf. VC 58; 60; 71).

Esse plano comum não deve ser algo decidido uma vez por todas, numa reunião executiva, para ser depois aplicado na realidade, quase como uma camisa de força ou uma tabela de marcha por cima da marcha do povo (cf. EG 82). Um plano comum é algo de vivo e partilhado, que tem que ser continuamente ajustado segundo as variáveis de cada situação. Exige, portanto, acompanhamento constante, com atitude flexível, que permita responder com atenção às exigências da realidade sempre mutável (cf. DAp 371). Descuidos nestes processos são fatais para compor a médio/curto prazo uma situação insustentável de acomodação e de apatia, de desencanto e de estagnação, de conservação e de inércia em ordem à missão congregacional.

5) Repensar alguns pressupostos da VRC. É comum entre as congregações religiosas promover uma espiritualidade de absoluta confiança na divina providência. Diríamos que é próprio da vida cristã acreditar na insondável ação de Deus na história e do primado dele na missão evangelizadora (cf. EG 12; AG 2). A noção está na base da própria fé em Deus (cf. Mt 6,25-34) e na busca do seu Reino (cf. Mt 6,33). Para a VRC, em particular, a confiança na providência é interligada ao voto de pobreza e ao convite fundamental de não acumular para si (cf. Mt 6,19-21), mas de partilhar com os pobres para seguir Jesus (cf. Mt 19,21) e para que haja igualdade (cf. 2Cor 8,14).

Contudo, uma interpretação fideísta do conceito de providência pode fomentar uma entrega fanática, ingênua e alienada, que relativiza o valor de qualquer intervenção humana. No âmbito da gestão, uma opção fundamentalista pela ação da providência conduz a desacreditar na eficácia de todo processo organizacional. Já com o Concílio Vaticano II, o magistério da Igreja se encarregou de repensar a relação entre realidades profanas e as de fé, pois as duas "têm origem no mesmo Deus": "seja permitido deplorar certas atitudes de espírito por não reconhecerem suficientemente a legítima autonomia da ciência e que levam muitos espíritos a pensar que a fé e a ciência são incompatíveis" (GS 36).

Portanto, projeto, planejamento, previdência na gestão, assim como profissionalização, capacitação e qualificação das pessoas, não somente são compatíveis com a ação da providência, como também participam dela, uma vez que as pessoas "podem considerar que prolongam com o seu trabalho a obra do Criador, ajudam os seus irmãos e dão uma contribuição pessoal para a realização dos desígnios de Deus na história" (GS 34). Em outras palavras, com a profissionalização, a especialização e o planejamento da nossa missão, participamos de maneira humanamente mais responsável, e espiritualmente menos infantil, da ação e do projeto providencial de Deus no mundo.

6) Resgatar a dimensão do dom. A ciência econômica moderna, e também da gestão empresarial, nasceu da expulsão da gratuidade para dar espaço unicamente à eficiência das organizações em vista da otimização da produção e da maximização dos lucros. Adam Smith, o pai do utilitarismo liberal, afirmava que "a sociedade pode subsistir entre homens diferentes a partir de um sentido de sua utilidade, sem qualquer amor recíproco ou afeição".[22] A partir desta afirmação, um individualismo estrutural foi se consolidando no sistema capitalista, até produzir um ideal, um mito, um objetivo para o qual as pessoas vivem e trabalham, um verdadeiro culto do ego que é psicológico, social, político, econômico, espiritual e ecologicamente destrutivo.[23] Por este motivo, em sua encíclica *Caritas in veritate*, Bento XVI convida a reconduzir a atividade econômica assim "desumanizada" para dentro da esfera humana:

> A doutrina social da Igreja considera possível viver relações autenticamente humanas de amizade e camaradagem, de solidariedade e reciprocidade, mesmo no âmbito da atividade econômica e não apenas fora dela ou "depois" dela. A área econômica não é eticamente neutra nem de natureza desumana e antissocial. Pertence à atividade do homem; e, precisamente porque humana, deve ser eticamente estruturada e institucionalizada (CV 36).

---

[22] SMITH, Adam (1723-1790). *The Theory of Moral Sentiments.* Chap. III: Of the utility of this constitution of Nature. Disponível em: <http://knarf.english.upenn.edu/Smith/tms223.html>. Acesso em: 19/03/2015.

[23] Cf. NOLAN, Albert. *Jesus hoje:* uma espiritualidade de liberdade radical. São Paulo: Paulinas, 2008. p. 41-53.

Não se trata aqui de tentar humanizar o capitalismo: seria uma aventura quixotesca. Trata-se de resgatar a vida econômica para dentro de um horizonte humano e dos pobres.

> O grande desafio que temos diante de nós (...) é mostrar, em nível tanto de pensamento como de comportamentos, que não só não podem ser transcurados ou atenuados os princípios tradicionais da ética social, como a transparência, a honestidade e a responsabilidade, mas também que, nas relações comerciais, o princípio de gratuidade e a lógica do dom como expressão da fraternidade podem e devem encontrar lugar dentro da atividade econômica normal (CV 36).

A palavra "gratuidade" vem de "graça" – *chàris*, em grego –, que quer dizer ao mesmo tempo dom, prazer, alegria e beleza. Também a palavra "carisma" vem da mesma raiz e aponta para os mesmos elementos que expressam simultaneamente a paixão humana e o toque divino, sem os quais qualquer atividade humana torna-se mecânica, alienada e "sem graça". Por isso que Bento XVI afirma que o princípio da gratuidade "é uma exigência do homem no tempo atual, mas também da própria razão econômica" (CV 36), pois tem uma sua racionalidade, enquanto testemunha a adesão a valores sem preço[24] e está associada a uma excelente *performance* que não há qualquer condição de ser remunerada.

7) Articular gratuidade com sustentabilidade e reciprocidade. A dimensão do dom, para se expressar historicamente e produzir frutos, necessita se encarnar numa dinâmica que articula, junto à gratuidade, outros dois componentes. O primeiro elemento é o contrato que garante a sustentabilidade: uma organização não pode permanecer no tempo se não se baseia num consistente pacto

---

[24] Cf. Perroux, François. *Economia e sociedade:* coacção – troca – dom. Lisboa: Livraria Morais, 1962. p. 128.

social entre seus membros e seus interlocutores. O descaso com a relação contratual promove um modelo utópico de gestão: não se escrevem regras formais, não se respeitam vínculos estatutários, não se realizam contratos institucionais. Isso produz ao longo do tempo conflitos fatais associados a gestões personalistas que determinam uma progressiva decadência da obra, uma perda na compreensão dos novos sinais dos tempos, uma esclerose governamental, política e profissional.

O segundo elemento é a participação que garante a reciprocidade e tem a ver com o envolvimento de todos nas decisões, na gestão e nas compensações. Isto permite manter o sentido de pertença dos membros, contribuindo assim para elevar a qualidade ideal e, ao mesmo tempo, a eficiência profissional. Uma dinâmica participativa pode ser mais demorada no tempo, retardando a produção, mas compensa em termos motivacionais, inclusive na capacidade de atrair novos membros à organização. Caso contrário, um modelo verticalista ou centralizador pode gerar conflitos ou, o que é mais comum nas comunidades religiosas, submissão e paternalismo. Podem até se ater a um contrato formal e se dedicar de corpo e alma ao sucesso da missão da instituição. Mas, não gerando relações de amizade e de participação, acabam-se formando empregados com pouca profissionalidade e pouco sentido de pertença, incapazes de inovação e de iniciativa, condições indispensáveis para dar continuação à obra.

Contudo, a organização que sofrer com a falta de gratuidade, apesar de manter suas relações contratuais e participativas, viverá num estado crônico de desencantamento. Esta dimensão é menos visível e mais vinculada a atitudes, sentimentos, palavras ou à falta delas. Sintomas que sinalizam uma crise de gratuidade são, por exemplo, a pouca disposição a "vestir a camisa", a falta de atratividade institucional, a diminuição de adesão de novos membros, o pouco ânimo para confraternizar, a ausência dos interlocutores ou "público-alvo": no caso das congregações religiosas, a ausência dos pobres. Onde os pobres são vistos, ouvidos, acolhidos e chamados a participar, quer dizer que o carisma é vivo, assim como a gratuidade.

Em suma, uma organização que brota de um carisma não pode crescer e se afirmar numa realidade histórica, se não equaciona adequadamente o contrato, a participação e a gratuidade. Um exemplo elucidativo desta relação encontramos na segunda Carta aos Coríntios. Nos capítulos 8 e 9, Paulo procura motivar as comunidades cristãs a participar da grande coleta financeira em benefício da comunidade de Jerusalém. Em 2Cor 8,4, falando do testemunho dos cristãos da Macedônia, encontramos uma frase que contém os três aspectos dos quais tratamos, porém numa ordem inversa: "nos rogaram a graça (*charis*) de tomarem parte (*koinonia*) nesse serviço (*diakonia*) em favor dos santos".

Para Paulo participar da coleta é, antes de tudo, da própria natureza da *graça*. Pessoas cuja vida foi transformada pela graça não podem deixar de agir generosamente. A graça só pode realmente ser experimentada quando as comunidades se tornam espontaneamente generosas: esta é a fonte da alegria, pois "Deus ama quem dá com alegria" (2Cor 9,7). Mas também a coleta é motivada pela *participação*. Paulo considera óbvio que os cristãos queiram servir uns aos outros e busquem a igualdade, a corresponsabilidade e a fraternidade entre eles. Enfim, com o *serviço* as igrejas paulinas põem-se como verdadeiras administradoras da graça de Deus, "de modo que a essa boa disposição da vontade corresponda à realização, na medida dos meios que vocês têm" (2Cor 8,11). A carestia que atingiu a Judeia no ano 48 não podia deixar ninguém indiferente.

A urgência da situação exigia ser pragmáticos e eficazes. Por isso Paulo organiza, anima, articula meticulosamente (cf. 2Cor 8,21-22), constrói uma verdadeira rede. Se de um lado o apóstolo está preocupado com a participação das comunidades e com o compromisso das pessoas (cf. 2Cor 9,12), por outro quer que o gesto não fique somente na dimensão espiritual, mas encontre concretude efetiva num serviço planejado.

8) Avançar e inovar a missão congregacional. É próprio das organizações que mantêm vivo o carisma num projeto concreto buscar uma inovação que possa responder a novas demandas, novos desafios, novos desejos que emergem das novas conjunturas históricas. O carisma é capaz de perceber os anseios concretos da realidade (*marketing*)[25] e de abrir caminhos brilhantes e atrativos de solução (inovação). As grandes inovações são fruto de excedências, de um *magis* antropológico que faz avançar a humanidade na busca de um mundo melhor para todos. Somente num segundo momento os inovadores dão lugar aos "imitadores", que se apropriam da inovação e a tornam patrimônio público para a sociedade e para o mercado. Nesse processo de inovação-imitação cria-se um círculo virtuoso que gera avanço e bem comum em termos de serviços. Logo os inovadores são alcançados pelos imitadores, que de fato "institucionalizam" a inovação e assim obrigam os inovadores a relançar novas inovações, para não ser nivelados ao *status* de imitadores.[26]

Aqui se encontra o desafio para a VRC e suas exigências de profissionalização e especialização na missão específica que é confiada a cada instituto: imitar quem por sua vez nos imitou, ou inovar

---

[25] Cf. MURAD, p. 51-53.

[26] Cf. BRUNI, Luigino; SMERILLI, Alessandra. *Benedetta economia*. Bendetto da Norcia e Francesco d'Assisi nella storia economica europea. Roma: Città Nuova, 2009. p. 35-41.

criando algo de novo para a Igreja e a humanidade. A inovação pode se expressar em novos caminhos a serem desbravados ou numa nova gestão das obras que já existem, sem necessariamente comparar, num primeiro momento, os resultados que se alcançam com o retorno do capital investido.

7. Conclusão

A VRC foi seleiro de grandes inovações na história da humanidade, desde o movimento monástico do primeiro milênio às ordens mendicantes e às congregações missionárias do segundo milênio. Seus visionários fundadores e fundadoras conseguiram ver oportunidades onde os outros viram apenas problemas: tinham olhos para ver nos pobres, nos marginalizados, nos jovens, nos sofredores, nos deficientes, nos migrantes, nas mulheres, nos negros, nos indígenas, algo de grandioso e de bonito, um potencial, uma "grande colheita" (Mt 9,37) pela qual valia a pena investir. Conseguiram transmitir essa paixão a outros e outras que seguiram o mesmo caminho, atraídos e inspirados por seus carismas. Dessa maneira, as organizações que surgiram podem ser consideradas como experiências de inovação e de elevação espiritual, social, política e econômica da humanidade.

Por tudo isso, hoje é preciso avançar. O Documento de Aparecida convida toda e qualquer comunidade eclesial a não se instalar na comodidade (DAp 362), a entrar decididamente nos processos de renovação missionária, abandonando as estruturas caducas (DAp 365), bem como a sair de uma consciência isolada e a lançar-se, com ousadia e confiança, à missão de toda a Igreja (DAp 363). Assim como a Igreja apostólica, inspirada pelo Espírito, teve que romper com tradições, convicções e paradigmas para se abrir aos gentios – inclusive com orientações que não encontravam respaldo no ministério histórico de Jesus[27] –, também as congregações religiosas devem hoje ir além de suas realizações, de sua história, até de suas constituições para abrir novos caminhos.[28]

Profissionalização, especialização e missão congregacional, repensadas em termos de gestão inovadora, são elementos, processos e instrumentos indispensáveis para definir projetos pessoais, comunitários e institucionais na VRC, em todos os níveis, em todos os âmbitos e em todas as etapas formativas, em vista de sair de certo marasmo marcado pela acomodação, pelo anacronismo e pelo amadorismo, fomentando uma atuação da VRC mais relevante, mais significativa e mais profética no mundo de hoje. O ponto no qual a VRC é chamada hoje a se concentrar é o de preencher a falha que existe entre gestão e ideais, profissionalidade e missão, realidade e utopia, ou, se quisermos mais uma vez, instituição e carisma.

Dessa maneira, vimos que muitas noções que encontramos no mundo das empresas fazem parte há tempo do patrimônio cultural e espiritual da VRC. De resto, segundo algumas opiniões, o mundo católico desarmou sua capacidade empreendedora com o

---

[27] É o caso da abolição da circuncisão não prevista por Jesus nem deduzível dos seus ensinamentos. Mas também a própria missão às nações, presente nos grandes mandatos pela aparição do Ressuscitado, não é tão evidente no ministério de Jesus de Nazaré (cf. Mt 10,5; 15,24). Com efeito, essa abertura foi fruto de um longo caminho atestado pelos Atos dos Apóstolos (cf. At 10,34), que encontrou no Espírito Santo o seu principal protagonista. Cf. RAHNER, Karl. Toward a Fundamental Theological Interpretation of Vatican II. In: *Theological Studies* 40 (1979) 716-727; BEVANS, Stephen B.; SCHROEDER, Roger P. *Teologia per la missione oggi*. Costanti nel contesto. Brescia: Queriniana, 2010. p. 34-71.

[28] O Decreto *Ad Gentes* convida as congregações de vida apostólica a "alargar mais a sua atividade em ordem à expansão do reino de Deus (...) adaptando, se for preciso, as suas Constituições" (AG 40).

surgimento do capitalismo no começo do século XIX, deixando a economia nas mãos de homens de negócio e tornando-se promotor apenas de iniciativas assistenciais.[29]

Por outro lado, temos sempre que aprender da gestão empresarial: "a Igreja sente com gratidão que recebe várias ajudas dos homens de toda a classe e condição" (GS 44), pois "esse progresso é de grande importância para o Reino de Deus" (GS 39). Resistências de mudança e de avanço na VRC são determinadas muitas vezes por visões ultrapassadas, corporativas e voluntaristas, patriarcais ou matriarcais, que não abrem espaço ao novo e que geram insatisfação, desencanto, abandono. É absolutamente necessário continuar a afirmar neste mundo o diferencial profético da vocação cristã, que encontra no seu Senhor e Mestre a chave, o centro e o fim de toda a história humana (cf. GS 10); mas é igualmente preciso não confundir esta fidelidade com a fixação em modelos historicamente limitados.

---

[29] Cf. DE PAOLIS, p. 9.

Envelhecimento Saudável: uma Arte

Maria de Fátima Alves de Morais*

"A velhice é um tempo de graça
no qual o Senhor nos renova
a sua chamada: chama-nos a cuidar e
a transmitir a fé, a rezar e,
sobretudo, a interceder. Chama-nos
a estar próximos dos que precisam"
(Papa Francisco).

1. Introdução

Viver é uma aventura muito desafiadora. Ela requer uma série de fatores e conhecimentos para facilitar a vida própria e a dos

---

* Apóstola do Sagrado Coração de Jesus (ASCJ). Licenciada em Pedagogia pela Faculdade de Filosofia N. S. Medianeira de São Paulo/SP. Graduada em Psicologia pela Universidade do Sagrado Coração de Bauru/SP, especializada no Método de Rorschach. Mestra em Educação e doutora em Ciências da Religião pela Pontifícia Universidade Católica de São Paulo/SP. Atualmente é membro da Equipe Interdisciplinar de Assessoria da CRB, psicóloga clínica, presta assessorias diversas para VRC e também desenvolve um Projeto para Terceira Idade em sua congregação.

demais. Cada etapa tem suas características próprias e estabelece as regras em relação a si e aos demais. Mas cada etapa está sujeita a mudanças oriundas do interior e/ou do exterior. Constatamos uma passagem de praticamente total dependência para uma autonomia, e uma consequente maior dependência, sobretudo em aspectos físicos. Outros aspectos podem ter passos para maior sentido e sabedoria. Mas em qualquer etapa da vida nunca há total independência ou dependência. Vemos acontecer uma interdependência. A humanidade nunca esgota seus conhecimentos sobre a infância, a juventude, a vida adulta e a terceira idade. Uma porque cada pessoa é ela em sua especificidade; outra está na diferença cultural, econômica, social... nunca se têm em mãos todos os aspectos para que cada etapa da vida e seu conjunto sejam bem compreendidos e tenham sentido para todos ou para o maior número das pessoas.

O que é preciso garantir é um mínimo de condições interiores e exteriores para que cada qual possa viver com sentido dentro da realidade social na qual está inserido. Precisamos admitir também que continuamente estamos recebendo influências do contexto. Isso desde a concepção até o presente momento. Os sentimentos do presente momento, os valores, o sentido da vida, a vida social e comunitária são o resultado da elaboração da história passada conforme as características humanas físicas, psíquicas e espirituais.

Compreender a questão do "envelhecimento na e da vida religiosa" requer colocá-la num contexto social amplo. Além de conhecer e descrever a realidade, é bom também sempre ter presente a intencionalidade profunda nas pessoas e nos grupos. A realização positiva da realidade humana e das intencionalidades resulta numa satisfação de vida e numa realização humana que inclui a pessoa, sua profissão, seu estado de vida, seu engajamento num grupo social ou religioso. A criança nasce bem dependente. Depois, desenvolvem-se processos de certa independência física, mas não psíquica nem espiritual. Na terceira idade retorna de alguma forma a dependência física, mas pode haver maior autonomia psíquica e espiritual. Não se pode olhar o envelhecimento ou a terceira idade a partir da proximidade da morte, mas como uma trajetória realizada e uma plenificação da vida. Não tanto na perspectiva heideggeriana de "o homem como ser para a morte", mas na visão ricoeuriana de "estar vivo até morrer".[1] Portanto, o investimento é na vida e não na morte.

As exigências e os reflexos antropológicos aparecem mais na terceira idade, uma vez que as defesas já não são mais fortes. Com isso aumenta a sensibilidade sobre a aceitação, a valorização, o amor. Ou o contrário: sentimentos de solidão, de inutilidade, de inadequação. Ricoeur resumia assim os dois medos básicos da terceira idade: medo da solidão e sensação de inutilidade. Mesmo não sendo característicos desta idade, apresentam-se mais intensamente nesta etapa da vida. E isso também se manifesta na Vida Religiosa Consagrada. Por isso, podemos refletir sobre a etapa do envelhecimento. Partiremos de algumas constatações, das repercussões no sentido da vida, na vida comunitária, na importância da missão e da presença na comunidade. O que se fala da etapa do envelhecimento se pode aplicar, com as devidas restrições e especificações, a qualquer etapa e momento da vida.

2. Alguns dados da realidade

A sociedade atual tem nos ensinado de diversas maneiras que as consequências do envelhecimento humano, de modo geral, além

---

[1] RICOEUR, P. *Vivo até à morte:* seguido de fragmentos. Edições 70. Coleção: Biblioteca de Filosofia Contemporânea.

de se apresentar como fenômeno muito complexo, implica aumento das demandas sociais. Isso se vai somando a outros desafios políticos, sociais e econômicos.

Hoje se tem acesso rápido a uma multiplicidade de informações e estatísticas sobre o crescimento da população idosa. Esta realidade nova exige uma mudança no modo de ser e de pensar sobre o envelhecimento da população. A isso se somam ainda as diversas "formas mágicas" de adiar o envelhecimento. A questão não é apenas o envelhecimento, mas o envelhecimento com sentido, com uma vida que é apreciada pelas oportunidades novas de plenificação.

Alguns dados mostram que em 1900, no Brasil, as pessoas com mais de 60 anos chegavam a um total de 3%; em 1950, 5%; 2010, de 10% e para 2020 a previsão é de que atinja 15%. Portanto, temos hoje um número cada vez mais crescente de pessoas idosas (CAMARANO, 2011, p. 58-72)[2] dentro do conjunto da população. O envelhecimento, portanto, que antes era de domínio da geriatria e da gerontologia, começou a conquistar espaços em diversas áreas do conhecimento e da vida social. Ainda que as mudanças físicas sejam as mais evidentes, há fatores relacionados a aspectos genéticos, biofisiológicos, psicológicos e socioculturais que interferem na forma como a pessoa vivencia sua velhice. Considerando o envelhecimento humano como um significativo desafio da sociedade atual, não se pode deixar de considerar que ainda há falta de políticas públicas voltadas a essa nova realidade mundial. Todos os segmentos da sociedade, de forma direta ou indireta, são afetados pela presença mais numerosa de pessoas de mais idade.

---

[2] CAMARANO, A. A.; KANSO, S. Envelhecimento da população brasileira, uma contribuição demográfica. In: FREITAS, Elizabeth Viana de et al. (Org.) *Tratado de geriatria e gerontologia*. 3. ed. Rio de Janeiro: Guanabara Koogan, 2011. p. 58-72.

Nesta idade, as pessoas começam a fazer uma síntese de sua vida. Elas são sinceras e estabelecem comparações entre o que desejaram e o que efetivamente realizaram. Também compreendem a diferença entre fantasia e realidade, entre o que de fato se pode esperar e o que se deve desistir de esperar. É a fase da sabedoria, virtude que Erikson[3] atribui a esta fase da vida. Sabedoria significa a capacidade de saber o que convém e o que não convém, o uso adequado de energias em valores saudáveis, a serenidade interpretativa da vida em seu conjunto e de sua finalidade. Desta síntese surge um sentimento geral satisfatório ou menos satisfatório oriundo também do encontro com o limite de tempo de vida que resta, o limite das reais possibilidades. O mundo dos desejos se choca cada vez mais com o mundo dos limites. Estes é que aparecem mais. Isso provoca uma reação no interior das pessoas idosas. Por isso, podemos com certa facilidade captar nas pessoas idosas uma alegria e realização pelo vivido, somado com uma vida boa vivida em instituições justas, com e por outras pessoas. Também constatamos o contrário: pessoas tristes, deprimidas, frustradas. Sentem e creem que sua vida não valeu muito a pena. Não é que tenha que chegar ao estágio de desespero, como diria Erikson, mas é menos incentivador como trajetória a ser seguida. Em geral a forma de viver a etapa da terceira idade cria modelos de coragem ou de medo de assumir a vida, ou esta forma de vida, por parte dos jovens.

Essa realidade já está cada vez mais presente no âmbito da VRC,[4] com seu crescente número de pessoas idosas. De um lado,

---

[3] ERIKSON, E. H.; ERIKSON, J. *O ciclo da vida completo*. Porto Alegre: Artes Médicas, 1998.

[4] Em levantamento realizado através de conversas informais com diversas congregações durante assessorias em 2014, fui constatando que, em média, hoje, as congregações religiosas possuem mais de 60% de seus membros com idade acima de 60 anos, sendo que, em algumas, esse número chega a quase 80% dos que estão acima de 60 anos.

esta presença mais numerosa indica o cuidado para com elas por parte da instituição religiosa e, também, é sinal de perseverança. Por outro lado, a forma de viver esta etapa da vida descortina o conjunto da estrutura da vida religiosa. Naquilo que representa de tristeza e depressão, faz ver que o sistema de formação e de vida pode não ter sido suficientemente respeitador de todos os aspectos humanos, sobretudo aqueles relacionados ao nível físico e psíquico. Hoje, cada instituição religiosa e o conjunto da vida religiosa estão aumentando o interesse, a compreensão, a reflexão e as opções concretas para que esta fase do envelhecimento seja cada vez mais humana, integral e integradora da vida das/os religiosas/os que integram nossas comunidades.

Mesmo constatando e reconhecendo certa dificuldade de acesso às/aos religiosas/os da terceira idade e também às instituições que se responsabilizam por elas/es, têm surgido certas iniciativas importantes. Cada instituição religiosa tem melhorado seu esmero no cuidado daqueles que deram sua vida por Deus e pelas pessoas atingidas pelo carisma congregacional. Isto indica também certo agradecimento porque existem e porque são significativos para a humanidade. Uma sociedade que não respeita a infância nem os idosos certamente é uma sociedade moralmente decadente. Mas vale também o contrário: uma instituição está animada de caridade e de grande moralidade quando valoriza os frágeis e os defende, especialmente as crianças e os idosos. São significativas as pesquisas realizadas pelo Instituto Superior de Filosofia Berthier (IFIBE)[5] em convênio com o Centro Cultural Missionário (CCM) e parceria com outras Congregações Religiosas.

---

[5] O Instituto Superior de Filosofia Berthier (IFIBE), em convênio com o Centro Cultural Missionário (CCM), tem desenvolvido cursos sobre envelhecimento humano e vida religiosa e envelhecimento humano e espiritualidade.

MARIA DE FÁTIMA ALVES DE MORAIS

Em uma de minhas assessorias a um grupo de religiosas na terceira idade sobre o Envelhecimento na VRC, surpreendeu-me o interesse de uma médica geriatra[6] que buscava informações sobre pesquisas a respeito do envelhecimento nas Instituições Religiosas. Pode-se compreender de certa forma que haja menos pesquisas disponíveis. Mas também convém lembrar que cada instituição religiosa tem se aprimorado em dar bom atendimento a seus integrantes. É bom ter presente também que muitas instituições religiosas se incluíram no movimento pioneiro para a estruturação desta etapa da vida. Dar espaço estrutural específico para compreender esta fase da vida é muito positivo. Estruturar conhecimentos e experiências desta idade e partilhá-los com outros, para mim, foi se tornando uma oportunidade; é um desafio poder adentrar hoje nesta realidade da Vida Religiosa Consagrada.

Um bom número dessas/es religiosas/os passou a maior parte de sua vida na instituição e nela continua envelhecendo. Por isso é compreensível que as comunidades – em sua grande maioria – sejam constituídas por religiosas/os da terceira idade.

Sempre é útil respondermos teórica e estruturalmente a algumas questões que se fazem sentir ao se tratar do tema em consideração. Estamos considerando a velhice como uma etapa do desenvolvimento humano? Qual é o lugar da/o religiosa/o idosa/o em nossas comunidades? Como cuidar de si mesmo quando a vida inteira foi dedicada para cuidar dos outros? Como continuar tecendo novas relações com os mais jovens, aqueles que vão dar continuidade ao carisma fundacional? Como viver a solidão a fim de que a vida continue fecunda e favoreça a verdadeira e fraterna

---

[6] Ivete Berkenbrock é médica especialista em geriatra e gerontologia, atuante no trabalho de acompanhamento de religiosas/os idosas/os.

comunhão? Qual a importância do cultivo da espiritualidade ao longo da vida? A missão é vista como uma atividade diferenciada? Como ajudar, desde a formação inicial, para que a terceira idade seja uma vida realizada, feliz? Estes e outros questionamentos nos fazem pensar e rever a formação, a fim de que a velhice não seja um peso, mas a síntese de uma vida vivida com qualidade.

3. O envelhecimento na Vida Religiosa Consagrada (VRC)

A Vida Religiosa Consagrada está envelhecendo? Esta pergunta precisa ser respondida em duas direções: como estado de vida e como idade cronológica de seus atuais integrantes. Se a vida religiosa – como estado de vida – está envelhecendo, é sinal de que ela não é resposta humana para os dias de hoje ou a forma de vivê-la não anima os "estranhos" a ela. Vamos responder positivamente: a vida religiosa, como causa evangélica, tem seu sentido e continuará tendo enquanto a humanidade não estiver "conformada" com Jesus Cristo e o Reino de Deus. Pode-se viver sempre melhor este processo de fidelidade e ir reavaliando formas concretas históricas da vida religiosa para que responda melhor às necessidades de cada época. Mas podemos assumir que a idade dos engajados na vida religiosa inclui bom número de pessoas de mais idade, o que autoriza afirmar de alguma forma que a "vida religiosa está envelhecendo".[7] O envelhecimento dos integrantes das comunidades religiosas

---

[7] Já se tem usado várias vezes palavras como "idoso", "velho", envelhecimento. Aqui não se quer discutir o uso das palavras, mas assumi-las, sabendo que há uma preferência justificável de usar mais a palavra "idoso" do que "velho", pois se refere a uma idade. O uso da palavra "velho" muitas vezes pode revelar uma forma de pensar pragmática, pois o velho se joga fora. Temos a palavra "idoso" para substituir "velho", mas ainda não temos uma palavra correspondente para substituir "envelhecimento" por outra melhor.

inclui mais pessoas de idade do que há um tempo. Essa constatação pode ser percebida no cotidiano das instituições com mais tempo de existência, onde as/os religiosas/os idosas/os atualmente têm superado em número os jovens e adultos, vivendo em comunidades, às vezes, constituídas exclusivamente por religiosas/os da terceira idade. Encontramos aqui idosas/os que vivem essa etapa da vida com grande leveza, gratidão e alegria, independentemente de acontecimentos externos. Sua satisfação de vida é fruto de suas convicções, daquilo que acreditam e daquilo que escolheram e assumiram para sua vida. Infelizmente também encontramos religiosas/os de semblantes carregados, frios, distantes, incapazes de manifestarem alegria e realização na opção de vida assumida. Tornam-se pessoas tristes, envolvidas continuamente em tensões emocionais ocasionadas pelas perdas, e essa nova situação de vida pode intensificar um mal-estar generalizado. Para alguns, esta síntese do estado atual está carregada de depressão. É preciso ter presente que sentir tristeza e dor pelas perdas próprias dessa fase são normais, desde que não sejam além do que a pessoa possa suportar. Entre as/os religiosas/os é comum à pessoa idosa não receber ajuda para seus problemas emocionais, apesar de muitas vezes ser extremamente necessário.

À medida que o envelhecimento se estende, é possível constatar que o envelhecimento biológico e o psíquico fazem parte do desenvolvimento humano, somados aos hábitos culturais, contexto socioeconômico-cultural. Assim, as limitações próprias desta etapa da vida vão aparecendo e, muitas vezes, as/os idosas/os se veem às voltas com possíveis ameaças em torno de sofrimentos causados pelo desconhecido. O medo do novo não é verdadeiramente do novo, mas da vida passada. Vale lembrar aqui o que diversas vezes ouvimos das/os religiosas/os idosas/os no seio de nossas

ENVELHECIMENTO SAUDÁVEL: UMA ARTE

comunidades: "vamos envelhecendo como vivemos na juventude" e se "envelhecemos como vivemos" (SANTOS, p. 1543)[8] certamente é consequência das atitudes tomadas ao longo da vida. Nossa história se realiza na concretização maior ou menor de todas as nossas características humanas. O estado de vida – religioso, em nosso caso – tem grande responsabilidade nesta concretização. O resultado final desta permanente interação entre o que somos estruturalmente e as oportunidades de interação resulta no que somos e vai direcionando também a forma de ser, pensar e viver em nossa terceira idade.

Desta continuidade de nosso ser que recebe influxos permanentes do contexto e que vai elaborando os mesmos dentro de si, de tudo isso resulta nossa característica como pessoa e como instituição. Por isso é importante encontrar meios que ajudem a concretizar o amor que está em cada pessoa, mas também convém ajudar todos os envolvidos a superar o desamor e o sofrimento para que se possam evitar sofrimentos espirituais, psíquicos e físicos no futuro. É preciso enfrentar com humildade e abertura de espírito essa nova condição. Todos precisamos compreender que há algo quantitativa e qualitativamente novo em cada etapa da vida, incluindo a terceira idade. Nesta, há uma diminuição da capacidade de elaborar e organizar as informações da memória em curto prazo, bem como de resolver problemas (STUART-HAMILTON, 2002; KACHAR, 2003; MORAES; LIMA, 2010).[9] Isso ocasiona

---

[8] SANTOS, S. S. dos. Sexualidade e a velhice. In: FREITAS, Elizabeth Viana de et al. (Org.). *Tratado de geriatria e gerontologia*. 3. ed. Rio de Janeiro: Guanabara Koogan, 2011. p. 58-72.

[9] STUART-HAMILTON, Ian. A psicologia do envelhecimento: uma introdução. 3. ed. Porto alegre: Artmed, 2002; KACHAR, Vitória. *Terceira idade e informática*: aprender revelando potencialidades. São Paulo: Cortez, 2003; MORAES, Edgar Nunes de; MORAES, Flavia Lanna de; LIMA, Simone de Paula Pessoa.

uma lentidão no processo de informações. Consequentemente, a reelaboração interior dos dados novos com os já vividos já não é tão satisfatória. A repercussão disso se verifica na vida afetiva, na vida intelectual e na capacidade de tomar as decisões mais cabíveis para o momento. A própria pessoa precisa encontrar formas, ou ser ajudada, para que sempre – dentro desta nova realidade – seja garantida sua autoestima e valorização.

O depoimento, a seguir, de uma religiosa idosa descreve bem esta realidade. Assim como seu depoimento, há tantos outros de que todos temos ciência:

> Ultimamente tenho muita dificuldade para me lembrar das coisas que acontecem no meu dia a dia. Por isso, não consigo compreender o que as Irmãs às vezes me pedem. E como eu fico com vergonha de perguntar novamente, não consigo fazer o que foi pedido. E se é algum problema para resolver, então, é pior. Eu acho que vou buscar ajuda para me conhecer melhor, pois essa situação me causa muito sofrimento.

O esforço pessoal contínuo na busca de maior compreensão de si próprio e do sentido da vida são condições indispensáveis para o envelhecimento psíquico ou o amadurecimento. Muitas mudanças – incluindo a terceira idade – acontecem naturalmente com a passagem do tempo, mas a qualidade positiva das mudanças se dá a partir de muitos fatores. Depende muito do itinerário pessoal realizado na conquista de uma autonomia e satisfação global, incluindo a psíquica.

A velhice, portanto, não pode ser definida apenas como um processo inerente à existência, mas também como um momento do

---

Características biológicas e psicológicas do envelhecimento. *Revista Médica de Minas Gerais*, Belo Horizonte, v. 20, n. 1, 2010. Disponível em <http://www.observatorionacionaldoidoso.fiocruz.br/biblioteca/_artigos/197.pdf>. Acesso em: 10 nov. 2014.

tempo existencial, como um modo de viver. Não é em si a idade o determinante, mas a qualidade positiva de seu viver. Assim como existem itinerários diferenciados para todas as pessoas, o mesmo se dá no interior de cada etapa da vida. Isso ajuda a compreender porque na terceira idade há tanta diversidade na maneira de ser, de sentir e de viver, ou seja, cada qual foi elaborando as semelhanças e diferenças que a vida lhe foi oferecendo. As pessoas vão fazendo as sínteses qualitativas do conjunto de sua vida. Os mecanismos de defesa diminuem e pode aparecer, ou melhor, reaparecer um interior ferido desde a primeira infância e, depois, controlado por outros mecanismos ou outras realidades e fatores.

4. O envelhecimento e as relações na VRC

Atualmente observamos um crescimento considerável do número de religiosas/os idosas/os. Constatamos, também, que a longevidade traz consigo resultados importantes na qualidade de vida da pessoa idosa. A sobrevida não é garantia automática de qualidade de vida. A falta de resistência corporal faz aparecer o aumento de doenças crônico-degenerativas, podendo incluir sofrimento e angústia. Se os sentidos externos – vista, audição, tato, gosto, olfato – diminuem, o mesmo se pode dizer de outros aspectos internos como a memória, a criatividade, a afetividade. A falta de memória e a esclerose podem sofrer interferência do tipo e da quantidade de experiências reprimidas em etapas anteriores da vida. Também as situações psicossociais como aposentadoria, a perda de cargos nas várias atividades sociais, a diminuição de contatos com as pessoas relacionadas ao trabalho e na comunidade, o isolamento, a morte de pessoas significativas etc., podem afetar assombrosamente a saúde da pessoa idosa. Por isso, um dos grandes desafios na longevidade em nossas instituições consiste em conseguir que os anos vividos sejam plenos de significado, em fazer valer a pena ter vivido e consumido a vida no serviço do Reino. Podemos aceitar também que há uma relação entre saúde física e amor. Pessoas que se percebem mais bem amadas, em geral, têm mais saúde física. Pessoas muito feridas no afeto, em geral, somatizam mais e morrem mais cedo, pois têm menos motivação para viver. Assim, precisamos aceitar também que o número acentuado de pessoas idosas indica que elas, de alguma forma, captaram ter sido amadas e elas mesmas – muitas delas – encontraram formas saudáveis de amar. Claro, também é um pouco preocupante a quantidade de remédios consumidos por religiosas/os de terceira idade.

As relações interpessoais de pessoas mais jovens com as de idade avançada apresentam variadas implicações psicodinâmicas. Na VRC, por exemplo, encontramos jovens formandas/os que consideram as/os idosas/os como pessoas que já contribuíram muito em sua vida na causa do Reino de Deus. Agora precisam descansar. Outros procuram "ignorar" suas contribuições num tempo não muito distante. Muitos são estimulados, pela experiência adquirida, a continuar contribuindo, porém de forma diferente e criativa. Quando os jovens consideram os idosos inúteis e que precisariam dar o lugar a outros, tal modo de observação ativa o sentido de inutilidade, aliado ao do isolamento, com suas consequências antievangélicas. Pode também revelar os conflitos internos dos próprios jovens. A colaboração, incentivos mútuos dentro das várias gerações, pode usufruir da capacidade de cada qual em continuar sendo significativo de formas diferenciadas. As rejeições mútuas, abertas ou camufladas, indicam os sofrimentos internos não resolvidos pelos envolvidos. É muito triste verificar aqui e acolá religiosas/os da mesma geração ou geração diferente usarem energias para diminuir mutuamente a dignidade, o respeito. O Reino de Deus fica empobrecido. Mas também é maravilhoso continuar valorizando a todos e a cada um com sua contribuição peculiar para o bem e a complementaridade da missão. Uma comunidade de idosos certamente faz um grande apostolado de apoio aos que estão na vida mais ativa, sobretudo se esta estiver num contexto muito antievangélico. Boa compreensão, acolhida e convivência dos idosos aumentam a memória histórica mútua. Também temos mais sinais do Evangelho, menos doenças, vida mais agradável e apostólica.

No âmbito de muitas instituições religiosas, há uma dificuldade enorme em lidar com a questão da velhice. Entre outros fatores podemos citar a constatação de que esta idade desvela muito daquilo com que o ser humano não se quer deparar: as limitações e a finitude da vida. Já acenamos às perdas de capacidades pessoais e de pessoas amigas. Diante do horizonte dos limites da terceira idade, alguns grupos e pessoas de meia-idade entram num processo de não aceitação da fase seguinte, inegável, e se tornam rígidos, amargos, deprimidos, legalistas, moralistas, e seu relacionamento começa – ou aumenta – a ser mais conflitivo. Outros procuram ignorar ou negar sua idade mantendo ou retornando a formas infantis inadequadas. Outros ainda tendem a desviar-se de compromissos e responsabilidades que poderiam muito bem continuar assumindo.

Precisamos reconhecer com alegria que algumas instituições têm buscado colocar em prática alguns programas internos relativos a esta etapa da vida. Muitas delas se preocupam mais com a prevenção e a qualidade de vida de seus membros. Outras ainda não perceberam nem as dificuldades nem a importância das relações dessa fundamental fase da vida.

Na vivência cotidiana há outro fator importante que se apresenta na vivência comunitária hoje. Refiro-me às novas fronteiras tecnológicas, especialmente a Internet. É possível observar que grande parte das comunidades religiosas se encontra inserida neste mundo, principalmente através de sites e das redes sociais como *blogs, facebook, YouTube, Twitter,* entre outros. Essas novas formas de comunicação são supervalorizadas pelos que as dominam e excluem quem não as conhece. Não raro esta situação traz dificuldades para os relacionamentos interpessoais dentro das comunidades. Muitas pessoas de terceira idade estavam acostumadas a usar parte de seu tempo conversando, reunidas em grupo. Com o advento das novas tecnologias, muitas reuniões e convivências se empobreceram. As oportunidades de partilha pessoal aumentam a empatia, o benquerer. Esta necessidade de se sentir bem acolhido ultrapassa os umbrais da realidade material. Um religioso assim se expressou:

> Não é suficiente proporcionar meios para que a vida se prolongue. Aqui tenho tudo. Não falta nada. Eu recebo alimentação adequada, assistência médica, medicação, todos os cuidados. Mas... falta o contato humano, a aproximação. Eu sinto falta da convivência com meus Irmãos de ideal; ninguém tem tempo para conversar, para ouvir. Eu diria que é uma correria às vezes... até desenfreada, desumana... e com muita tristeza eu sinto que a vida vai passando.

Os idosos precisam ter a oportunidade de realizar as suas necessidades de segurança, amor, estima e acolhida. A acolhida significa a criação de um espaço vivificante e interpessoal propício ao desenvolvimento das pessoas na terceira idade; significa dar crédito, relacionar-se, receber, dar ouvidos, abrigar, aceitar, superar o que está na superfície. Sintomaticamente é também "recolher-se" sem enclausurar-se. Agora o momento é mais para relacionar-se e usar a inteligência, para desenvolver a capacidade de ser coração e memória histórica da vida e da instituição, sobretudo às novas gerações.

Para uma adequada compreensão da importância das relações na terceira idade é indispensável ter uma visão positiva do envelhecimento enquanto fase que apresenta seus problemas, mas também suas vantagens e riquezas. Erik Erikson, grande pensador do século passado, estudioso da estruturação e do crescimento da personalidade num enfoque psicossocial dentro de oito aspectos em tensão, diz que a velhice é um período no qual o ser humano pode continuar caminhando para um amadurecimento e uma plenitude. Entretanto, é preciso que ele se tenha preparado para ter uma intimidade maior consigo, com os outros e com Deus. Assim, sua riqueza pessoal de comunhão com a vida é mais generativa e fecunda no que se refere ao essencial da realidade humana. Por isso, uma das melhores formas de incentivar os jovens à vida é ver como os idosos "enfrentam" a morte. Certamente em tantos casos é de grande ajuda quando cada pessoa idosa é auxiliada a reler sua história, compreendê-la e reconciliar-se em relação a perdas, formas de agir. Isso facilita um processo de pacificação tão necessário para olhar a si e ao mundo a partir dos olhos de Deus.

5. Aprender a abrir-se para outras formas de trabalho e missão

Uma inquietação que se tem observado de modo geral nas/os idosas/os é com a diminuição de energias para desenvolver certas atividades que antes eram feitas com muita tranquilidade e com maior produtividade. Aqui, é importante ter presente que cada pessoa tem sua constituição somática própria, sua história pessoal, sua personalidade específica. Compreender, aceitar e obedecer ao ritmo do corpo é uma das grandes formas de sabedoria. Esta obediência também se estabelece com a realidade psíquica e espiritual. Na VRC isso não é diferente. Essa preocupação pela diminuição das possibilidades, por vezes, aparece com grande intensidade. Na verdade, a vida humana inicia-se com um grande leque de possibilidades que, com o tempo, vão diminuindo, porque os ideais se chocam com o mundo dos limites. Depois de bom tempo de vida vem o tempo de reconhecer os limites e aceitar que os mais jovens podem assumir as funções de maiores exigências no apostolado. Poder deixar para outros que não necessariamente vão continuar a obra como a sugerimos, toca a profundidade de nossa condição de amor casto vivido na castidade, na pobreza e na obediência. Mas a fé e a confiança em Deus nos diz que a obra é dele e não nossa. Ele proverá continuadores de sua obra. Sua obra se tornou nossa obra.

Na instituição religiosa, a percepção de ser "religiosa/o idosa/o" tem sido associada à perda dos espaços, funções sociais e responsabilidades próprias de outras etapas da vida, ou seja, é mais ligada à mudança de papéis sociais do que às limitações trazidas pelo envelhecimento. Em face disso, observamos em muitas de nossas comunidades que, pela incapacidade de vários religiosos idosos em largar ou delegar a liderança mais pesada ou mesmo o poder para as gerações mais jovens, a obra apostólica e a missão infelizmente ficam estremecidas e comprometidas. Não é apenas a questão da idade, mas a mudança das exigências, a novidade que automaticamente se instaura no decorrer do tempo com diferentes modelos de vida e de apostolado.

Entretanto, se, de um lado, existe a dor e resistência de alguns na aceitação da velhice por se considerarem "improdutivos" e "inúteis" para a instituição, e terem de se afastar de algumas lideranças, de outro lado, temos encontrado situações que começam a apresentar grande surpresa e preocupação aos superiores/as. É o caso de religiosas/os na faixa etária de seus 60 anos que, ainda em pleno vigor de suas energias, apresentam grandes dificuldades em continuar assumindo atividades na sua instituição após a "aposentadoria", e se retiram antes do necessário. Mas isso pode significar uma frustração geral da vida e pode ser sintoma de depressão. Na linguagem do inconsciente, o cansaço em geral é sinônimo de depressão. Alguns até chegam a afirmar que já trabalharam demais[10] e agora é tempo de descansar, como, por exemplo, expressou uma religiosa:

> entrei muito jovem na VRC e trabalhei demais. Era de segunda a segunda, dia e noite. Teve um período que cheguei a ficar doente de tanto estresse. Eu me sentia esgotada, drenada... Eu não podia ver ninguém que já me irritava. Não tinha a menor paciência com as pessoas. Agora quero aproveitar a vida. Quero ler mais, aprender computação, cuidar do meu corpo e ajudar mais minha família. As mais jovens que comecem a trabalhar!... Tenho consciência de que já fiz a minha parte.

Tais situações se criaram também pela própria visão da formação. Por muito tempo se considerava a formação como limitada à formação inicial. Realidades que expressam algo semelhante ao exemplo citado descortinam a atual consciência da importância da formação contínua. Assim, este sentimento de inadequação não se instaura facilmente.

Na tentativa de encontrar o equilíbrio cotidiano nas atividades desenvolvidas, faz-se necessário um olhar além do aparente vivido,

---

[10] Na observação prática e clínica, não raras vezes constato que um bom número de religiosas/os apresenta queixa de uma progressiva perda de energia, esgotamento, irritação, desmotivação pelo trabalho pastoral, ao lado de vários sintomas de ansiedade, pânico e depressão.

pois, segundo Lazarus e Folkman (1984),[11] o estresse acontece no relacionamento que se dá entre a pessoa e o meio ambiente, considerando, de um lado, as características da pessoa, e de outro, a natureza dos eventos ambientais. A definição que eles enfatizam está centrada na relação entre a pessoa e o ambiente que a circunda, com seus fatos e circunstâncias. Sabemos que isso não é tudo, mas tem sua influência. Cada qual precisa poder conviver bem com o ambiente para que suas energias possam ser usadas segundo seus ideais e metas centrais da vida.

Uma das causas mais importantes de estresse é o "ciclo incompleto da ação", de acordo com os estudos de Wheeler (2001).[12] Toda ação, ou as muitas ações do cotidiano no trabalho, podem levar ao estresse, e uma possível consequência do estresse vivido pelo compromisso profissional é o *burnout*, que não vem do excesso de trabalho, mas da lacuna entre esforço e recompensa. Todos buscamos satisfação na vida. Locais ou situações que nos trazem satisfação são estímulo ao reforço e ao retorno. Onde sofremos, ou onde não há satisfação, tendemos a acionar forças de evitação. No fundo é o que alguns autores chamam de *burnout*.

O *burnout* seria, inicialmente, uma exaustão emocional, quando a pessoa sente que não pode mais dar nada de si mesma. Em seguida desenvolve atitudes e condutas negativas com relação aos usuários, clientes, organização e trabalho. Portanto, para Hart (2001),[13] é uma experiência subjetiva que envolve atitudes e senti-

---

[11] LAZARUS, R. S.; FOLKMAN, S. *Stress, appraisal and coping*. New York: Springer, 1984.

[12] WHEELER, J. *The real reason for stress and burnout*: do the pink sands of Bermuda really handle it? Disponível em: <http://home.ican.net~pnp/cpmu/wheeler.html>. Acesso em: 15 abr. 2015.

[13] HART, A. D. *Ajudando os filhos a sobreviverem ao divórcio*. Trad. por Neyd Siqueira. São Paulo: Mundo Cristão, 1998. p. 9-10.

mentos que vêm acarretar problemas de ordem prática e emocional ao trabalhador e à organização. Por outro lado, o estresse se diferencia de *burnout* – *burn*, "queima", e *out*, "exterior" – ou simplesmente da exaustão, porque envolve mais atitudes e condutas, um esgotamento pessoal com interferência na vida do sujeito. O fator gerador está não apenas no volume de trabalho, mas também no ambiente.

Essa síndrome, segundo França (1987, p. 197),[14] é caracterizada por:

> [...] sintomas e sinais de exaustão física, psíquica e emocional, em decorrência da má adaptação do indivíduo a um trabalho prolongado, altamente estressante e com grande carga tensional. Acompanha-se de sentimento de frustração em relação a si e ao trabalho. Embora já tenha sido descrita em várias e diferentes profissões, sua incidência é predominante entre os profissionais que trabalham na área de ciências humanas, particularmente enfermeiros, médicos e assistentes sociais.

Evidentemente tal síndrome pode ocorrer em qualquer faixa etária, como também em qualquer profissão, uma vez que ninguém se encontra imune, e cada um de nós pode se tornar um candidato ao *burnout* ocupacional, embora existam ocupações que apresentem um índice mais alto e que têm um traço em comum, ou seja, contatos interpessoais muito intensos. Estas realidades também são encontráveis na Vida Religiosa Consagrada. É conhecido o esforço e a responsabilidade de tantos religiosos em desempenhar bem sua missão, transformando-se num verdadeiro mito e obsessão. Quanto o modelo de perfeição tem contribuído com estas situações!

---

[14] FRANÇA, A. C. L.; RODRIGUES, A. L. *Stress e trabalho*: guia básico com abordagem psicossomática. São Paulo: Atlas, 1997.

A terceira idade tem um sentido muito mais profundo do que pensamos. Carl Gustav Jung, psiquiatra e psicoterapeuta, assegura que ela complementa nossa personalidade. E especialmente na vida afetiva. A pessoa que percorreu um caminho para a maturidade humana e espiritual é agora capaz de amar de maneira oblativa. Estará sempre mais disposta a doar-se generosamente aos outros e a purificar sempre mais seu amor para Deus.

No processo de envelhecimento, em que as/os religiosas/os, as/os idosas/os se deparam com dificuldade em continuar na vida "ativa", surge a necessidade da criação de novas formas de missão através de um novo projeto de vida. A ressignificação da missão, nesta etapa da VRC, é fundamental como possibilidade de integração e comunhão com a instituição.

6. Novo projeto de vida: testemunhar a força da VRC na velhice

Muitas vezes, na fase da terceira idade, se destaca e se centraliza o nível espiritual. As pessoas têm uma visão mais global da vida e centralizam seus referenciais a partir do nível espiritual. Se na primeira infância o aspecto mais central era o nível físico, se na juventude e vida adulta o centro se colocava no nível psíquico, na terceira idade o núcleo se coloca mais no nível espiritual. Por isso constatamos uma mudança ou aperfeiçoamento dos valores, uma síntese de vida a partir de alguns pontos mais centrais. Crianças, jovens e mesmo adultos poderiam achar isso alienante, mas isso se constitui num sentido profundo de experimentar a vida. A própria opção de vida religiosa se dá a partir deste nível, e se concretiza mais na terceira idade. Já não há como justificar outras opções, mas agora a experiência sentida é aquela de encontros profundos com Deus, com a missão, com outras pessoas. Em geral nos impressionamos positivamente ante a dimensão de fé que muitas pessoas de terceira idade manifestam diante da vida e da diversidade de circunstâncias. Percebemos nas/os religiosas/os idosas/os alguns aspectos que marcam a espiritualidade, ajudando-as/os a viver de forma intensa, profunda e fecunda esta fase. Entre eles destacamos a fé, que leva a/o idosa/o a se abandonar e a alimentar uma imagem positiva de Deus; humildade que a/o ajudará a aceitar as limitações físicas e psíquicas no decorrer desse processo e a intimidade com a pessoa de Jesus, onde a experiência de sentir-se amada/o e amar desperta para uma intensa e profunda comunhão com sua história de vida, com as pessoas e com a grandiosidade da criação. Essa espiritualidade facilita uma comunhão cósmica e sentimentos de misericórdia diante do mal e gratidão e alegria diante do bem e da salvação que vai acontecendo nas diferentes mediações de Reino.

Às vezes, poderíamos ter a impressão de que muitas experiências da VRC hoje estão contaminadas pela exacerbação da individualidade, de cada um por si, de buscas egoístas... São reflexos do mundo no qual vivemos. Há também testemunhos tão positivos de vida comunitária, de partilha de vida, de oração apostólica, de admiração da missão e do estado de vida abraçado, do reconhecimento da presença salvífica de Jesus em suas vidas. Como pessoas humanas e, especificamente, como pessoas que estão envelhecendo, sentimos mais fortemente a necessidade de conviver, partilhar experiências, compreensões, decisões comuns e de pertença. É por isso que sentimos o desejo de efetivas experiências comunitárias, onde o acolhimento personalizado pode efetivamente ser vivenciado. Nas partilhas pode-se compreender a diversidade e também as motivações diferentes. Quanto mais se partilha, mais se consegue reinterpretar o vivido e iluminá-lo na sua especificidade. Isso fortalece a identidade e originalidade de cada um.

Muitas/os religiosas/os idosas/os lidam de modo assertivo com a questão do envelhecimento. Fazem escolhas que as/os deixam de bem com a vida. São bem ativas/os e procuram alimentar e criar novas relações com os mais novos e com outras gerações. A presença destas/es religiosas/os junto a formandos, nas várias etapas da formação inicial, é muito saudável e desejável. Facilita-lhes a surpresa, as celebrações, as memórias, a revisitação de lugares e fatos vividos. Religiosas/os realizadas/os são um estímulo aos jovens para que se engajem nesta forma de vida. Para ir vivendo bem esta etapa da vida também é de grande valia o contato com os jovens, os quais são aquela dimensão de surpresa tão saudável para as/os religiosas/os na terceira idade.

É na força da comunidade que os discípulos e discípulas de Jesus Cristo são capazes de passar pela experiência da própria fragilidade. O vazio existencial é distanciado e se desenvolve um sentido amplo da vida que sintetiza, integra e assume todo o vivido. Pode também haver aqueles/as que estão ainda em busca desta integração existencial ampla. Há religiosas/os que se ressentem pelo fato de não terem tido suficientes oportunidades de autoconhecimento e autoformação. Vendo hoje oportunidades que são oferecidas aos jovens, podem se alegrar como também desenvolver uma sutil inveja. Uma religiosa idosa, na experiência vivida de seus oitenta e cinco anos, assim me confidenciou o seu jeito de pensar e viver sua missão:

> Não me sinto muito coerente para falar da missão do religioso idoso, pois ainda tenho muita dificuldade para viver coerentemente. Tenho consciência de minhas ambiguidades, mas penso que a grande missão dos religiosos idosos seja o testemunho. Testemu-

nho de quem experimentou o amor de Deus, viveu de forma integrada, leve e feliz na vida fraterna, de quem contribuiu de alguma forma com a vida, especialmente para com os mais pobres e necessitados, no Reino de Deus. Testemunho alegre, feliz, de alguém que se ofereceu totalmente no seguimento do Senhor. [...] Então, uma pessoa religiosa idosa que transmite alegria é uma pessoa que testemunha e vive sua missão.

Algo chama atenção neste testemunho. Não importa a função, o importante é a qualidade do amor, a disponibilidade de servir, a promoção da comunhão e o testemunho de que a VRC continua sendo sinal de Reino no mundo pós-moderno. Portanto, é preciso estimular todos os membros das comunidades a romper com as barreiras que os impedem de criar vínculos interpessoais próximos, acolhedores e afetuosos, e assim resgatarem o que foi essencial na construção de pessoas suficientemente autônomas, confiantes e criativas, sensíveis e preocupadas com os que habitam o mesmo espaço de relacionamento, especialmente das/os religiosas/os idosas/os.

7. Conclusão

Em nosso percurso sobre o envelhecimento ressaltamos alguns aspectos que consideramos importantes. Certamente não são os únicos. Queríamos reforçar a importância desta fase da vida, bem como a importância de tantas outras. A terceira idade sintetiza a qualidade de acertos e não acertos em relação à tarefa da vida que nos foi dada e confiada. As estruturas sociais e institucionais têm responsabilidade quanto a facilitar os caminhos de realização humana, inclusive das/os religiosas/os. Por muito tempo se pensava que as opções espirituais e pelos valores do Evangelho produzissem automaticamente a maturidade humana e uma vida realizada.

Isso não se confirma. A forma de viver a terceira idade ajuda a repensar o passado pessoal e institucional. Olhando a realidade da terceira idade, podemos repensar a formação, no sentido mesmo de se preparar para vivenciar o envelhecer com sabedoria e desenvolvimento humano amplo. Ou seja, partilhar com responsabilidade um processo de amadurecimento onde se encontram encantamento e autenticidade na relação com si mesmo, com o outro, com o mundo e com Deus. Além disso, a terceira idade é uma avaliação sobre os acertos e não acertos do processo de formação, no que se refere aos conteúdos, processos, métodos e experiências.

Nunca conhecemos o suficiente sobre a vida humana, nem temos condições de controlar as variáveis intervenientes. Isso também vale para a terceira idade: envelhecer com sabedoria requer saber conviver com situações em que o horizonte da vida aparece no sentimento de finitude e infinitude, de saúde e doença, de inclusão e exclusão. Mas podemos facilitar a vida para que se torne mais humana e diminua a dor, o sofrimento e os obstáculos ao sentido da vida. A diminuição das defesas faz com que as pessoas da terceira idade sejam mais sensíveis, ao se sentirem úteis e quererem companhia, acolhida e boa experiência comunitária. As doenças, além de refletirem a fragilidade física, têm alguma relação com o sentimento de pertença, de aceitação e valorização. Uma boa estrutura pessoal e institucional torna esta etapa da vida uma etapa leve, saudável, alegre. O encontro com pessoas realizadas valoriza suas escolhas anteriores acertadas, seu modo de viver em unidade consigo e com os demais. As surpresas institucionais tornam esta etapa da vida mais significativa e é uma forma de pastoral vocacional.

A CIRCULARIDADE E OS DIVERSOS MODOS DE EXERCER O PODER

Cleusa Maria Andreatta[*]
Susana María Rocca[**]

"Cada dádiva recebida
se realiza plenamente
quando é compartilhada com os irmãos,
para o bem de todos.
A Igreja é assim! E quando a Igreja,
na variedade dos seus carismas,

---

[*] Pertence à Congregação das Irmãs da Divina Providência (IDP). É graduada em Filosofia e em Teologia pela Pontifícia Universidade Católica do Rio Grande do Sul. Mestra em Teologia pela Faculdade Jesuíta de Filosofia e Teologia e doutora em Teologia pela Pontifícia Universidade Católica do Rio de Janeiro. Atualmente é professora de ética na Unisinos, coordenadora do Programa Teologia Pública do Instituto Humanitas Unisinos – IHU e responsável técnica dos Cadernos Teologia Pública – IHU, além de membro da Equipe Interdisciplinar de Assessoria da CRB.

[**] Pertence à Comunidade Missionária de Cristo Ressuscitado (MCR). É graduada em Psicologia pela Universidad Católica del Uruguay, especialista em Aconselhamento e Psicologia Pastoral, e doutora em Teologia Prática pelas Faculdades EST (São Leopoldo/RS). Organizadora do livro: *Sofrimento, resiliência e fé: implicações para as relações de cuidado* (São Leopoldo, Sinodal, 2006) e autora do livro: *Resiliência, espiritualidade e juventude* (São Leopoldo: Sinodal, 2013). Desde 2003, trabalha no Instituto Humanitas Unisinos – IHU.

se exprime em comunhão,
não pode errar: é a beleza e a força do *sensus fidei*,
daquele sentido sobrenatural da fé,
que é conferido pelo Espírito Santo
a fim de que, juntos, possamos entrar no cerne
do Evangelho e aprender a seguir Jesus na
nossa vida" (Papa Francisco,
1º de outubro de 2014).

1. Introdução

Muito se tem escrito sobre o poder. Por isso, sem a preocupação por aprofundar todos os aspectos, gostaríamos de trazer alguns pontos de reflexão baseados na experiência de algumas comunidades de VRC. São grupos que se perguntam como encontrar novos modos de se organizar, para atender melhor às expectativas de uma VRC com relações mais humanizantes e maduras, mais participativas também no exercício do poder, conscientes da originalidade, da pluralidade de histórias, experiências e carismas de cada consagrada/o.

Será que o modelo hierárquico piramidal tradicional dá conta das descobertas e das necessidades atuais da VRC? Ou existem outros modelos? Se sim, como criar estruturas de coordenação/governo com relações que garantam uma organização eficaz, capaz de promover o exercício da corresponsabilidade e da subsidiariedade em todos os membros da comunidade? Que contribuições e riquezas estão trazendo, hoje, as experiências de implantação de modelos mais democráticos e participativos na VRC? Como promover a participação, com mecanismos suficientemente ágeis para poder alcançar resultados nos prazos precisos? Como e quando é

A CIRCULARIDADE E OS DIVERSOS MODOS DE EXERCER O PODER

possível e favorável a busca de maior participação e a construção de consensos no processo de discernimento e de tomada de decisões? Partindo dos ensinamentos de Jesus, o que significa *poder* na VRC? Se o poder não é somente próprio de quem tem a autoridade, como cada consagrada e consagrado vivenciamos e exercemos o nosso poder na nossa comunidade local, nas obras ou na missão que nos são confiadas?

2. No contexto das grandes transformações

Para situar a nossa reflexão sobre as diversas formas de exercer o poder na VRC, partiremos de uma contextualização das grandes transformações na sociedade e na cultura contemporânea e, por consequência, no âmbito eclesial. Os modelos hierárquicos de organização aos quais a VRC esteve acostumada por muito tempo e que, em diversas instituições, ainda se fazem presentes, não combinam com as sensibilidades atuais, gestadas na modernidade, e que têm no horizonte os ideais da participação. Podemos destacar algumas demandas e características do contexto sociocultural contemporâneo que incidem nas relações comunitárias e institucionais, gerando crise nas relações de poder, bem como desafios e expectativas (também dificuldades) de participação nas decisões e processos da vida e missão da VRC.

A modernidade e a pós-modernidade, enquanto momentos culturais, têm como uma de suas características o foco no individualismo, baseado em três categorias fundamentais: a autonomia da consciência, a singularidade do indivíduo e a dignidade humana de cada pessoa. Com estas características, o individualismo é incentivador do surgimento de um sujeito autônomo, em que cada indivíduo tem a tarefa de se autoconstituir como sujeito

CLEUSA MARIA ANDREATTA E SUSANA MARÍA ROCCA

no exercício de sua liberdade. Como afirma o teólogo moral jesuíta Roque Junges:

> Na mentalidade tradicional a identidade do ser humano era dada pela comunidade. Ele não tinha representação fora do seu grupo; os laços comunitários é que o constituíam como sujeito. O enfraquecimento dessa dependência, facilitada pelos poderes que a modernidade foi colocando nas mãos do sujeito, possibilitou a emergência do indivíduo autônomo. O indivíduo moderno caracteriza-se por aquilo que o diferencia dos demais e não por aquilo que o identifica com o seu grupo. O individualismo, como dinamismo cultural de independência e autonomia, incentivou a busca da originalidade do sujeito e valorizou o ideal da autenticidade de cada um. Cada indivíduo é convidado a ser original e autêntico na sua expressão. Ser indivíduo identifica-se com ser autônomo.[1]

Podemos destacar nas demandas, desafios e possibilidades que fazem parte da democracia outro traço da modernidade. A dinâmica cultural da centralidade do indivíduo é uma dos pilares do surgimento de uma sociedade democrática baseada no respeito aos direitos humanos. Por outro lado, a ênfase e a valorização da autodeterminação do indivíduo influenciam nas relações sociais contemporâneas, favorecendo, como consequência, o enfraquecimento dos laços grupais.

No âmbito eclesial, em sintonia com as sensibilidades da época, o Concílio Vaticano II desencadeia um importante processo de revisão das relações de poder na Igreja, com ampla incidência na VRC. Com a noção de Igreja Povo de Deus a caminho do Reino, o Concílio promove uma transformação na consciência pessoal de mulheres e homens, integrados nesta Igreja pelo Batismo comum

---

[1] JUNGES, Roque. *Apostila: impasses e desafios da liberdade moderna*. São Leopoldo: Unisinos, 2004.

a todos, a respeito de sua pertença e corresponsabilidade eclesial (*Lumen Gentium* 9-17).

No período pós-Concílio, a concepção da hierarquia e liderança na Igreja, na perspectiva dos ministérios à luz do Evangelho, desencadeou uma popularização da concepção de exercício de lideranças na VRC como serviço. Bem sabemos que autoridade e poder não são o mesmo. Jesus Cristo nos ensina uma lógica do poder bem diferente da lógica dos grandes do mundo: "entre vocês não será assim". A verdadeira autoridade é a de Jesus, que serve com humildade, com mansidão e com um amor tão grande, capaz de dar a vida. O exercício do poder do Mestre nos é ensinado no lava-pés, significando a entrega da sua vida (Jo 13,1-17), até dar a vida pelo rebanho, como Bom Pastor (Jo 10,11-18). Se a chave do poder em Jesus é o serviço e a misericórdia, precisamos nos perguntar com sinceridade: como exercemos, hoje, o poder em nossos contextos comunitários e missionários?

3. "Circularidade": na busca de modelos mais participativos

No contexto da mudança epocal, das grandes transformações, percebem-se tensões e certo estresse afetivo que levam ao questionamento se não se trata de efeitos colaterais de um modelo que já não dá conta e que exige, da nossa parte, uma reflexão mais profunda.

A busca de estruturas de organização e gestão da VRC, pautadas por relações de poder atentas às sensibilidades e expectativas de participação, relações igualitárias e inclusão, é marcada pela tentativa de fazer a passagem de estruturas hierárquicas e piramidais para estruturas de coordenação mais participativas que, em

CLEUSA MARIA ANDREATTA E SUSANA MARÍA ROCCA

diversos casos, se expressa com noções de "colegialidade", "forma colegiada de coordenação" ou de "circularidade". O exercício de novas formas de organização e coordenação da VRC nasce da busca promover maior participação, ativa, plural, ouvindo a voz e considerando a opinião de um maior número de integrantes; implica um caminho criativo de construção de processos de discernimento, em determinados aspectos e práticas, garantindo maior participação e corresponsabilidade na reflexão e decisões.

Mas o termo "circularidade" não é ainda muito conhecido. Na VRC, esta categoria encontra sua fundamentação primordial na prática de Jesus e só pode sustentar-se e revigorar-se à luz do Evangelho. A teóloga feminista Elizabeth Schüssler Fiorenza[2] nos ajuda a pensar a questão da circularidade no trabalho de hermenêutica bíblica, ao falar da categoria inovadora de Jesus do "discipulado de iguais", cunhada e utilizada por ela para analisar as relações de poder na Igreja, à luz da prática de Jesus, em relação às mulheres e a outros grupos excluídos de seu tempo. Em lugar de promover as relações piramidais do seu tempo, Jesus favorece outro estilo de relacionamentos fraternos e igualitários: "Eu vos chamo amigos" (Jo 15,15).

Esta chave de leitura bíblica, mesmo não sendo a única forma de interpretação, é uma categoria de análise que tem sido utilizada, por alguns grupos, como referência bíblico-teórica para a fundamentação da busca de relações participativas e igualitárias na sociedade, na Igreja e na VRC. O "discipulado de iguais" privilegia dinâmicas circulares e relações participativas, centradas no projeto do Reino de Deus, inspiradas no anúncio e na prática de Jesus.

---

[2] SCHÜSSLER FIORENZA, Elisabeth. *Discipulado de iguais*. Porto Alegre: Vozes, 1995.

Atualmente, algumas congregações e grupos eclesiais vêm exercitando esta prática, na tentativa de promover outras formas de organização, de diálogo e de tomada de decisões participativas, promovendo um processo criativo de novas configurações das relações de poder, iluminadas/os pela releitura da Palavra de Deus nesta perspectiva. Trata-se de um caminho mais difícil e desafiador, porém mais perto dos critérios evangélicos.

Os caminhos percorridos por esta visão têm produzido resultados muito significativos que não se restringem ao âmbito da VRC, como: o sentido de corresponsabilidade na dinamização da vida em missão; as relações igualitárias articuladas no reconhecimento da riqueza das diferenças; o empenho por relações inclusivas, buscando superar situações de discriminação; a valorização a partir de uma nova perspectiva de funções e competências atribuídas/delegadas em vista da missão etc.

4. Capacitar-nos para a circularidade

Como capacitar-nos mais e melhor para o exercício da circularidade e da corresponsabilidade na vida e na missão? Embora um importante caminho já tenha sido feito em muitas congregações, este tema continua sendo um desafio. Persistem algumas dificuldades relacionadas a atitudes ainda pautadas pelos hábitos de relações hierárquicas e discriminatórias, dificuldades em relação à própria noção de igualdade inerente à proposta do discipulado de iguais, entre outras.

A prática da circularidade pode ser obstaculizada por uma falta de percepção e autocrítica de modos de pensar próprios de modelos hierárquicos que internalizamos ao longo da vida, presentes tanto no nosso inconsciente quanto nas culturas. Por isso faz-se

CLEUSA MARIA ANDREATTA E SUSANA MARÍA ROCCA

necessária uma revisão crítica que nos ajude a elaborar, a partir de dentro, essa nova forma de pensar e de agir de maneira mais integradora e corresponsável, na dinâmica participativa do modelo circular.

Essa transformação atua também, fortemente, sobre a organização da VRC, suscitando reflexões críticas sobre a necessidade de implementar mudanças na linguagem, denominar as funções e os modelos de gestão e organização. Como forma de criar outras possibilidades de ressignificação do serviço da autoridade e a função de governo nessa perspectiva mais circular, algumas instituições religiosas puseram em prática o uso de termos como Animação ou Coordenação, Animador/a ou Coordenador/a, apostando nos impactos da linguagem no processo de (des)construção de modelos piramidais tradicionais ou menos participativos, coletivos e plurais. Isto já é um bom passo, porém, nem sempre significa uma mudança profunda, pois os modelos de relacionamento e as expectativas sobre como deve ser exercido o poder não mudam se não há um trabalho interior (mentalidade) e um trabalho exterior (prática) que acompanhe.

O trabalho interior corresponde à necessidade de que cada integrante da VRC se conscientize dos modelos de autoridade e dos modos de relacionamento introjetados nas relações de poder (autoritarismo, paternalismo, cumplicidade, concorrência, sensação de abandono, submissão, rebeldia, inveja, confronto, temor, busca de segurança, confiança etc.). Como implementar, por exemplo, dinâmicas de partilha e diálogo comunitário quando há integrantes da comunidade que, ao longo de sua história, quase não tiveram a oportunidade de participar na tomada de decisões?

Em algumas congregações, não são poucas/os as/os religiosas/os – geralmente de mais idade – das/as quais a história roubou, por

A CIRCULARIDADE E OS DIVERSOS MODOS DE EXERCER O PODER

longo tempo, o direito à palavra e, ainda hoje, encontram dificuldade em pronunciar-se em primeira pessoa. Devolver às pessoas o direito a pronunciar-se e dizer o que pensam é um caminho longo, mas vale a pena. Por outro lado, algumas pessoas – principalmente das novas gerações – estão habituadas a partilhar seus sentimentos e opiniões, porém, nem sempre têm a mesma facilidade para assumir algo que não seja conforme as suas expectativas.

Não podemos esquecer que por trás do "não sei" e do "não posso", nem sempre há limitações psicológicas. A tentação do poder atinge todo ser humano. E devemos ser conscientes e sinceras/os e reconhecer que o maior empecilho para o "discipulado de iguais" e as dinâmicas circulares é o "não quero". Não quero deixar meu mundo seguro, minha ideia ou interesse pessoal; não quero que outra pessoa venha e faça diferente; não quero perder o lugar de status ou de privilégio afetivo ou material que eu tinha etc. Quantas vezes existem grupos de poder que reivindicam lugar para seus representantes e operam como grupos de pressão! Como fazer para escutar cada irmã/o e ter a suficiente flexibilidade para discernir, sem pressões nem jogos psicológicos, entre uma ou mais pessoas da comunidade? Pois, como em todo grupo humano, na VRC existem tensões e diferenças que não podem, contudo, frear o processo de discernimento comunitário.

A mudança de estilo e de forma de se relacionar de maneira mais circular na vida comunitária e na missão também precisa de experiências práticas, como, por exemplo, marcar momentos específicos para a partilha fraterna e o exercício do discernimento comunitário.

5. Relações de poder

O poder, enquanto relação, sempre está integrado num todo orgânico, e seu exercício depende das relações que se estabelecem. Assim, repensar as relações de poder na VRC, desconstruindo formas hierárquicas e promovendo formas participativas numa perspectiva de circularidade, implica uma revisão crítica das relações interpessoais, assim como das dinâmicas e frutos que surgem dessas relações de poder.

Além de ajudar na revisão crítica de concepções e expressões práticas que manifestam o nosso modo de conceber e de exercer o poder, a noção de relações de poder[3] é uma interessante chave de leitura. Pois o poder sempre se dá mediado pelas relações, existe e se concretiza como relação, caracterizando-se como "uma realidade dinâmica, que permite ao ser humano expressar sua liberdade e responsabilidade".[4]

A busca de si através da busca do poder é uma inclinação da natureza humana que precisa ser pessoalmente analisada, pois faz parte de uma tentação do ser humano. Na VRC não se trata de exercer o poder por satisfação pessoal, por vontade própria ou por mera capacidade. Isso exige vigilância para descobrirmos quais são os mantos que nos impedem de servir, pois não podemos deixar-nos levar pelo narcisismo pessoal, pela busca de satisfação pessoal, de reconhecimento, de apoio ou de *status* no exercício do poder, nem buscar que prevaleçam os próprios interesses e concepções. Como cuidar para não nos eximir, quando a responsabilidade está em

---

[3] FOUCAULT, Michel. *Microfísica do poder*. 12. ed. Petrópolis/RJ: Vozes, 1995.

[4] MARINHO, Ernandes Reis. As relações de poder segundo Michel Foucault. *E-Revista Facitec*, v. 2, n. 2, art. 2, dez. 2008.

nossas mãos? Como deixar-nos questionar para não confiar demasiadamente em nossa visão, experiência, saber ou opinião? As pessoas têm duas tendências: assumir o poder como absoluto ou como algo só seu, ou, a outra cara da moeda, iludir-se esperando que outros assumam a sua responsabilidade. A revisão pessoal e comunitária nos leva a purificar tanto a tentação de onipotência, de quem assume tudo para si e não possibilita participação aos outros, quanto a negligência de quem abre mão do que lhe compete e, como consequência, deixa à deriva outras decisões.

De fato, nas relações de poder há sempre mão dupla: quem coordena e quem obedece. O exercício da autoridade e da obediência não nasce nem se realiza por que a pessoa quer ou por que sabe exercer a autoridade ou por que simplesmente gosta ou não se importa em ter que obedecer.

Por isso, precisamos repensar as nossas relações de poder, e isso vai para além dos modelos e formas de governo ou de animação. Tanto no modelo piramidal, cuja autoridade máxima está no/a Superior/a, como no modelo circular, cuja autoridade está na comunidade, no consenso, a função dessa autoridade é garantir que a norma máxima seja o Evangelho. E a maneira de exercer esse poder é uma hierarquia do avesso: quem tiver autoridade deverá ser servidor de todos. Lemos em Mc 10,43-44: "quem de vocês quiser ser grande, deve tornar-se o servidor de vocês, e quem de vocês quiser ser o primeiro, deverá tornar-se o servo de todos".

Existe uma forma de pensar o poder tal como é concebido no modelo linear ou mecanicista. Nesse esquema, manda quem pode e obedece quem deve. Estando fora o poder, o discípulo não tem poder. Nesta forma de organização, espera-se que as pessoas reajam passivamente, de acordo com o que se manda.

No paradigma quântico ou da complexidade[5] (Edgar Morin), o modo de exercer o poder responde ao modelo da circularidade; há retroatividade, isto é, todos participam desse dinamismo e quem coordena ajuda a organizar. É um modelo essencialmente participativo.

A filósofa política alemã Hannah Arendt afirma que o exercício do poder depende de quem confere esse poder, porque se trata de uma "relação de consentimento". Só é possível ter poder se uma ou mais pessoas concedem o poder e, por sua vez, elas também reconhecem esse poder dado. Afirma Arendt:

> O poder nunca é propriedade de um indivíduo; pertence a um grupo e permanece em existência apenas na medida em que o grupo se conserva unido. Quando dizemos que alguém está "no poder", na realidade nos referimos ao fato de que ele foi empossado por certo número de pessoas para agir em seu nome.[6]

Uma equipe de coordenação, em qualquer instância (geral, provincial, serviços), encontra-se com esta temática de um lugar específico de exercício do poder na VRC, com desafios e possibilidades que exigem ressituar atribuições e competências no exercício de sua missão. Trata-se de um desafio de mão dupla, tanto do ponto de vista de quem assume esta função, quanto do ponto de vista dos demais membros da comunidade religiosa.

O poder como relação de consentimento significa, em última análise, uma ação em conjunto. "Poder" é a capacidade de trabalhar junto, é colocar todo o grupo em ação. Dito de outro modo, é o poder de "empoderar".

---

[5] MORIN, Edgard. *Introdução ao pensamento complexo*. Tradução de Eliane Lisboa. 4. ed. Porto Alegre: Sulina, 2011.

[6] ARENDT, Hanna. *Poder e violência*. Rio de Janeiro: Relume Dumará, 2001. p. 36.

A CIRCULARIDADE E OS DIVERSOS MODOS DE EXERCER O PODER

Essa é uma ideia de exercício de poder de grupo onde o poder circula, já que o poder não está só na coordenação, pois o grupo legitima e reconhece o poder e a autoridade da coordenação. O poder precisa de um relacionamento entre quem coordena ou manda e o grupo que o reconhece e obedece. Caso o grupo se sinta trancado e não dê autoridade a quem tem autoridade, o poder fica cortado. É o que acontece com Jesus, no Evangelho, quando as pessoas não reconhecem a sua autoridade (Mc 6,5; Mt 13,58).

Um exemplo bonito que ilumina o entendimento do poder como relação de consentimento, de mão dupla, de ação em conjunto, aparece no filme francês *Homens e deuses* (2010). O filme conta a história verídica de sete monges que vivem num mosteiro trapista, em Tibhirine, Argélia (1989), completamente integrados na população muçulmana. O fanatismo religioso e os atos de violência ameaçam a segurança do mosteiro, e o Superior decide fechar as portas às 17 horas. Chegada a hora da reunião da comunidade, os monges o questionam dizendo: "Não te elegemos para decidir sozinho" e, tendo feito um processo de discernimento comunitário, decidem em conjunto permanecer com a população local, mesmo sabendo que poderiam ser assassinados.

Algumas Congregações, no esforço de achar formas mais adequadas para uma fidelidade criativa ao carisma, nos tempos atuais, se perguntam que modelo poderia articular melhor a função petrina do serviço da autoridade, segundo os evangelhos sinóticos, com a visão joânica de uma comunidade de iguais, constituída de "amigos" e não de "servos" (Jo 15,15), onde o serviço constitua a sua identidade (Jo 13,1-20) e o permanecer unidos em Jesus seja a sua força (Jo 15,1-11; 17,21).

Perguntemo-nos: como vivo, como compreendo e como são as minhas relações de poder na vida comunitária e na missão, no cotidiano do dia a dia? Exercer o poder não é um privilégio de quem ocupa cargos de coordenação. Em uma família, em qualquer grupo, numa comunidade, todos e todas exercemos um tipo de poder a partir do lugar onde estamos. Aliás, existem estruturas de poder (e, infelizmente, às vezes de dominação) que não partem das pessoas que têm cargos e exercem a função de coordenação. De fato, poder e autoridade são dois conceitos diferentes. Quantas vezes, num grupo, há tensão entre o poder do decidido pela autoridade instituída e o poder de quem vive questionando e colocando objeções e empecilhos? E o que dizer do poder que se manifesta pelo descontentamento e pela oposição, através do silêncio e da indiferença? O que significa o poder de quem atrapalha ou inviabiliza a realização do decidido com choros, crises ou doenças ocasionais? Quantas vezes constatamos o exercício do poder mascarado de fraqueza? E a demarcação simbólica da zona de poder cotidiano como, por exemplo, as chaves de um local, as compras ou algumas informações?

6. Circularidade e discernimento comunitário

Passar de um modelo piramidal e hierárquico a um modelo mais circular e participativo é um processo e depende das opções de cada Congregação e comunidade. Porém, se quisermos formas de vida e de relação mais maduras e humanizadas, precisamos pensar como avançar na escuta e na coparticipação das irmãs e irmãos de comunidade. Um primeiro passo poderia ser o favorecimento de espaços alternativos de partilha e reflexão conjunta sobre a realidade onde estamos inseridos. De fato, a VRC está pautada por uma hierarquia composta de constituições, estatutos e normas (do Código de Direito Canônico às regras e normas particulares de cada Instituto de Vida Consagrada). Mas, na prática cotidiana, temos de crescer no processo de partilha e discernimento comunitário. Esta prática nem sempre é encarada com seriedade e profundeza. Para isso, são necessários tempo, dedicação e disposição do grupo para realizar um processo de discernimento conjunto que permita ter clareza da Vontade de Deus nessa situação ou prática concreta da vida ou missão da comunidade. Trata-se de um desafio que nem sempre assumimos como comunidade, pois é mais fácil que alguém reflita e decida, porém, o resto do grupo fica desiludido, sem contribuir no discernimento. O risco deste tipo de discernimento piramidal é a falta de elementos diferentes, e nem sempre há adesão e compromisso pelo fato de não se estar a par do caminho de discernimento que levou a tal decisão.

Por outro lado, como conciliar o discernimento da comunidade com algumas afirmações do Código, das Constituições e normas que nasceram num contexto hierárquico e piramidal bem diferente do atual? É um desafio que nem sempre é fácil de resolver, mas precisamos continuar avançando na reflexão crítica e na busca dos modelos que mais nos ajudem a viver a nossa consagração e a dedicação à missão nas diferentes realidades e contextos que cada Família Religiosa está vivendo.

A pergunta pelo modelo ou forma do exercício do poder nos remonta ao estudo de Santo Agostinho.[7] Ele encontrou 72 tipos de arranjos possíveis e concluiu que o mais perfeito é o oval, a *pericorese*: as três pessoas trinitárias agem sempre conjuntamente no interior da criação. É o inter-relacionamento entre as três pessoas divinas, onde cada uma vive da outra, com a outra, pela outra e para a outra. É uma comunidade unida, de amor, de ação e que, nas

---

[7] AGOSTINHO, Santo. *A Trindade*. São Paulo: Paulus, 1994.

diversas situações e momentos da história, age a partir de diferentes lugares: pois, em alguns momentos, o Pai está no centro; em outros o Filho; em outros, é o Espírito Santo.

Na VRC este modelo nos faz pensar em dinâmicas onde a comunidade exerce o poder em conjunto. Alguém, a partir do centro, dinamiza o trabalho de todo o resto. Mas as pessoas que estão no centro mudam segundo os diferentes temas. Por exemplo, se se deve resolver um tema de missão, de economia ou de formação. Enquanto alguém está no centro o resto está na periferia, mas a relação centro-periferia é como na pirâmide. O centro é descentrado para promover o movimento; é uma centralidade que se orienta para os outros, não para si.

E como se chega à decisão final? Neste modelo oval ou circular, alguns grupos optam por definir só por consensos. Já em outros grupos, ou perante temáticas que precisam de resolução que não pode ser postergada até chegar ao consenso, quem assume a autoridade tem a última palavra. De alguma maneira, dessa autoridade é a pessoa que vai sofrer as consequências, assim como a pessoa que a exerce assume o sofrimento correspondente.

Existe, também, o modelo de consenso dos indígenas. Eles discutem os assuntos com intensidade até decidir. Mas, uma vez decidido, o assunto não se discute mais. Contudo, este modelo parece ser menos favorável para a realidade da VRC, pois uma reserva de possibilidade de crítica sempre é saudável. Nessa linha, contamos com o Direito Canônico e com tantas outras normas e leis para resolver os problemas.

Apesar de termos muitos anos de experiência em modos de organização da VRC e de exercer o poder de modo mais hierárquico e piramidal, a forma circular parece ser um avanço. Para isso, obviamente, se precisa de pessoas afetivamente maduras, dispostas à escuta, ao respeito, e que queiram assumir os ganhos e riscos de processos de partilha e discernimento em conjunto.

Podemos afirmar que o círculo é a festa do relacionamento. Contudo, no cotidiano, nos deparamos com as nossas dificuldades: mentalidades e experiências de vida diferentes, expectativas e motivações variadas, gerações e contextos bem diversos. Sabemos quanto custa a escuta respeitosa, o diálogo confiado e sincero, a necessidade que temos de aprender a descobrir a complementariedade e a riqueza das nossas diferenças. Sabemos que, mesmo com boa vontade, nos deparamos com as limitações e não resulta fácil pensar, decidir e agir em comum, ou entender a postura ou o ritmo de algumas pessoas. Mesmo assim, somos desafiados a crescer em experiências mais dialogais e participativas, pois, como prega o pastor radialista: "Sozinhos vamos mais rápido. Juntos vamos mais longe" (Rubinho Pirola).

Para finalizar, podemos perguntar-nos: na VRC que queremos existe o esforço para encontrar formas de fazer, do nosso dia a dia, uma partilha sincera e comprometida com as irmãs e irmãos para, juntos, trabalhar pelo Reino? Estamos convencidos de que o poder que Jesus nos pede está no serviço? Se esse é o nosso esforço como VRC, encontraremos as formas mais proféticas e adequadas para este novo tempo histórico, em conjunto. Confiamos no que diz o Papa Francisco: "Quando a Igreja, na variedade dos seus carismas, se exprime em comunhão, não pode errar".

Uma formação integral hoje e amanhã

Paulo Dullius[*]

"Longo é o caminho para o homem
que "age e sofre" até o reconhecimento
daquilo que ele é em verdade,
um homem "capaz" de certas realizações.
Esse reconhecimento de si ainda requer,
em cada etapa, a ajuda de outrem,
quando falta esse reconhecimento mútuo,
plenamente recíproco, que fará de um dos
parceiros um ser-reconhecido.
O reconhecimento de si permanecerá não
apenas inacabado, mas permanecerá na
verdade o reconhecimento mútuo, mas, além
disso, mutilado, em razão da assimetria
persistente da relação com outrem
construída segundo o modelo da ajuda,
mas também do impedimento real"
(RICOEUR, Paul. *Percurso de reconhecimento*.
São Paulo: Loyola, p. 85).

[*] Irmão de La Salle (FSC), com formação em filosofia, teologia, psicologia. Durante muitos anos teve responsabilidades na formação da província, Instituto e vida religiosa. Atualmente trabalha no Secretariado de Formação do Instituto, em Roma.

1. Introdução

A socialização é um processo permanente dos povos, das culturas, das instituições. Constitui-se da grande tarefa de entrar no grupo e viver segundo seus usos, costumes, valores. Inclui o vivido do grupo que vem da tradição, requer uma presença ativa na sociedade e tende a projetar a sociedade para o futuro. Para tal, há alguns critérios mínimos requeridos, embora nunca plenamente satisfeitos. Este processo prevê conteúdos e metodologias específicas para os inícios, para os momentos mais estáveis e mesmo para situações-limite. As primeiras etapas da formação são semelhantes aos processos iniciáticos[1] conhecidos nos povos antigos, com alguns resquícios na sociedade atual, como, por exemplo, a celebração dos 15 anos. No entanto, a formação é algo mais complexo do que um processo iniciático. O processo iniciático, uma vez realizado, dispensa as pessoas de formação, pois já aprenderam o que é necessário para sua vida como adulto. O acento exagerado na formação inicial tem algum vínculo "prático" com a iniciação dos povos antigos. A realidade mudou muito, e as compreensões antropológicas se ampliaram especialmente ao redor de opções de vida, como a espiritual. Para compreender a importância da formação hoje e para que ela realize seus objetivos, convém iniciar nossa reflexão indicando algumas características do cenário atual para nele entender a formação. Precisamos compreender bem a formação em si, precisar a quem se dirige, responder aos porquês da mesma e definir quais os seus principais objetivos. Certamente queremos, no processo formativo, contribuir para que as pessoas – e os grupos – tenham condições de viver com liberdade e responsabilidade,

---

[1] O leitor pode encontrar mais dados sobre os processos iniciáticos, sobretudo em livros de antropologia cultural e em alguns de Margaret Mead (especialmente *Sexo e temperamento*).

insiram-se na sociedade e sirvam aos demais inspiradas no Reino de Deus. E isso é um programa de toda uma vida.

A formação considera amplamente as características pessoais, culturais, religiosas e sociais dos envolvidos no processo formativo, em vista de uma formação integral. Disto decorrem a dimensão de subjetividade, a superação de modelos mais estáticos e previsíveis e a possibilidade de optar por itinerários formativos caracterizados pela visão dinâmica da pessoa e dos grupos numa sociedade na qual se acentua a mudança, uma identidade dinâmica narrada e sempre enriquecida com as experiências de cada dia. Os horizontes e as metas a alcançar requerem o empenho de toda a pessoa, daquilo que ela é, especialmente sua realidade mais profunda e unitária. Se há situações difíceis na formação, também as há – como sempre houve – em outros aspectos humanos. Constatar esta realidade não tem como objetivo justificar passiva e conformisticamente o que há, mas propor alternativas para uma formação significativa. As dificuldades podem fazer recuar, mas podem também desencadear processos criativos de superação. Hoje é oportuno abdicar de onipotências formativas caracterizadas pela convicção de ter sucesso aplicando conteúdos e métodos muito limitados, se vistos dentro da complexidade humana e das motivações que levam a pessoa a ser e a agir. Formar significa também reconhecer limitações nesta capacidade formativa. Alternativas e ressignificações precisam considerar dialeticamente a pessoa em seu itinerário e ideais, a instituição na qual está inserida, os projetos pastorais e evangélicos que unificam e motivam aqueles que estão neles envolvidos. Estes aspectos se transformam em um novo paradigma.

Assim, as novas realidades são um desafio à formação e a tornam mais complexa. Apontam para uma visão mais global que supere certos acentos em alguma variável humana mais do que em

UMA FORMAÇÃO INTEGRAL HOJE E AMANHÃ

outras, ou mesmo omissão de alguma. Outrossim, apontam para que também se supere a ingenuidade de simplificar a formação em formas de evitação das possíveis dificuldades e de renúncia de aspectos humanos que poderiam comprometê-la, ou então de dogmatização da área espiritual, uma vez que a opção do estado de vida se inspira nessa área. Tal posicionamento favorece a regressão em vez da criatividade. Certamente é de grande proveito a atenção implícita em aspectos históricos que hoje e sempre foram questionáveis, e em outros que são acertos humanos nas interferências e experiências formativas. No processo formativo precisam ser superados os abusos da memória censurada (psicanálise), da memória manipulada (ideologia) ou imposta (anistia).[2]

2. Cenário atual da formação

A formação interessa a todos. Há um tempo ela era proposta pela instituição de forma objetiva e apresentada com detalhes bem estabelecidos. A proposta era oferecida, e os candidatos se engajavam nela sem grandes análises. Proposta esta que, bastante inspirada no passado, reproduzia um modelo preestabelecido. Esta estruturação favoreceu certo gregarismo, uniformidade e conformidade, terminando – em muitos casos – em infantilização e dependência. O papel do formador consistia bastante em reproduzir este modelo sem considerar muito o contexto e as diferenças individuais. Hoje há muitas queixas sobre a formação – em muitas situações sem condições de responder aos novos desafios – e pessoas insatisfeitas e "atrofiadas" em seus aspectos humanos. Certamente a

---

[2] Aos que desejam aprofundar este aspecto, convém ler sobre o tema algum escrito de Paul Ricoeur, sobretudo em seu livro *La Mémoire, l'Histoire, l'Oubli*. Paris, Éditions du Seuil, 2000. (Ed. brasileira: *Memória, história, esquecimento*. Tradução de Alain François [et al.]. Campinas: Editora da Unicamp, 2007.)

vida religiosa – e a formação dentro dela – não pode propor um modelo humano frustrante, tomando como referência a proposta libertadora do Evangelho. Mas é preciso convir que para alguns a formação também tem sido – e ainda é – objeto de projeção e transferência de dificuldades em outras áreas de expressão da Vida Religiosa Consagrada. Para outros, ainda, sobretudo para pessoas mais livres num sentido global, ela tem sido um salutar itinerário de vida com sentido e de serviço aos mais necessitados.

O que se verifica no mundo humano e animal é que, quando bastante sadio, há preocupação e atenção com todos os que dele fazem parte, sobretudo os mais frágeis. Algo similar sucede na vida religiosa. As dificuldades fazem-se notar primeiro nos locais e nos aspectos mais frágeis das estruturas e das pessoas. Isso se tem verificado especialmente na formação na qual se expressa o zelo pelos que nela vão se engajar e por aqueles já engajados. Algo novo na vida religiosa precisa, sobretudo, incluir uma boa formação.

Constatamos algumas diferenças na sociedade em geral, e na vida religiosa em particular. Não há como avaliar objetivamente se uma época é melhor do que outra, sobretudo olhando os comportamentos externos. Há uma consciente e/ou inconsciente intencionalidade para superar os limites, independentemente de época e contextos. Muitas situações podem ser complacentes ou mantidas às custas de fortes repressões ou recalques, ou há muito incentivo em ideais e se desconsideram o sofrimento e os desejos profundos dos envolvidos na vida religiosa e no processo formativo. Um modelo de estruturação rígida e controladora hoje precisa dar lugar a uma liberação da repressão com suas características e consequências amplas e diversificadas. Entre estes aspectos se incluem fortes, intensos e amplos desejos compensatórios opostos às situações precedentes na tentativa de superar insatisfações existenciais. Diante deste panorama muitas vezes a vida religiosa e a formação se colocaram numa posição defensiva, julgadora, de valorização de situações passadas. O abandono de certas formas de viver mais rígidas ou demasiado espirituais inclui-se na liberação da repressão. Em alguns casos se confundiu conteúdos com métodos. Se o método usado não é adequado, há rejeição dele e também do conteúdo em pauta. O desejo legítimo de liberdade tem as características dos estágios de maturidade dos grupos e das pessoas. O arbítrio pessoal se torna, agora, quase um dogma da autossuficiência como critério de discernimento para o ser, o conviver e o agir. Estas formas compensatórias ou individualistas revelam a realidade mais profunda das pessoas e, por isso, pode-se aprender delas avaliando intenções mais profundas latentes. Sabe-se onde está o tesouro; estamos podendo ver onde está o coração e muitas de suas energias. Tem-se verificado um desejo sadio de participar, de responsabilizar-se pela própria vida e opções. Processos formativos que conseguiram progressivamente dialogar a partir da realidade pessoal com seus valores, objetivos, lacunas etc., em paralelo com a proposta formativa institucional pessoal e comunitária, têm-se mostrado melhor resposta ao que se espera da própria instituição e daqueles que se associam a ela ou dos que já estão nela engajados.

Não se pode ter medo do novo. É preciso interpretá-lo e compreendê-lo dentro de um processo integral pessoal e social. E para interpretá-lo requerem-se balizadores antropológicos que considerem a realidade atual.

Ainda temos sinais "negativos" demais destes processos de liberação das repressões do passado: muito individualismo, muita gratificação de níveis mais materiais e físicos, preferência por interesses pessoais de ordem afetiva, expressões espirituais com predominância emocional e superficialidade de experiências, e outros sinais mais.[3] No entanto, continuando o processo – que no momento é vivido mais como antítese – certamente serão encontradas formas de síntese carregadas de objetividade. Esta tarefa está ainda aquém do desejado e requer um longo e árduo trabalho, no qual a formação exerce um papel importante, imprescindível e irrenunciável. Dentro desta perspectiva, temos muitas interrogações sobre o futuro da Vida Religiosa Consagrada. Estas interrogações – analisadas com honestidade, sinceridade e abertura à verdade – são muito bem-vindas, pois facilitarão encontrar alternativas dentro de um conteúdo e processo histórico dialético.

3. Formação

A formação indica um itinerário de socialização, crescimento e oblatividade. À ideia de formação se inclui de forma implícita ou explícita um desejo de maturidade e capacidade de amar com liberdade, capaz de entregar-se totalmente a uma causa de sentido de vida explicitado num serviço gratuito aos mais necessitados. Por isso, pessoas e grupos expressam o que entendem como mais ideal referente à forma de ser, conviver e agir. As pessoas entram num processo de aprendizagem que tem seus referenciais pessoais e institucionais. Francesco Alberoni[4] refere-se à aprendizagem e ao julgamento a partir da indicação e da identificação. Passamos a vida recebendo indicações sobre como ser, como agir, como pensar, como tomar decisões, sobre os valores a internalizar, sobre o carisma a assimilar etc., bem como sobre o que evitar, como não

---

[3] Alguma compreensão destas expressões novas pode ser encontrada em: CHAMPION, F. Religiosidade flutuante, ecletismo e sincretismos. In: AA.VV. *As grandes religiões do mundo*. Lisboa: Ed. Presença, 1997. p. 705-733.

[4] ALBERONI, Francesco. *La amistad:* aproximación a uno de los más antiguos vínculos humanos. Barcelona: Editorial Gedisa, 1997.

ser, como não pensar, como não agir em grupos, como não expressar o senso de pertença etc. E neste processo subjaz um modelo de cunho ético e moral. Acontece também o mesmo para nós, mesmo com razões apostólicas, ao menos em nível consciente: passamos indicando aos outros e queremos ser objeto de identificação positiva. E os conteúdos e processos destas indicações e identificações são os mais variados, com suas intencionalidades conscientes e inconscientes. A questão é saber quais motivações e quais objetivos subjazem quando algo nos é indicado e quando nós indicamos e quais são os modelos de imitação e identificação.

Junto com a indicação e identificação, convém ver também todo o processo mimético utilizado na vida humana, inclusive na vida religiosa, muito bem descrito por René Girard. O processo mimético se estabelece a partir daquilo que socialmente é apresentado, despertando desejos, invejas e ciúmes, e consequentes violências. Incluem-se, assim, os desejos de segurança e posses, de poder e controle, de estima e afeto. Os humanos aprendem o que desejar tomando outras pessoas como modelos para imitar. Conscientes de uma lacuna interior, olha-se para outros para ver o que valorizar e ser. A imitação desperta e segue desejos os mais diversos.[5] Ora, a formação tem muitíssimos e necessários traços indicativos dos quais deve resultar uma identidade religiosa específica, sempre frágil, sim, mas necessária para garantir um mínimo de fidelidade ao carisma, espiritualidade, vida comunitária e expressão da própria

---

[5] René Girard fala do desejo mimético que cria inveja, ciúme, rivalidade, idolatrias, bodes expiatórios, competições, a realidade do mal... Ele é filósofo, historiador, filólogo. A maioria de seus livros também é encontrável em português e seus conteúdos podem ajudar a entender a realidade atual e assumir a alternativa de perdão, inclusão, paz e misericórdia proposta por Jesus Cristo. Podemos citar alguns deles: *A violência e o sagrado, O trágico e a piedade, A rota antiga dos homens perversos, Anorexia e desejo mimético, Eu vi Satanás caindo como um raio*.

identidade. É o que se faz nos Capítulos Gerais e Provinciais, nos Planos de Formação, nos Projetos Educativos etc. De tempos em tempos é salutar olhar este complexo de indicações e identificações e avaliá-lo dentro do amplo Projeto do Reino de Deus e dentro da vontade de Deus. Às vezes isso pode requerer mudar o modelo mimético. Certamente se encontrarão muitos acertos e também aspectos obsoletos e desviados do núcleo identitário da vida religiosa em geral e da vida de cada Instituto em particular.

Também aprendemos por identificação. Um dos processos de identificação está na identificação com Jesus Cristo e sua causa, com as características da Congregação religiosa. Mas isso pode ser apenas uma ideia sem repercussão existencial. Esta identificação deve suscitar um processo de seguimento e pertença. Antes desta identificação, no entanto, já aconteceu a identificação com os pais, a família, a escola, a sociedade, os colegas. É um processo inacabado e cheio de ambiguidades. Ambiguidades porque as pessoas e instituições – com as quais nos identificamos e de quem, por extensão, recebemos indicações – são encarnadas, neste misto de graça e pecado, de maturidade e imaturidade, de objetividade e subjetividade. Pode ser uma identificação internalizante ou não internalizante.[6]

Deste conjunto "indicar, imitar e identificar" resulta e se institucionaliza a formação, transformando-se numa espécie de forma (fôrma) que inclui a pessoa nas áreas humana, cristã e religiosa, na especificidade congregacional. Mas, num segundo sentido, a indicação e a identificação querem dar forma às diferentes características humanas. O conhecimento e o desenvolvimento positivo

---

[6] Esta diferença foi bem explicada por Pe. Luigi Rulla, em *Psicologia do profundo e vocação: a pessoa*.

UMA FORMAÇÃO INTEGRAL HOJE E AMANHÃ

de uma ampla visão antropológica é uma das tarefas e um dos desafios permanentes da formação. Estas características terão a configuração cultural e receberão uma especificação de opção fundamental cristã e religiosa. A este "dar forma" se acrescenta a questão da missão e das grandes metas da Instituição.

A constante diversidade de pessoas e de situações requer uma real vigilância antropológica que facilite o crescimento, o engajamento e a expressão apostólica com sentido e liberdade e responsabilidade. Além de habilidades várias, a grande meta continua sendo a capacidade de amar: ensinar a amar, aumentar esta capacidade, transformá-la em característica de vida e expressá-la em todos os lugares de presença e atuação. Esta capacidade de amar está presente intensamente em Jesus Cristo. Também a pede – como a pediu aos discípulos – para todos os que se dispõem a segui-lo e a serem seu testemunho no mundo de hoje. Desta capacidade de amar derivam qualitativamente outras.

4. Formação para quê, para quem, para onde?

O que queremos com a formação? Dar continuidade à instituição? E a instituição, por que existe? Em tempos de crise muitas energias são usadas para garantir a continuidade da instituição. Assim, as energias disponíveis para a missão diminuem. Isso vai repercutir no modelo e nas urgências formativas. Algumas opções podem acelerar as dificuldades e a falta de sentido; outras podem reorientá-las para responder com mais criatividade e originalidade – a partir das fontes – às necessidades atuais, a começar pelos integrantes – atuais e futuros – da instituição. Este ponto incide nos objetivos e nos conteúdos e processos formativos. Além de considerar a realidade das pessoas neste processo, considera-se

PAULO DULLIUS

igualmente o seguimento de Jesus Cristo numa comunidade de consagrados para uma missão específica hoje. Tudo requer uma formação sempre por inovar e atualizar.

Em vez de pensar a formação como entrada na instituição e depois direcionar as energias para outras realidades, especialmente apostólicas, convém pensá-la mais como um processo de crescimento amplo em todos os aspectos humanos, com especificações segundo a idade e a etapa de formação. Hoje se requer uma cultura de formação que pervague todas as expressões da pessoa por toda sua vida e que também atinja as Instituições. Esta cultura de formação requer, por sua vez, uma conversão moral e intelectual. Implementar uma cultura de formação quer dizer dinamizar a vida de todos na direção de maior fidelidade em todos os sentidos, mas com a consciência de caminhar sempre sabendo que nunca se poderá dizer ter chegado a um estado de plenitude.

A formação visa à pessoa e à instituição envolvidas, mas – mais do que isto – ela tem presente a missão de contribuir na construção do Reino de Deus. Objetivos teocêntricos, altruístas, fornecem a iluminação teleológica do processo formativo, ou seja, de metas, objetivos que incluem a causa do Reino em suas expressões atuais e futuras. Certamente esta perspectiva teleológica é beneficiada com um processo de integração da perspectiva arqueológica, ou seja, com a assunção e a integração salvíficas do passado. A dominância do arqueológico significa a exagerada energia usada em função do já vivido, sobretudo de um passado ferido que interfere nos ideais, nas motivações, na capacidade de amar e de conviver com liberdade. Dessa forma fica mais claro o "para onde" da formação, o já e o ainda não do compromisso apostólico em ser e realizar o Reino de Deus na parcela a nós confiada como pessoas e como instituição.

5. Quem são os formandos

Formandos somos todos nós. Nunca realizamos todas as nossas possibilidades. Tendo alcançado um objetivo, eis que o horizonte desponta para mais adiante. Nossas metas nunca são plenamente alcançáveis e alcançadas, sobretudo considerando as decorrências de nosso nível psíquico e espiritual e as especificidades da idade e das circunstâncias. Não é aqui o lugar para falar sobre a diferença dos formandos e sua procedência considerando a realidade atual e a de décadas passadas. Todos sabemos bastante – ainda que nunca o suficiente – sobre esta diferença. Diferença esta que requer novas compreensões, novos conteúdos e novos métodos, novos posicionamentos, novas visões. Sempre convém recordar, no entanto, que o núcleo antropológico continua o mesmo, independentemente da época e do lugar. Todos continuamos querendo ser amados e amar. As realidades externas mudam e expressam novos reclames de amor, novas expressões de amor e indicam estruturações novas para garantir que aconteça o amor.

Talvez se tenha relevado um pouco, no passado, a realidade ampla dos formandos e dos religiosos, e se tenha dado demasiada importância à proposta espiritual do Evangelho e da instituição, minimizando as diferenças pessoais e as capacidades reais de assumir com liberdade o Evangelho. Esta visão pouco integral também colocou uma supremacia da vontade e da inteligência sobre o afeto. O afeto interfere na inteligência e na vontade. Mas a inteligência e a vontade podem ajudar o afeto a ser mais objetivo. Contudo, feridas afetivas profundas inconscientes podem resistir a dados intelectuais e a decisões conscientes. Entre as grandes lacunas históricas da formação estão as realidades culturais e pessoais, sobretudo aquelas que derivam da capacidade de amar, mais aprofundadas pelas ciências humanas.

Hoje já se aprecia mais o imprescindível acesso à história pessoal. Se existimos desde a concepção, também precisamos aceitar que as interferências e reações da e na pessoa existem a partir deste momento e nunca cessam. Hoje estas experiências estão no inconsciente e no consciente, e atingem todas as áreas humanas, todos os níveis, e se refletem, também, no conjunto e em cada aspecto humano. Mesmo não tendo acesso mais fácil às primeiras experiências, elas estão indiretamente presentes através das consequências no pensar, agir e reagir, na disponibilidade e disposição de humor, nas transferências e projeções, nos preconceitos e gostos... Esta concretização da psicodinâmica a partir da psicogênese ajuda a entender a diferença de cada formando e religioso, também como cada um construiu aquilo que lhe é próprio, sua identidade *idem* e *ipse*.[7] É neste sentido que se torna significativo que na formação se retome a história através de vários processos e dinâmicas. Paul Ricoeur fala, neste sentido, da identidade narrativa[8] como forma de recuperar a história, a memória. Não basta fazer a narrativa, sempre interpretada, mas é preciso ter presente para onde vão as energias usadas pela pessoa. A narrativa possibilita liberar energias voltadas a manter o esquema infantil, do passado regressivo, para usá-las na causa do Reino de Deus. Com ela se passa da prefiguração à configuração. A partilha da vida permite

---

[7] Esta compreensão de identidade nós a devemos a Paul Ricoeur, em *Ser a si mesmo como um outro*. Em síntese, identidade *idem* é a mais estável, aquela que inclui as características genéticas, culturais... A identidade *ipse* se refere às experiências posteriores que se vão oferecendo e às oportunidades que a pessoa tem e constrói, incluindo o seu projeto de vida. Estas oportunidades que se oferecem ao longo da vida terão efeitos diversos na estrutura da pessoa, reforçando ou se diferenciando da identidade *idem*.

[8] As ideias desta identidade são mais desenvolvidas em alguns livros de Paul Ricoeur: *Ser a si mesmo como um outro*, *Tempo e narrativa*, vol. III, *Percurso de reconhecimento*.

uma reconfiguração a partir de novos referenciais. E por isso se requer um amplo processo sequencial de integração pessoal, passando por quatro momentos: a) uma recuperação da memória, dos fatos, da vida pessoal e dos grupos, incluindo a cultura, a religião, e nela especificamente o cristianismo, e nele a Instituição da vida religiosa. Esta recuperação da memória vai nos defrontar com o amor e o desamor, ou seja, com "acertos" humanos e religiosos que fortificam o amor e dispõem a pessoa a querer expressá-lo; e com "erros", falhas na humanização resumíveis no mal, na frustração, nas formas negativas pessoais e institucionais. Muitos erros se institucionalizaram e também criaram sistemas de superação e de controle e de compensação. Algumas vezes estabeleceu-se um desequilíbrio numa hierarquia de importância e centralidade. Estes desequilíbrios podem ser verificados numa atenção ao que vemos e ao que esperamos. b) É por isso que os fatos vividos pessoal e institucionalmente precisam ser acompanhados de um processo de compreensão das causas, dos desejos, dos ideais, das intenções, dos estágios de liberdade para agir, das frustrações de hoje e de ontem, das mágoas acumuladas... c) Isso permite uma reinterpretação, uma ressignificação e uma mudança de visão ampla, incluindo aspectos de reconciliação e valorização daquilo que houve de acertos.[9] d) Esta realidade reconciliada desemboca numa reorientação das energias disponíveis nas pessoas e nas instituições.

---

[9] Historicamente isso se fez pelo recurso a conteúdos relacionados à desestruturação, liminalidade e reestruturação. Outros falam de via purgativa, iluminativa e unitiva. Cencini (*Os sentimentos do Filho*) fala deste esquema. Mesmo reconhecendo seu valor e utilidade, ele também tende a dar certa prioridade ao negativo, sobretudo na primeira fase. Na verdade não há necessidade de purificar tudo. Há os acertos que precisam ser reconhecidos e reforçados e mais bem estruturados.

PAULO DULLIUS

O resultado e corolário deste processo nós o temos na pacificação ou memória feliz e num zelo apostólico.

6. Mudança de modelo: de linear para itinerário

Todos temos algum tipo de modelo quando agimos. Ele inclui valores, métodos e conteúdos específicos. Também inclui uma visão de pessoa e de suas possibilidades e capacidades. É uma estrutura cognitiva.[10] Já acenamos antes que no passado a instituição prevalentemente oferecia um modelo formativo decorrente do modelo de religioso que estava em vigor. Este modelo estava expresso na Regra e na estruturação concreta da mesma. Isto, em geral, valia para todos e de maneira uniforme. Estava dominado pela área espiritual crendo que a causa final – seguimento de Jesus Cristo – era em si mesma motivadora excelente que superaria outras dificuldades, sobretudo as relacionadas aos votos, exercícios espirituais e espiritualidade. Podemos chamar este modelo de modelo linear, o qual previa passos, etapas, conteúdos preestabelecidos e formas de engajamento previsíveis. Pelo fato de ser mais uniforme, rígido e padronizado, enquanto a sociedade não se diferenciava muito deste mesmo modelo, houve resultados positivos que não se pode negar. Mas ele tem como pano de fundo um modelo grego de perfeição, baseado no "sede perfeitos como vosso Pai do céu é perfeito", e não tanto na realidade concreta e diferenciada das pessoas que se defrontam com o limite e precisam de misericórdia.[11]

---

[10] Estrutura cognitiva consiste nos diferentes conteúdos, modos, dinâmicas que uma pessoa usa quando age ou toma decisões. Este termo foi bem explicado por Piaget e James Fowler (*Stages of Faith*).

[11] Ricardo Peter, em *Aceita os teus limites, A imperfeição no Evangelho*; e em outros fala da "antropologia do limite", baseada na misericórdia como a característica básica de Jesus. A vida religiosa tem-se inspirado bastante no modelo grego de perfeição. Juntando isso ao limite pessoal, a discrepância grande entre o ideal

UMA FORMAÇÃO INTEGRAL HOJE E AMANHÃ

Com a mudança de época, muitas realidades deram novas características às pessoas, às sociedades, aos grupos. Entre elas podemos citar a questão da individualidade e da subjetividade, do provisório, a questão do prazer, a nova visão do corpo e da realidade material, certa ilusão e decepção sobre aspectos espirituais. Também há uma busca de emoções e aspectos afetivos e psíquicos decorrentes de causas múltiplas e complexas bastante conhecidas. Ora, a consciência da diversidade pessoal e cultural questionou o "mito da igualdade"[12] e colocou-o em tensão com a diferença. Com isso o modelo já não pode mais ser linear, mas será um modelo dinâmico, personalizado. Será um itinerário formativo que considera amplamente o referencial antropológico e o coloca na realidade pessoal.

A diversidade cultural, econômica, social e religiosa que caracteriza os religiosos de hoje, requer muita atenção, acolhida, caridade, compreensão e escuta. Requer uma profunda inculturação. Como impor um modelo uniforme? Seria pouco objetivo. Como também encontrar uma justa tensão entre a realidade cultural e os ideais de vida religiosa? Como realizar a "frustração otimal" para não aumentar as frustrações e ferimentos, mas desencadear processos motivadores de superação? Além do mais, cada qual, conhecendo outros contextos, estabelece um sistema de comparação que pode desencadear desejos de realização insaciáveis e diversificados. Tudo isso precisa ser considerado sem perder a meta da busca de

---

proposto e a possibilidade menor de alcançá-lo tem produzido exagerados sentimentos de culpa e ativado forças passivas diante dos desafios do dia a dia.

[12] As religiões – em especial a vida religiosa – sempre têm acentuado a igualdade e rejeitado de alguma forma a diferença. Chamando-se de "irmãos", indicam a forma desta igualdade. O limite disso é pensar que a sociedade não valorize também a diferença, a excelência... Uma análise mais ampla deste mito da igualdade pode ser encontrada em Francesco Alberoni, *Gli invidiosi* (os invejosos).

um discípulo de Jesus que seja livre e engajado na construção da "civilização do amor".

Cada qual faz seu itinerário e o insere no itinerário institucional. A variável "quantidade" de tempo e práticas e conteúdos será substituída pela variável "qualidade". Tudo precisa ter um processo significativo de crescimento que considera positivamente o maior número de variáveis antropológicas e o maior número de expressões possíveis dentro da opção fundamental cristã e dentro do carisma específico. A alegria de conhecer Jesus Cristo e o Evangelho propiciou uma visão da vida e do mundo com um sentido profundamente humano. O Evangelho não é uma ideologia, mas uma forma de viver. Optar por ele dentro do cristianismo significa assumir a opção fundamental cristã com gosto e satisfação, com razões positivas assumidas superando possíveis dissonâncias cognitivas[13] e divisões internas, mas dentro de uma unidade de vida como itinerário da plenitude de tudo o que somos. Tudo isso requer uma pedagogia adequada que é existencial, proporcional, integradora e acompanhada[14] de uma outra visão do tempo. Agora mais kairológica do que cronológica.

Nesta perspectiva de itinerário cria corpo uma cultura de formação para toda a vida, estruturando-se as etapas neste contexto. Não se dá tanta atenção a um cronograma preestabelecido, mas se

---

[13] Os livros de psicologia social falam da dissonância cognitiva, que significa diferenças sobre mesmos pontos. Falam também da busca de reduzir ou resolver a dissonância. Por exemplo, como resolver a questão da opção cristã dentro de um mundo com fortes tendências ao individualismo, ao prazer. A dissonância cognitiva deve-se a Leon Festinger, explanada em seu livro *Teoria da dissonância cognitiva*, que pode ser útil neste caso particular, bem como em tantos outros.

[14] Estes termos devem-se ao Pe. Luigi Maria Rulla, em *Estrutura antropológica e vocação*, ao tratar o tema das características da experiência apostólica. Não se aplicam apenas à experiência apostólica, mas a qualquer forma de vida que quer ser significativa numa perspectiva teleológica.

UMA FORMAÇÃO INTEGRAL HOJE E AMANHÃ

considera muito a realidade pessoal e os pré-requisitos para passar a uma etapa seguinte, com atenção especial à proporcionalidade e complexificação[15] dentro de opções com novas características e novas realidades. Se antes talvez o acento estivesse no aperfeiçoamento pessoal, agora assume importância a capacidade de viver em comunidade que se erige em vista de uma missão. O centro da formação já não é mais unicamente a pessoa e o grupo. Incluem-se intensivamente as características da missão. Hoje até se aceita que é uma formação para a missão. A missão será o foco transversal e se dá atenção especial aos agentes – sua estrutura, sua liberdade, sua capacidade – para exercer com objetividade, gratuidade e amor a missão. Pessoas e grupos livres, adultos, objetivos... para servir, a partir de Deus, eis algo sempre mais significativo a ter presente no processo formativo. A maturidade – psíquica e espiritual – dos mediadores é um pré-requisito para servir. E, para servir com amor, responsabilidade e liberdade há um itinerário de crescimento amplo. Hoje as pessoas já não aceitam ser dominadas e ser objeto de processos formativos que cerceiam sua vida, sem ter participação efetiva, sem perspectivas de realização pessoal, sem iniciativa e criatividade pessoais e grupais. Querem ser compreendidas e olhadas com misericórdia diante de seus limites e dificuldades. Também querem ser valorizadas e participar.

Há características específicas em etapas específicas. E estas características estão sendo compreendidas dentro de uma visão de menor maturidade para maior maturidade – de crescimento, portanto. Dentro de uma visão dinâmica da vida, todos estamos

---

[15] O termo "complexificação" recebe uma compreensão maior nos escritos de Pierre Teillard de Chardin, em *O fenômeno humano*. O cérebro humano é o seu órgão mais complexo, pela força e quantidade de conexões possíveis. Portanto, descreve uma realidade de fundo evolutivo, mas na direção de uma meta, a cristificação.

em processo de formação, e convém superar a visão de etapas nas quais temos formação inicial e permanente ou continuada. Esta distinção é artificial. Certamente há uns pré-requisitos mínimos de maturidade para entrar num processo mais intenso de formação. Mas sempre tudo precisa ser retomado dentro de uma visão dialética.

Os estágios de desenvolvimento de Erikson[16] são iluminadores. Seria importante ter resolvido bastante bem os quatro primeiros estágios antes de entrar na etapa do postulado para que o acento deste pudesse estar em criar uma sadia identidade que inclui aspectos institucionais, satisfação pessoal, êxito profissional, assunção do carisma. Convém relembrar que já não é possível falar de uma identidade que esteja formada para sempre; ela é flexível, dinâmica, sempre aberta a novos dados a serem integrados e que são assumidos seja de forma consciente, seja inconsciente. As pesquisas sobre o inconsciente, realizadas pela psicologia cognitiva, lançam luzes sobre a capacidade de formação e de mudança significativa.[17] O inconsciente está agindo dia e noite e elabora muitos dados – uns mais significativos, outros menos – e toma como referência importante os dados do passado. Os ideais em relação ao futuro também foram assumidos no passado. Esta elaboração interior ajuda a compreender a complexidade da pessoa humana e sua diversidade motivacional, e permite compreender o que se pode esperar das pessoas e como ajudá-las a ir superando as fragilidades e feridas que assumiram em sua vida. A partir de uma boa identidade, já dentro do processo formativo, têm-se condições

---

[16] São bem conhecidos os livros de Erikson, *Identidade, juventude e crise* e *Infância e sociedade*, dispensando maiores detalhes aqui.

[17] O leitor pode encontrar mais dados sobre este aspecto em CALEGARO, Marco. *O novo inconsciente*. Porto Alegre: Artmed, 2010.

de experiências de intimidade porque o eu pessoal está bastante solidificado, seguro e, por isso, pode se entregar a uma experiência profunda. "Quem não se possui não se entrega", diz Loevinger, mas vale também o contrário: quem se possui pode entregar-se com todo o seu ser.

A boa experiência de intimidade consigo, com a comunidade, com Deus concretiza a experiência fundante da qual se fala. Esta experiência da capacidade positiva de intimidade tem algo a ver com o "primeiro amor", mas também se distingue dele. Uma das grandes tarefas do noviciado é proporcionar e solidificar intensas experiências de intimidade com Deus, com os "próximos" (na acepção de Paul Ricoeur), com aqueles que são significativos em nossa vida. O período que segue ao noviciado continua e se expressa como generatividade, como apostolado decorrente da experiência de intimidade. Sua força ou consistência apostólica vai derivar do grau de liberdade interior e dos valores e objetivos que animam uma pessoa e um grupo. Estes três momentos intensos de formação – postulado, noviciado, logo após o noviciado – nas fases iniciais, em geral, estão bastante estruturados[18] nas diferentes instituições religiosas, em seus Planos de Formação. Contudo, esta visão precisa ser completada com aquela expressa neste texto, em dois sentidos: um, assim como se estruturaram bem as fases iniciais da formação, o mesmo precisa ser feito e completado para todas as etapas da vida, incluindo a terceira idade; outro, cada vez que é relida, a história – seus processos e conteúdos – sempre é diferentemente interpretada e sempre está por ser interpretada,

---

[18] É o que fez Amedeo Cencini, em *Os sentimentos do Filho:* caminho formativo na vida consagrada. São Paulo: Paulinas, 2002. Este livro tem boas sugestões formativas, ainda que transpareça um esquema um tanto moralista e perfeccionista, com predominância da área espiritual e "desconfiando" desnecessariamente de motivações que pudessem vir dos níveis físico e psíquico.

completada e purificada... a partir de uma causa assumida e de objetivos pessoais e institucionais a alcançar. Então, as próprias etapas diferenciadas precisam ser compreendidas em um processo contínuo único, dentro do conjunto da pessoa, dinamizadas dialeticamente, ou seja, sempre vigiando para retomar aspectos não suficientemente adultos, vistos também dentro de novos conteúdos e realidades que se apresentam dia a dia.

7. Pistas para uma formação significativa

As considerações acima querem abrir o leque de variáveis a serem consideradas ao se tratar da vida religiosa, mormente da formação. Não é mais interessante continuar modelos regressivos e repressivos; tampouco convém absolutizar modelos parciais que acentuam um aspecto humano pensando que ele vai ter consequências significativas em outros aspectos importantes. Ainda que haja conexão entre as várias características humanas, cada característica tem seu conteúdo e dinâmica próprios. Uma visão organísmica não anula as especificidades de cada dimensão humana, mas ajuda a compreender conexões e unidade na pessoa e nos grupos que são de profundidade variada. Hoje é preciso superar modelos definidos rigidamente pelas instituições que não consideram as diferenças individuais e culturais. Tampouco convém pensar modelos demasiado espirituais ou apostólicos ou psicológicos que, mecanicisticamente,[19] devem formar pessoas adultas capazes de amar e instaurar instituições saudáveis.

---

[19] Os termos "mecanicista" e "organísmico", tomados de Nesselrose, são úteis em nosso contexto. Mecanicista define a pessoa como uma máquina, e quando uma peça está estragada, basta consertar ou trocar. Na questão humana significa tomar uma variável e pensar que resolve os problemas humanos. Por exemplo, crer que a perseverança dependa praticamente da oração. Ou pensar que o

Creio que a formação precisa contemplar as pessoas, as instituições e os projetos apostólicos:

a) Cada pessoa tem em si uma força antropológica que quer realização. Está intrinsecamente voltada à verdade, ao bem e ao amor. Esta força antropológica serve de discernimento em relação ao conjunto de sua pessoa e em cada aspecto constitutivo dela. A formação precisa conhecer, respeitar e valorizar o que cada pessoa é, seus desejos profundos de amar e ser amada, assim como se estruturou em sua história. Cada qual precisa superar seus medos da solidão e desvalorização. Cada pessoa quer ser ela e crescer com os outros, mas mantendo sua diferença. Este processo também se realiza no desejo de ser reconhecido socialmente, através de alguma profissão. Desde cedo somos comparados, julgados e valorizados. Deste processo complexo deriva a qualidade de nossa autoestima. Um processo formativo precisa incluir condições de sucesso na realização pessoal e também profissional. Precisamos ser pessoas satisfeitas com nós mesmas e com o desenvolvimento de nossas potencialidades, e isso dentro de um engajamento numa grande causa. Se não conseguimos estar satisfeitos, precisamos olhar as causas profundas multifatoriais intervenientes e que possam obstaculizar um crescimento qualificado. Depois, convém optar pelos melhores meios e métodos disponíveis para sermos pessoas livres para servir e amar.

---

trabalho apostólico leva automaticamente a internalizar os valores evangélicos. Modelo organísmico considera a pessoa como um complexo de vida, sabendo que, interferindo em um aspecto, vai repercutir nos outros. Mas talvez não tão significativamente em tudo. Precisamos dos dois modelos: valorizar aspectos pontuais, mas estar atentos ao conjunto da pessoa.

b) Uma das consequências da complexidade social, ideológica e existencial está num questionamento sobre a qualidade de nossos vínculos afetivos. Quanto maior a exigência contextual, mais cresce o desejo de acolhida, compreensão, aceitação, partilha, e cresce também o medo da rejeição. Nunca temos certeza total duradoura de sermos amados por alguém, a não ser por Deus. Este desejo – que também é uma expressão saudável e sinal do Reino de Deus – pode ser sintetizado na comunidade. A capacidade de conviver e a superação dos aspectos transferenciais para alcançar verdadeira disponibilidade e serviço, cuidado... é fortificada pelo sentimento e realidade da aceitação, partilha significativa da vida, da missão, dos ideais, das experiências espirituais. Estas realidades positivamente vividas criam um clima afetivo comunitário saudável. Uma boa experiência comunitária hoje é determinante para garantir a permanência, a qualidade da consagração e a força salvífica da missão. É preciso garantir uma boa vida comunitária. Mas é preciso, também, realismo comunitário que supere pessoas abstratas, que considere pessoas concretas, limitadas, frágeis, que têm seu lado bom e querem superar seus limites e usar as motivações e energias a serviço de uma causa.

c) E uma terceira área significativa da formação consiste na qualidade do senso de pertença a um projeto apostólico amplo, uma grande causa na qual todos se engajam com satisfação.[20] Um projeto no qual também os integrantes das instituições, seus membros, se sentem orgulhosos em participar,

---

[20] Amedeo Cencini, em *Os sentimentos do Filho*, apresenta algumas ideias interessantes e úteis sobre este projeto institucional.

se identificam com a causa e fazem-na sua. Isso fortifica a unidade entre o eu, a comunidade e a missão. Hoje um dos maiores desafios das instituições consiste em elaborar e implementar um projeto formativo e de missão que seja atraente, que tenha força moral em todos os envolvidos: desde seus líderes, os grupos diretivos... até todos seus integrantes e abrangidos por ele. Isso requer ideais que possam ser fascinantes e empregar meios concretos de realizá-los.[21]

Estes três aspectos podem auxiliar na resposta aos desafios da vida religiosa hoje e amanhã. Importa, sim, uma interferência significativa nas motivações, no afeto, na inteligência e na vontade. Cada aspecto precisa dispor das melhores metodologias e dos melhores conteúdos e experiências para que seja um itinerário de formação integral nos dias de hoje e amanhã.

8. Um acompanhamento integral

O processo formativo é de responsabilidade de todos os envolvidos, ou seja, de todos os que estão no processo de ingresso como os já nele engajados. Assim se cria e se mantém uma cultura vocacional. Mas isso não dispensa que haja formadores mais aprofundados nesta tarefa formativa. Uma dentre as primeiras características dos formadores consiste na satisfação deles mesmos por terem feito e estarem fazendo um bom itinerário de crescimento integral. Em geral, o formador não leva outras pessoas em processo formativo muito adiante do ponto em que ele mesmo chegou, nos aspectos significativos de sua vida e da instituição. Os formadores

---

[21] Algumas ideias que possam esclarecer este aspecto e também indicar uma pista de alternativas podem ser encontradas em alguns escritos de Francesco Alberoni, especialmente em *Lider e Masse*, *L'Arte del Comando*, *La Speranza*.

precisam conhecer bastante – intelectual e existencialmente – a realidade humana, a realidade social, a realidade cristã, a Escritura e Deus Trindade. Eles precisam também conhecer de alguma forma o modelo da formação como itinerário e as decorrências pedagógicas do mesmo.

Disso decorre a importância do acompanhamento. Este está tomando cada vez mais espaço nos processos de formação e de condução da vida religiosa. Por muito tempo – e ainda persiste em alguns lugares – se considerou o acompanhamento como um cuidado de alguém da instituição que está mais "experiente" em relação a alguém que está entrando ou nos processos iniciais.[22] Cencini valoriza atitudes como abertura, confiança, discernimento e partilha.

O acompanhamento precisa ser compreendido mais como um zelo caridoso, um cuidado, uma atenção em relação a todos e a cada integrante da comunidade religiosa, estendendo-se à Província e ao instituto. E isso não é tarefa do superior, mas de cada um ajudando para que cada qual seja ajudado a ser fiel a si mesmo, à vontade de Deus e à missão confiada a cada indivíduo e à instituição como um todo. Este cuidado tem especificidades de crescimento de todas e de cada característica humana e atinge os níveis físico, psíquico, relacional e espiritual. Em alguns momentos poderá ter características de intensidade terapêutica, mas esta é uma alternativa dentro do acompanhamento. O acompanhamento procura evitar o infantilismo e a omissão, ou seja, não deixar as pessoas crescerem e se manterem dependentes e imaturas, ou, então, pensar e agir como se cada qual e cada grupo já soubessem sempre o melhor para si e

---

[22] Um bom exemplo deste conceito está desenvolvido por Amedeo Cencini em *Os sentimentos do Filho*, especialmente nas páginas 327 a 339, baseando-se no texto de Emaús. Mesmo havendo características de acompanhamento no texto, este não tem como meta principal explicar o acompanhamento.

para os demais. Assim como se fala de cultura de formação, muitos falam, acertadamente, de uma cultura de acompanhamento. Este termo mais facilmente pode ser compreendido como se estendendo ao longo de toda a vida.

9. Retomando e encaminhando

Fizemos juntos um caminho ao redor de conteúdos e itinerários formativos. Esta aventura e complexidade justificam, cada vez mais, opções diversificadas e flexíveis que considerem a realidade social, cultural, religiosa, pessoal, familiar... numa disposição de continuar servindo a Deus no estado de vida religioso. A preparação das novas gerações e a fidelidade dos já engajados, para serem efetivas, precisam superar certos modelos ingênuos, parciais e moralistas. Os modelos julgadores estão baseados numa visão perfeccionista e fizeram e fazem muito mal à vida religiosa e a todos os envolvidos nela de forma direta ou indireta. Modelos que privilegiam a uniformidade ou visões voltadas ao passado rígido precisam ser substituídos por modelos mais flexíveis, mais dinâmicos, mais personalizados. É preciso olhar a formação como um itinerário dinâmico e dialético que dura toda a vida, com características específicas segundo a idade, a etapa, o carisma, a realidade global ampla. A partir disso se fazem as estruturações que possam facilitar a concretização do mesmo.

A formação tem em vista a pessoa e a instituição, mas dentro deste prisma de realizar o Reino de Deus, especialmente dentro da especificidade do carisma congregacional. Ela não desconsidera as dificuldades reais e os sofrimentos das pessoas. A "Alegria do Evangelho" resulta da experiência de sentido encontrada nele, mas que precisa ser precedida pela libertação de energias "do mal" que estão na vida das pessoas e nas realidades sociais, com suas características que são pessoais e coletivas, que vêm ainda do passado, permanecem no presente e, certamente, existirão no futuro. Compete muito aos religiosos diminuir o mal e ser mediadores do perdão e da misericórdia. Quando falamos de cultura de formação, queremos acentuar a importância deste tema para expressar um conteúdo da existência humana que vem do passado e se orienta para o futuro: a realização do Reino de Deus. Não há nada na vida humana que possa dispensar formação.

A aventura formativa é necessária, maravilhosa e motivadora. Depende bastante dos conteúdos amplos considerados, das metodologias adequadas e dos mediadores capazes de concretizar a formação global, integral e integradora; uma formação que se beneficia da cultura do acompanhamento. Isso também se torna estímulo de opção existencial cristã para tantos jovens e para a sociedade como um todo.

ANUNCIAR COM A VIDA QUE ELE RESSUSCITOU

Mauro Negro[*]

"É verdade:
o Senhor ressuscitou
e apareceu a Simão"
(Lc 24,34).

A experiência pascal é o caminho onde a VRC tem sua força. Caminhar nas sombras e dificuldades, ouvindo atentamente o Mestre e fazendo a ação de graças, foi o caminho de Emaús e é o caminho de quem deseja ser discípulo.

Dizer com a vida que ele, o Senhor Jesus, ressuscitou, é o caminho antigo e sempre renovado para a VRC. É a esta conclusão que os dois discípulos, que caminhavam para Emaús, do conhecido

---

[*] Padre da Congregação dos Oblatos de São José (OSJ). Mestre em Filosofia e em Exegese e Teologia Bíblica. Doutorando em Teologia Bíblica. Professor na PUC de São Paulo, Departamento de Teologia Fundamental. Formador do Juniorato Padre Pedro Magnone, dos Oblatos de São José. Membro da Equipe Interdisciplinar de Assessoria da CRB.

episódio de Lucas 24,13-35, devem ter chegado. Este texto ocupa um lugar de destaque nas reflexões sobre a Ressurreição e o Ressuscitado. É também valorizado nas propostas de experiências de VRC. Todos já meditaram, catequizaram, expuseram esta perícope e tiraram suas conclusões, sejam elas espirituais, teológicas ou pastorais. Ela pode ser uma fonte para a identidade da VRC. E sabe-se que um retorno às fontes é sempre algo positivo para quem está neste caminho, como diria o sempre novo e renovado Concílio Vaticano II.[1] Há cinquenta anos ele afirmava, apontando rumos: "A atualização da vida religiosa compreende ao mesmo tempo contínuo retorno às fontes de toda vida cristã e a inspiração primitiva e original dos institutos, e adaptação dos mesmos às novas condições dos tempos".[2]

Uma fonte original é, claramente, as Escrituras e aqui o que se deseja é retornar a esta fonte original de encontro com o Ressuscitado e nela encontrar um pouco de inspiração para o caminho que deve ser feito.

Lucas propõe um texto de beleza literária e expressão teológica. Os estudiosos estão sempre descobrindo novos caminhos de interpretação para o diálogo dos discípulos com o Ressuscitado e possibilidades de descobertas, sentimentos e decisões daí resultantes.[3]

---

[1] Cf. *Perfectae Caritatis*, n. 1-2. Cf. o comentário a este documento em: VV.AA. *As janelas do Vaticano II:* a Igreja em diálogo com o mundo. Aparecida: Santuário, 2013. p. 405-426.

[2] *Perfectae Caritatis*, 1d.

[3] São muitas as obras que evidenciam este texto e os demais relativos às experiências pascais. Alguns podem ser destacados: PUIG, Armand. *Jesus:* uma biografia. Trad. Lara Almeida Dias. 2. ed. Lisboa: Paulus, 2010, p. 647. PAGOLA, José Antonio. *O caminho aberto por Jesus: Lucas.* Trad. Gentil Avelino Titton. Petrópolis: Vozes, 2012. p. 357-364. Cf. também MAINVILLE, Odette. *As cristofanias do Novo Testamento:* historicidade e teologia. Trad. Gilmar Saint Clair Ribeiro. São Paulo: Loyola, 2012. p. 151-164.

A VRC pode ainda ver nele muito sentido para sua própria identidade nestas primeiras décadas do século XXI. Este é um tempo de recomeçar, de retomar as forças e projetar. Para isso é preciso rever as fontes mais originais.

Pode acontecer que as situações múltiplas dos institutos e das obras estejam deixando os consagrados fragilizados. Um volume enorme de trabalho, de desafios e riscos a serem assumidos, e a fraqueza das pessoas, as indecisões, a idade, ou muito avançada ou muito jovem, preocupam. Manter o compromisso, a obra, o trabalho ou fechar tudo, talvez se entregar? Como substituir quem já se foi? E a instituição, com seu mecanismo às vezes pesado e lento, ante um mundo rápido, com valores e presenças passageiras: como gerenciá-la e como viver tudo isso em rápida transformação? Assumir os valores da pós-modernidade? Voltar a cabeça e o coração ao pré-Concílio, quando tudo pareceria (para alguns, hoje, não naquele tempo) muito mais seguro? Ou então transcender?

À luz do magistério papal de Francisco, a experiência pascal pode renovar corações e inteligências para o encontro constante com o Mestre Ressuscitado, que leva à adesão ao Mistério de sua própria vida. É o que se deseja apresentar aqui como simples reflexão, considerando também alguns contextos históricos.

1. Dias difíceis para os discípulos: perseguição, tortura, dor, morte...

Em um retorno espiritual, com a necessária imaginação, mas sempre baseados em uma séria leitura e análise, pode-se observar de perto aqueles dias da paixão e morte do Senhor. É possível colocar-se em posição e situação muito especiais, algo como que dentro da história, ainda que meio de longe, mas dentro. Quanto mais se medita e se ora os textos pascais, mais é possível entrar no enorme drama que aqueles dias viram.

É certo que aqueles últimos dias de Jesus haviam sido difíceis, impressionantes, dolorosos e, agora, decepcionantes. Os sentimentos que ele despertara, suas palavras, os sinais e milagres que realizara, tudo isso havia levantado o moral de seus ouvintes. Muitos o seguiram pelo que viam e sentiam que ali, no mestre galileu, estava um caminho para os complicados dias vividos na quase esquecida terra da Judeia, conquistada por Roma.

Toda a expectativa daqueles dois que caminhavam, como se lê no versículo 13, de Jerusalém para Emaús, havia sido destruída. A morte destrói as mais bem-intencionadas e organizadas esperanças. Os dois que se encaminham para Emaús expressam marcantes impressões pessoais, pois haviam mergulhado na situação e na Pessoa do galileu.

A decepção dos dois de Emaús é bem pontuada na constatação: "... Nós esperávamos que fosse ele quem iria redimir Israel; mas, com tudo isso, faz três dias que todas essas coisas aconteceram!" (Lc 24,21). A "redenção de Israel" era, seguramente, o restabelecimento de sua identidade original, com liberdade, sem os entraves da conquista cultural, política e militar romana ou de quaisquer outros povos. Poder ser Israel livre é o possível projeto do Messias. Estes dois discípulos, dos quais Lucas informa o nome de um, Cléofas (versículo 18), a caminho de Emaús, reconheciam Jesus como seu Messias ou seu Cristo, e por isso estavam abatidos pela derrota de seu "herói", aquele que redimiria Israel... Mas ele morrera na cruz, vítima da violência, inveja e calúnias, que são verdadeiros e poderosos pecados impostos pela sociedade que o envolvera e o rejeitara.

Neste ponto é que Jesus Ressuscitado assume o controle da situação: "Ele, então, lhes disse: 'Insensatos e lentos de coração para crer tudo o que os profetas anunciaram! Não era preciso que o Cristo sofresse tudo isso e entrasse em sua glória?'" (Lc 24,25-26). A "insensatez" e a "lentidão de coração" parecem ser os defeitos que os dois discípulos expressam e que incomodam o Ressuscitado. Seus olhos estavam apenas no sofrimento, na morte, nas ações isoladas de Jesus... Eles usavam o que tinham: sua percepção humana. Não haviam alimentado o dom da Boa-Nova. Ou esperavam que Jesus fosse decisivo apenas para o imediato, para o dia a dia. Enfim, eles se decepcionaram profundamente com Jesus. Mas essa decepção foi pela sua própria incompreensão.

"Insensatos e lentos de coração para crer..." Insensatez e lentidão de coração, portanto. Seu objeto é a fé, o ato de crer. Encontra-se em grego a palavra com artigo *hó anóetoi*,[4] que pode ser traduzida por "que não compreende", "ignorante", "estulto", "insensato". Entende-se esta palavra plural como identificação de quem não compreendeu conceitualmente, alguém que não foi capaz de olhar por dentro das coisas, de compreendê-las na sua intimidade. Esta compreensão é alcançada com análise, com investigação, com observação. Não é uma impressão subjetiva, é uma compreensão interna. Quase se pode dizer que contemplativa!

Encontra-se também dirigida aos discípulos a expressão *bradeís té cardía*. A primeira palavra, *bradeís*,[5] pode ser traduzida por "lento". A segunda palavra, em relação de dativo com a primeira, é *cardía*,[6] facilmente traduzida como "coração". A ideia é de "len-

---

[4] Adjetivo, pronominal, vocativo, masculino, plural, de *anóetos*.

[5] Adjetivo, pronominal, vocativo, masculino, plural, de *bradys*.

[6] Substantivo dativo feminino singular de *cardía*.

Mauro Negro

tidão de coração", o que remete ao campo relativo às emoções ou sentimentos interiores. Algo como "afeto".

"Insensatos e lentos de coração para crer tudo o que os profetas anunciaram!" (versículo 25). A insensatez tem a ver com a incapacidade de compreender o Mistério. A lentidão de coração é a incapacidade de aceitar afetivamente o Mistério. A insensatez está ligada à razão, à compreensão do conteúdo dos fatos, de seu sentido. A lentidão está ligada à insensibilidade, à falta da adesão amorosa a algo ou alguém. *Insensatos e lentos de coração*. Ora, aqui acontece a revelação, o dado que se deseja evidenciar da adesão ao Ressuscitado como projeto de vida, como paradigma. Aquele que morreu e ressuscitou é o motivo do seguimento, ele é o próprio objeto e o caminho.

Insensatez. Ela é superada com a racionalidade, com a compreensão do Mistério em sua amplitude. A Escritura, o Antigo Testamento, em várias passagens, havia proposto a paixão e a morte do Justo, do Servo sofredor.[7] Era o projeto da salvação. Um Mistério que se compreende com muita reflexão, com tempo e maturação.

Lentidão. É necessário conhecer amorosamente alguém para aceitar estar com esta pessoa. Sem a interação íntima não é possível partilhar a vida. A lentidão de coração é a incapacidade de sentir com o outro, deixar-se penetrar pelos seus sentimentos e viver na compaixão, compadecer-se, emocionar-se e entender que o coração vê e ouve razões além da própria razão.

---

[7] Os quatro cantos do Servo formam uma espécie de "espinha dorsal" na Liturgia da Palavra da Semana Santa. O primeiro canto, Isaías 42,1-7, é proclamado na Segunda-feira Santa; o segundo canto, Isaías 49,1-4, é proclamado na Terça-feira Santa; o terceiro canto, Isaías 50,4-10, é proclamado no Domingo de Ramos e da Paixão e na Quarta-feira Santa; o quarto canto, Isaías 52,13–53,12, é proclamado na Sexta-feira Santa da Paixão e Morte do Senhor.

Estes dois pontos determinam os limites dos discípulos de Jesus, que antes certamente o tinham visto tantas e tantas vezes, ouvido e seguido, e que agora, simplesmente, não o reconheciam... É o caso de sempre: sem adesão de fé, sem inteligência e afeto, é difícil mergulhar no Mistério de Jesus Cristo.

Então Jesus lhes diz: "Não era preciso que o Cristo sofresse tudo isso e entrasse em sua glória?" (versículo 26). É um modo de falar típico dos hebreus: afirmar algo perguntando. Esta frase quer dizer: era, realmente, necessário o sofrimento de Cristo para que ocorresse a sua glória.

O Anúncio da Palavra. E aqui vem a primeira revelação: "E começando por Moisés e por todos os Profetas, interpretou-lhes em todas as Escrituras o que a ele dizia respeito" (versículo 27). Mencionam-se Moisés, os Profetas e as Escrituras neste versículo; no versículo 44 lê-se: "... Lei de Moisés, nos Profetas e nos Salmos". O importante é que parece que Lucas deseja informar que Jesus faz um anúncio do Antigo Testamento inteiro. Tudo dizia respeito a Jesus, de um modo ou de outro. Ele é o centro de todo o anúncio que havia sido apresentado na Antiga Aliança e nele tudo tem novo e pleno sentido.

Pelo que se entende do texto de Lucas, os dois discípulos ouvem o que Jesus diz. Quando eles chegam próximos do lugar onde deviam ficar, Jesus indica que vai para a frente. Então eles pedem: "Permanece conosco, pois cai a tarde e o dia já declina" (versículo 29). É a abertura que Jesus necessitava para realizar o sinal que testemunha o seu anúncio.

O Sinal da Presença. Conta Lucas: "Uma vez à mesa com eles, tomou o pão, abençoou-o, depois o partiu e distribuiu-o a eles" (versículo 30). É difícil não identificar aqui um protorrito eucarístico. Se

Mauro Negro

eles estavam presentes na última ceia que Jesus fez, antes da prisão e da paixão, então eles reconhecem os gestos de Jesus. Este sinal, o partir o pão, será o sinal cristão por excelência. Ele é antecedido pelo anúncio da palavra. A Palavra, que é de Deus e foi apresentada por Moisés, pelos Profetas e por homens e mulheres do passado, é atualizada e realizada em Jesus. Ele realiza em si mesmo o Mistério e o partir do pão é o sinal de sua presença, de sua ressurreição.

Finalmente os dois compreendem o Mistério: é Jesus quem está com eles, desde o início de sua caminhada, mesmo em meio a dúvidas. Curiosamente Jesus não é mais visível. Parece que era necessário apenas que eles o aceitassem em seu Mistério. Logo que isto acontece, ele já não está visível. E o motivo é simples: agora ele está na Palavra e no Sinal. É este o tempo que começou com a Ressurreição de Jesus, o tempo da Palavra e do Sinal da presença do Senhor. A Palavra e o Sinal são marcas de seu Mistério.

Os dois discípulos dizem: "Não ardia o nosso coração quando ele nos falava pelo caminho, quando nos explicava as Escrituras?" (versículo 32). Outra afirmação feita como uma pergunta. Mas o sentido é de declaração. Lucas informa, no versículo 33, que os discípulos voltam imediatamente para Jerusalém. Lá encontram os Onze, que são os mais próximos de Jesus, que por sua vez também já sabiam da realidade da Ressurreição de Jesus. É curioso que não se sabe como eles chegaram a compreender a Ressurreição. Lê-se em Lucas, nesta passagem, que os que estavam em Jerusalém afirmaram para os dois que chegaram de Emaús: "É verdade! O Senhor ressuscitou e apareceu a Simão!" (versículo 34). Não se sabe que aparição foi esta, ou quando, nem como foi.

Os dois de Emaús, agora transformados pela experiência com Jesus Cristo Ressuscitado, "... narraram os acontecimentos do caminho e como o haviam reconhecido na fração do pão" (versículo 35).

Narrar, no sentido de contar, pode ser interpretado também como anunciar. Reconhecer no sentido de transmitir o que se aceita como verdade ou fato, palavra ou pessoa decisiva na vida. Não é o emotivo e passageiro, mas o marcante, o que transfigura.

O texto de Emaús propõe à Fé no Ressuscitado duas mediações que podem ser consideradas como fundamentais para a experiência cristã e, por conseguinte, da VRC: [1] a palavra, seu anúncio e a escuta que a responde; e [2] o partir o pão, certeza da continuidade do Jesus Cristo histórico que, ressuscitado, caminha com a Igreja, os discípulos. O mesmo texto de Emaús aponta para dois caminhos de adesão ao Mistério do Ressuscitado: a [1] inteligência, que é a compreensão através das imagens, e o [2] afeto, que é a adesão do amor, que liga profundamente ao outro. Estes primeiros dados, oriundos do episódio de Emaús, formam o primeiro passo na reflexão que se deseja aqui propor.

2. A experiência de fé original: uma proposta de vida e esperança

A experiência da vida religiosa é antiga e deixou marcas profundas na história.[8] A fé cristã se expandiu de modo admirável nos primeiros séculos, não obstante as oposições políticas e religiosas que existiam. Duas são as vertentes que, teoricamente, o cristianismo poderia seguir: o judaísmo e o paganismo.

O judaísmo deveria ter, naturalmente, aceito o cristianismo, pois Jesus era o Messias esperado. Assim ele era acreditado,

---

[8] A respeito da história da VRC, pode-se consultar: CODINA, Víctor; ZEVALLOS, Noé. *Vida religiosa:* história e teologia. Trad. Jaime A. Clasen. Petrópolis: Vozes, 1987. (Coleção Teologia e Libertação. Tomo IX, Série IV: A Igreja, Sacramento de Libertação).

seguido e proposto pelas primeiras gerações cristãs, notadamente judaicas. Mas parece que este não foi o rumo estabelecido, pois o Evangelho do Ressuscitado não atraiu a maior parte do mundo judaico. As dificuldades deviam ser múltiplas. Trata-se do conceito de Messias como o viveu Jesus. Este tipo de Messias não era esperado pelos judeus. Ele não correspondia, exatamente, àquilo que o Povo da Aliança esperava. Um Messias não glorioso, inexpressivo na dimensão política, perdedor e, sobretudo, crucificado. Suas obras não eram de restabelecimento do reino de Israel, como esperavam até os discípulos, como se lê na primeira pergunta de Atos dos Apóstolos 1,6:

> Estando, pois, reunidos, eles assim o interrogaram: "Senhor, é agora o tempo em que irás restaurar a realeza em Israel?". Jesus desconversa e aponta para outro lado: "Não compete a vós conhecer os tempos e os momentos que o Pai fixou com sua própria autoridade. Mas recebereis uma força, a do Espírito Santo que descerá sobre vós, e sereis minhas testemunhas em Jerusalém, em toda a Judeia e a Samaria, e até os confins da terra (At 1,7-8).

A expectativa dos discípulos era uma, mas a proposta, o projeto do Evangelho devia ser outro. Este descompasso vai demorar para ser compreendido e perdurará até a reunião de Jâmnia,[9] no final do primeiro século, quando o judaísmo sobrevivente da destruição do Templo de Jerusalém decidiu excluir ou expulsar a Igreja, declarando sua fé uma heresia. O cristianismo, oficialmente, estava separado da sinagoga ou do judaísmo formal.

---

[9] Jâmnia ou Jabné é como se identifica a assembleia judaica de fins do séc. I, quando o judaísmo excluiu o cristianismo de seu interno, determinando-o como uma heresia. Este fato marca a ruptura oficial entre a Sinagoga ou o mundo judaico e a Igreja ou o cristianismo. Cf. como comentário e informação: TREBOLLE-BARRERA, Julio. *A Bíblia judaica e a Bíblia cristã:* introdução à história da Bíblia. Trad. Ramiro Mincato. 2. ed. Petrópolis: Vozes, 1999. p. 183-185.

Assim, as já citadas duas vertentes possíveis para o cristianismo nascente, antes de Jâmnia, eram o próprio judaísmo, berço da fé cristã, e o paganismo. Este era, a princípio, uma realidade um tanto remota para uma proposta de Messias. Os pagãos não esperavam um Messias! Por que se interessariam por Jesus? Esta questão, que pode parecer acadêmica hoje, foi um verdadeiro "calcanhar de Aquiles" nas primeiras décadas da evangelização, como se lê em Atos dos Apóstolos e em algumas cartas paulinas.

Paulo foi quem percebeu a necessidade de uma estratégia nova para a evangelização dos pagãos. Eles não esperavam o Messias e, assim, não tinham de estar atentos ao seu anúncio. Era necessário anunciar algo diferente, que atraísse a atenção dos pagãos, correspondendo às suas necessidades concretas. E Paulo compreendeu isso. Ele anuncia o Ressuscitado, como se lê na notável proclamação de fé de Romanos 1,1–7, ou Gálatas 1,1 e em tantas outras passagens de seu epistolário. Paulo e os pregadores cristãos itinerantes sabiam que o mundo pagão necessitava de esperança, de sentido para a vida, pois esta era marcada pelo desprezo, pelo sofrimento da insegurança, pelas incertezas e falta de referências seguras que o mundo pagão oferecia.[10] Os nobres exploravam o povo, os militares controlavam a força, os ricos desprezavam os pobres e a escravidão cimentava todo este edifício de notáveis dificuldades. Viver era difícil e morrer uma possibilidade muito fácil em tal sociedade. Direitos humanos não existiam, a lei era para quem tinha posses e os deuses parece que mais exigiam e tiravam do que ofereciam e propunham. E subitamente vem alguém que anuncia um Deus que

---

[10] Cf. a interessante descrição e os comentários à sociedade contemporânea a Paulo em: CROSSAN, John Dominic; REED, Jonathan L. *Em busca de Paulo:* como o apóstolo de Jesus opôs o reino de Deus ao Império Romano. Trad. Jaci Maraschin. São Paulo: Paulinas, 2007.

se comprometeu tanto com os homens que morreu por eles, vítima dos seus pecados, partilhados por toda a humanidade.

Em 1 Coríntios 1,17–25 encontram-se os pontos fundamentais desta teologia que reconhece no Ressuscitado e no Crucificado o sentido para a vida no tempo e na história. Este é o anúncio que despertou o interesse dos pagãos: alguém foi perseguido, torturado e morto sem motivo aparente, a não ser pelo simples fato de existir e ter a existência voltada para o outro. Ele se identificava com todo homem, independentemente de sua condição social, inclusive e mesmo se fosse humilde e sem segurança. Este homem pode olhar para o Crucificado e encontrar nele sua referência. Este Crucificado superou a morte, pois Deus estava com ele. O homem pode olhar para ele e superar sua morte pessoal, encontrando assim um sentido para sua vida. Esta é a motivação que Paulo propõe como anúncio e que leva à adesão da fé. Este é o paradigma: olhar com os olhos da fé a própria história e, vivendo-a com todo o realismo, permitir que a Graça a transforme.

Ainda em 1 Coríntios 1,4–9 pode-se encontrar quase uma identidade da VRC. Graça dada aos fiéis (versículo 4). Acumulação de riquezas vindas pela palavra e pelo conhecimento (v. 5). Um testemunho forte, firme, ligado à vida (v. 6), que gera dons específicos, voltados à vida concreta (v. 7). Estes que assim vivem esperam sempre a Revelação, pois ela é constante, intensa, incessante (ainda no v. 7). Nisto tudo se encontra a força para a perseverança (v. 8) até o Dia do Senhor, uma dimensão escatológica. Deus é coerente e perseverante, isto é, fiel (v. 9) e coloca a todos que o permitem em comunhão com seu Filho. É esta comunhão que gera a Graça e a Paz (versículo 3).[11]

---

[11] Cf. o antigo mas ainda oportuno comentário de CERFAUX, Lucien. *O cristão na teologia de São Paulo*. Trad. José Raimundo Vidigal. São Paulo: Paulinas, 1976, especialmente as p. 127ss.

3. A Vida Religiosa Consagrada: uma esperança e vida proposta

Estes tempos de ministério papal de Francisco causam ânimo e ampliam os horizontes. Suas palavras e exortações na recente Carta Apostólica *Às pessoas consagradas* são provocativas e exortativas para os que buscam a coerência na VRC. Vejamos uma passagem interessante:

> A pergunta que somos chamados a pôr neste Ano é se e como nos deixamos, também nós, interpelar pelo Evangelho; se este é verdadeiramente o "vade-mécum" para a vida de cada dia e para as opções que somos chamados a fazer. Isto é exigente e pede para ser vivido com radicalismo e sinceridade. Não basta lê-lo (e, no entanto, a leitura e o estudo permanecem de extrema importância) nem basta meditá-lo (e fazemo-lo com alegria todos os dias); Jesus pede-nos para pô-lo em prática, para viver as suas palavras.
>
> Jesus – devemos perguntar-nos ainda – é verdadeiramente o primeiro e o único amor, como nos propusemos quando professamos os nossos votos? Só em caso afirmativo poderemos – como é nosso dever – amar verdadeira e misericordiosamente cada pessoa que encontramos no nosso caminho, porque teremos aprendido dele o que é o amor e como amar: saberemos amar, porque teremos o seu próprio coração.[12]

É o momento que se vive e é necessário considerar que, embora responsáveis por este momento histórico, os que aqui estão devem plantar as sementes para as futuras gerações, o que implica responsabilidades. Se hoje muitos agradecem as estruturas materiais que a VRC construiu ao longo das décadas, outros lamentam as despesas que têm com estas estruturas e as exigências que elas impõem, de pessoas, atenção, esforços e manutenção. Dentro de vinte

---

[12] *Às pessoas consagradas*, n. 2.

ou trinta anos, os que hoje entram nos quadros da VRC, em número reduzido como normalmente se observa, herdarão o que hoje se planta e propõe. É assim que se deve gerar a renovada VRC, não "apenas" na perspectiva papal, ainda que muito favorável e empolgante. É necessário ir mais "a fundo", encontrando as razões de crer e responder a esta fé com adesão ao Mistério.

Na Conferência de Aparecida encontram-se páginas de discernimento e intensa exortação quanto à própria índole e natureza da experiência cristã, o que para a VRC é mais acentuado. Tomem-se apenas estes dois pequenos parágrafos que poderiam servir de tema de fundo para uma oportuna pontuação do "ser consagrado discípulo/missionário":

> Como discípulos e missionários, somos chamados a intensificar nossa resposta de fé e anunciar que Cristo redimiu todos os pecados e males da humanidade, "no aspecto mais paradoxal de seu mistério: a hora da cruz. O grito de Jesus: 'Deus meu, Deus meu, por que me abandonaste?' (Mc 15,34) não revela a angústia de um desesperado, mas a oração do Filho que oferece a sua vida ao Pai no amor para a salvação de todos".[13]

> (...)

> O Espírito Santo, que o Pai nos presenteia, identifica-nos com Jesus-Caminho, abrindo-nos a seu mistério de salvação para que sejamos filhos seus e irmãos uns dos outros; identifica-nos com Jesus-Verdade, ensinando-nos a renunciar a nossas mentiras e ambições pessoais; e nos identifica com Jesus-Vida, permitindo-nos abraçar seu plano de amor e nos entregar para que outros "tenham vida nele".[14]

---

[13] O texto de Aparecida cita a exortação apostólica de João Paulo II, *Novo Millennium ineunte*, n. 25-26.

[14] Aparecida, n. 134.137. In: CONSELHO EPISCOPAL LATINO-AMERICANO. *Documento de Aparecida:* texto conclusivo da V Conferência Geral do Episcopado

Uma leitura de Aparecida oferece um conjunto de estímulos teológicos e pastorais que podem fazer a diferença. Embora muito perto no tempo, Aparecida pode ser uma referência remota para alguns que entraram na VRC depois da realização da famosa conferência do CELAM, ou que seguem outros paradigmas de VRC, o que é muito comum em grupos e comunidades recém-criadas.[15] O paradigma que a VRC deve buscar está na experiência com o Ressuscitado. O ânimo que o Papa Francisco oferece aos consagrados de hoje poderá ser sentido, espera-se, daqui há dez ou quinze anos, quando os efeitos de seu Ministério petrino se estabelecerem e tiverem seguimento. Mas desde já se pode entender, com suas palavras, que este é o caminho a ser trilhado: a VRC é uma experiência de alegria, de felicidade no Ressuscitado.

> Esta á a beleza da consagração: a alegria, a alegria (...). A alegria de levar a todos a consolação de Deus. Essas são as palavras do Papa Francisco durante o encontro com os Seminaristas, os Noviços e as Noviças: "Não há santidade na tristeza!", continua o Santo Padre: "Não fiqueis tristes com os outros, que não têm esperança", escrevia São Paulo (1Ts 4,13).[16]

Latino-Americano e do Caribe. Trad. Luis Alexandre Solano Lopes. São Paulo: Paulus, Paulinas; Brasília: Edições CNBB, 2007. p. 73.74.

[15] Note-se que muitas vezes estes paradigmas ou são pré-conciliares ou anti-Aparecida, e muito ligados a experiências pessoais, visões de Igreja e de mundo. Há certo retorno às supostas seguranças institucionais: hábitos, símbolos externos, espírito de grupo, linguagens particulares. Parece que isto dá ou segurança ou *status*; há se discernir o que pode ser!

[16] CONGREGAÇÃO PARA OS INSTITUTOS DE VIDA CONSAGRADA E AS SOCIEDADES DE VIDA APOSTÓLICA. *Alegrai-vos:* carta circular aos consagrados e às consagradas. Trad. Hugo Cavalcante. Brasília: Edições CNBB, 2014. p. 13.

4. "Não ardia o nosso coração...?"

Em um primeiro momento histórico, o estilo de vida de fé que hoje pode ser chamado de VRC iniciou-se como uma resposta às novas situações surgidas com o édito de Constantino. Antes, os cristãos eram perseguidos e muitos deviam dar o testemunho, a *martiria*, não raro até a morte. O paradigma do discípulo que desejava viver radicalmente o seguimento do Mestre era a Paixão e Morte do Senhor. A vida cristã até às últimas consequências. Com a liberdade religiosa para os cristãos e, pouco depois, com a confortável situação de religião oficial, tudo ficou mais fácil. O heroísmo, a identificação com Jesus Cristo perseguido e duramente provado não era mais possível. Até as representações de Cristo expressavam a novidade de estar lado a lado com o poder político.

Se isto foi positivo ou negativo, não importa aqui, agora. Mas sabe-se que muitos discípulos desejavam mais coerência, mais intensidade de vida cristã que era notadamente urbana, sendo as grandes cidades marcadas pela presença estrutural da Igreja como dioceses. Aqueles desejosos de maior identificação com o Senhor tomaram a decisão de partir para os lugares ermos, onde o movimento urbano não existia, onde as seguranças das cidades cessavam. Sabe-se que este passo foi o início do que se chamará, futuramente, de vida religiosa ou vida consagrada. O que é importante perceber é a mudança de paradigma para os que se puseram a seguir o Mestre. Já não a paixão e morte do Senhor, mas sua luta com o tentador, sua resistência com os valores do mundo da época. Estes pareciam fazer a vida cristã ser fácil, previsível, cheia de facilidades. O mundo estava se cristianizando e era necessário buscar a coerência de vida na exclusão de tudo o que poderia ser facilidade, debilitado para um discípulo autêntico.

ANUNCIAR COM A VIDA QUE ELE RESSUSCITOU

O paradigma do deserto tomará um tempo histórico oportuno na caminhada da VRC. Ele se desenvolverá de modos múltiplos e criativos, com demonstrações da capacidade de adaptação e criação que o Espírito propõe e os mais decididos fiéis se permitem viver. Anacoretas, cenobitas, contemplativos clássicos, monges, monges missionários etc. Gradualmente o paradigma de Jesus Cristo que resiste às tentações e facilidades do mundo se impõe como padrão de consagração religiosa. O passo de transforma-se em resposta missionária nas fronteiras da civilização foi quase natural.

Nota-se a mudança histórica dos paradigmas para o que hoje se chama de VRC. Primeiro, o seguimento de Cristo perseguido, sofrido, morto. A identificação com ele era o ideal da vida. Depois, com a facilidade da vida cristã, a ida para o deserto e a vida de rejeição das facilidades, dos modelos vazios da sociedade de então. É o paradigma do Cristo no deserto, na resistência da tentação. Vêm depois todas as variações possíveis deste modelo e suas adaptações aos movimentos da história. Infelizmente algumas práticas próprias dos vícios das políticas e modos de vida senhorial e feudal tomaram conta das estruturas de vida que deviam ser distintas disto tudo. Mas esta é a história.

Não é interesse aqui fazer uma teoria da história da VRC, mas observar, ainda que de modo rápido, que os paradigmas vão mudando ao longo do tempo, conforme a realidade e os apelos históricos, humanos e pneumáticos vão acontecendo.

Os paradigmas da Vida Consagrada aos poucos se multiplicam e vão encontrar em Cristo suas motivações. Pode ser o paradigma de Cristo que cura os enfermos, que educa os discípulos; pode ser o paradigma de Jesus Cristo que envia em missão, indo ele mesmo até os mais excluídos da sociedade. Ou pode ser o paradigma de Cristo silencioso, dedicado à oração, no silêncio noturno da contemplação. O modelo está nas páginas evangélicas que se identificam com o anúncio do Evangelho. Não mais a paixão e morte, mas o anúncio da Boa-Nova. Em Marcos 1,15 o Senhor afirma: "Cumpriu-se o tempo e o Reino de Deus está próximo. Arrependei-vos e credes no Evangelho". A pregação do Evangelho é o modelo de viver a consagração radical do Batismo.

E "o nosso coração arde!". Arde pela proximidade com o Mestre e pela Missão que se assume como consagrado. A confusão da morte do Senhor foi transformada em inícios de um mundo novo e sempre necessariamente renovado. Os que estão na VRC devem "religar" o mundo, seus apelos, necessidades e modelos ao Salvador. Esta é a missão, este é o seguimento. Não mais... dizem que ressuscitou..., mas ele de fato ressuscitou! E está conosco!

ORAR SEM CESSAR: MÍSTICA E MISTAGOGIA DA VIDA RELIGIOSA

Luiz Carlos Susin[*]
Salete Verônica Dal Mago[**]

"Contou-lhes ainda uma parábola
para mostrar a necessidade de orar sempre,
sem jamais esmorecer"
(Lc 18,1).

"Alegrai-vos sempre, orai sem cessar,
por tudo dai graças!"
(1Ts 5,16-18a).

---

[*] Frade capuchinho (OFMCap), licenciado em filosofia e doutor em teologia. Professor na Faculdade de Teologia da PUC de Porto Alegre e na Escola Superior de Teologia e Espiritualidade Franciscana (ESTEF). Cofundador e ex-presidente da Sociedade de Teologia e Ciências da Religião do Brasil. Membro da equipe de redação da revista internacional de teologia *Concilium*. Secretário-geral do Fórum Mundial de Teologia e Libertação (WFTL). Membro da equipe interdisciplinar de assessoria da CRB.

[**] Pertence à Congregação da Irmãs Franciscanas de Nossa Senhora Apareci-da (CIFA). Mestra em teologia. Professora na Escola Superior de Teologia e Espiritualidade Franciscana. Ex-Ministra-Geral da Congregação. Membro da equipe interdisciplinar de assessoria da CRB.

Mística formou com *ascese* um binômio: a ascese como caminho – como mistagogia – para a mística. Ultimamente um novo binômio emergiu: mística e profecia. Do lado da profecia, também a militância ou o cotidiano de uma vida inserida na vida do povo. A palavra *mística* é necessariamente indeterminada, aberta e sugestiva como é a palavra *mistério*. Ou também *espiritualidade* e suas manifestações: o fervor, a devoção, os ritmos da oração. O que é certo: a mística é o coração mais profundo e a elevação mais excelsa da Vida Religiosa Consagrada (VRC). Neste capítulo vamos em primeiro lugar passear pela linguagem da mística, depois vamos beber das suas fontes, para em seguida revisitar os caminhos de uma longa história. E então vamos lançar um olhar inquieto em direção ao futuro, unindo a sabedoria acumulada do passado com a liberdade de filhos e filhas de Deus, conduzidos pelo Espírito em um caminho aberto que só se conhece bem ao caminhar. Um dos riscos da mística é o de permanecer numa névoa demasiado indeterminada. Ainda que a mística seja energia e inspiração para o dia a dia de carne e osso, para a encarnação nossa de cada dia, ela se decide com realismo na oração: se não rezamos, não há mística cristã que resista. E aqui a oração – simples assim – se torna o eixo que nos permite mantermos na mística sem cessar, em todo tempo e por toda parte.

1. O que é mística? A luz e sua sombra

Ainda que afirmemos categoricamente a urgência da mística, o que poderíamos indicar que já não tenha sido praticado? Trata-se de algo que, para além do sempre pouco que praticamos, apenas vislumbramos entre brumas de nosso saber.

Sabemos que a mística foi e é fundamental para nutrir a Vida Religiosa Consagrada em todos os tempos, e isso nos assegura que será também no futuro. Se levarmos em conta que, segundo a semântica, "mística" se refere à relação com o Mistério, à experiência do que é Transcendente, à Presença do que não cabe no tempo, nem na experiência, nem na relação, então desde o começo precisamos repetir com os místicos: a mística faz toda palavra se inclinar para o silêncio, todo pensamento pousar em puro afeto e fervor. É lá onde, conforme a etimologia do radical *mu* sânscrito, do verbo "fechar", os olhos se fecham para ver melhor, a boca se fecha para dizer melhor, os ouvidos se fecham para escutar melhor: a mística requer a quietude do deserto, o apagar da representação, o simples balbucio da linguagem, a "nuvem do desconhecimento", o mais quieto e eloquente silêncio. Então o Mistério se aproxima, seu esplendor se revela, sua melodia se eleva, sua palavra é acolhida como líquido precioso em taça de barro. E assim, o que sabemos é que a boa percepção, embora frágil, do Mistério divino que nos habita e no qual somos e vivemos, nos torna pessoas melhores, mais humanas, mais próximas do próprio mistério que nós mesmos somos.

Em outras palavras: não sabemos nem podemos saber em si o que seja o Mistério nem a mística. É a condição "apofática" do nosso conhecimento de Deus: apenas vislumbramos algo do essencial que nos ultrapassa infinitamente, que está "acima" de nós, como a palavra indica. Mas sabemos que há traços, há sinais, há algum caminho para o Mistério. Nós podemos invocá-lo com a palavra indo-europeia "Deus" ou com muitos outros nomes, e podemos senti-lo como Espírito, que sopra por onde quer, que aquece o ambiente interior e alenta vida até aos ossos ressequidos. Como cristãos, nossa mística ganha forma na carne humilde e frágil, pele tostada pelo sol meridiano de verão e expressão em dialeto popular, corpo datado e situado, consumido no tempo, *corpo dado por nós*, do Filho de Deus com seu nome tão nazareno, tão terreno, tão humano:

Jesus. Ele é o caminho que está no coração do cristão e no coração do Mistério divino, do Espírito e do Pai.

Ainda assim, mesmo armados com a moldura trinitária da mística cristã, continuamos não sabendo como rezar, e agora, mais do que em outros tempos talvez mais calmos e mais estáveis, nós repetimos Paulo com nova ousadia, pedindo o Espírito de oração:

> Assim o Espírito socorre a nossa fraqueza, pois não sabemos o que pedir como convém, mas o próprio Espírito intercede por nós com gemidos inefáveis, e aquele que perscruta os corações sabe qual o desejo do Espírito; pois é segundo Deus que ele intercede pelos santos (Rm 8,26-27).

De fato, nós cremos que continuamos a fazer parte da Criação a gemer em dores de parto. Nós cremos que gozamos das primícias do Espírito no qual suspiramos a liberdade e a glória de filhos de Deus e no qual participam conosco todas as criaturas com o mesmo desejo de liberdade e glória. Constrangidos por nossa mortalidade, pelo envelhecimento e pelas limitações que a manifestam, nós suspiramos pela redenção de nossos corpos corruptíveis, e nossa mística se lança na esperança da vida divina, jovial e eterna, que nos foi prometida. Assim, fixando o nosso olhar em Jesus, na sua memória e nas suas palavras, podemos ainda apostar, mais uma vez, com nossa fé nele, que disse: "O Espírito vos recordará tudo o que eu disse e vos introduzirá na verdade plena" (Jo 14,26; 16,13). E nós pedimos mais uma vez como os discípulos: "Senhor, ensina-nos a rezar" (Lc 11,1).

No entanto, é saudável reconhecer que nossa fé e nossa oração vivem um tempo de névoa e de monstros. Enquanto um mundo – um paradigma, uma civilização – está desaparecendo, e outra civilização tarda a nascer, como advertiu o filósofo Antônio Gramsci, no lusco-fusco e nas cintilações fragmentadas como fantasmas atravessados na quase escuridão; este é provavelmente o "tempo de monstros". Alguns traços ditos "pós-modernos" com certo brilho, perseguidos com uma dose de fascínio e com ansiedade, prometendo substância firme e bela, logo se desfazem em formas estranhas e constrangedoras, abandonando-nos à orfandade de toda imagem. Arriscamos correr atrás de pruridos de doutrinas, ventos de pregações, mercado de autoajudas, decepcionados e até ressentidos com o esdrúxulo que se revela a alguma distância.

É, então, o tempo da crise, mas é também tempo de busca de salvação. A este tempo se referia o poeta alemão do século XIX, Hölderlin: "Lá onde cresce o perigo também cresce a salvação" – porque só sabe de salvação quem corre perigos. E só encara os monstros e os perigos quem confia na salvação.

O grande perigo e a grande tentação, a crise maior, por trás da crise mística e das suas formas – da oração, de toda reza –, está o perigo gigantesco da fé e da esperança, crise que estremece a base do mundo humano e afeta em primeiro lugar a flor mais delicada porque é a mais entregue à fé e à esperança: a Vida Religiosa Consagrada. "Mas quando o Filho do homem voltar, encontrará a fé sobre a terra?" (Lc 18,8b). Não nos deveríamos escandalizar demasiado em reconhecer que a vida cristã como tal, nessa mudança de mundo, e, consequentemente, a Vida Religiosa Consagrada estão imersas numa orfandade cruel e numa perigosa crise de fé e de esperança. Seus sintomas estão por todo lado: não só na mediocridade da prática de cada um dos votos, mas na reticência quanto à entrega à comunidade, na irregularidade esvaecida da oração e na resistência à missão corajosa e sacrificada, desbancada por sucedâneos: pela multiplicação de tarefas, por agendas lotadas, ou pela busca e apego a uma zona de conforto em meio a possíveis turbulências.

Se não há fé sólida nem esperança reta, não se deveria afinal construir alguma salvação local com as próprias mãos e com a própria agenda? Ou, se balança e desfalece a crença na vida eterna, por que sacrificar esta vida com missões e encarnações que condicionam o precioso tempo presente à renúncia? Por que abraçar missões em que se perdem oportunidades e se correm riscos? E sendo assim não há mais nem mística nem mistagogia – o caminho só se faz ao caminhar, arriscando, quebrando pontes para não olhar mais para trás. E mais duro ainda: sem renúncia e sem risco o caminho também não se abre à frente – fica-se paralisado. Emergem então as dispersões, as compensações que substituem a mística e a mistagogia: o ativismo administrativo do que já está instituído e que exige em demasia; o individualismo consumista pós-moderno que, paradoxalmente, ao inclinar para zonas de conforto, produz individualidades insatisfeitas, decepcionadas e, por acréscimo, infelizes.

Nos resíduos do paradigma moderno das grandes instituições, um paradigma ativista e burocrático em decomposição parece ressurgir em nossa carne o personagem "El Cid". O lendário herói ibérico do século XI acumulou vitórias, glória e fama em seus combates contra os mouros, mas foi morto em meio a uma batalha decisiva. Sua mulher, então, teve a ideia de amarrá-lo ao cavalo com uma espada presa à sua mão e assim fazê-lo passar veloz diante do inimigo, que fugiu em debandada. É a imagem da insistência em levar adiante a administração de projetos que já não têm alma nem mística. Quando finalmente vem abaixo o esqueleto andante, incorre-se nas tentações pós-modernas, onde há o risco de se "voltar ao vômito" (São Francisco), ou seja, tentar saborear sob qualquer custo, até o ridículo, do que se tinha deixado para trás na renúncia de si e na disposição ao sacrifício. A outra metáfora desta situação trágico-cômica é Narciso buscando seus traços confusos no fundo do lago, na iminência de se afogar à medida que as águas ficam turvas pelo toque ansioso em busca de si mesmo. É confuso, sobretudo, se Narciso surge desesperado na terceira idade.

Até aqui a descrição do cenário não é boa, mas não é tudo. Pois, no cenário mais desolador, juntando os traços, os fragmentos, o Senhor pode dar vida aos ossos ressequidos, ainda que Narciso irrompa na terceira idade. Voltar à pergunta e à busca do primeiro amor é fundamental: onde, como, por que – tudo começou?

Tudo começou na história de Deus. O Espírito que habita em sua Criação não dorme. Ao contrário: pode nos inquietar e sacudir em meio à turbulência de barco em tempestade. Pode ser ele mesmo o autor da tempestade necessária, da batalha, da ventania e da turbulência das águas turvas de Narciso. E pode de novo nos remeter à memória de Jesus, do seu ensinamento vivificante, assim como à memória da longa e grande comunidade eclesial, dos mestres de oração que, em cada época, deixaram uma herança preciosa, mística em pérolas, pelas quais vale a pena de novo vender tudo e dar aos pobres. Para nos lançarmos à frente em meio à neblina do tempo, vale a pena revisitar a memória de uma história já longa e substanciosa: em que contexto Jesus viveu sua mística trinitária de Filho de Deus na carne de filho de Maria? O que nos ensina a grande mística hesicasta da Igreja oriental? Por que o Ofício Divino da vida monástica se tornou um paradigma tão duradouro para a VRC? E por que o Rosário, em sua calma recitação, tomou conta da maioria dos cristãos? E agora, o que fazer com tudo isso, para onde ir à busca de oração e de uma mística consistente que dê energia para a missão e o sacrifício?

Em outras palavras, quais as formas de oração que alimentaram a mística e que hoje podem ser aquelas coisas "antigas" que o mestre, como um pai de família, retoma de seu baú? E quais poderiam ser as coisas "novas" que os tempos nos permitem tecer? (cf. Mt 13,52). Neste tempo de transformação, de pluralismo religioso e de despertar ecológico, de aceleração perigosa do tempo humano por agendas que sangram as horas e da necessidade de passar a desacelerar, mitigar, pacificar, dar espaço à justiça nas relações e nos desejos, o que se pode acrescentar à longa mistagogia que vamos percorrer como um rosário de pérolas? Qual a novidade desejável, que não se confunda com moda e que valha a paciência da brotação, da metamorfose e do voo nas asas da esperança?

2. A volta às fontes

O movimento bíblico, o movimento litúrgico e o movimento patrístico que se consagraram no Concílio Vaticano II ajudaram a voltar às fontes da mística e à mistagogia – o caminho para a mística está retraçado e em grande movimento há algum tempo. Onde andávamos imediatamente antes do Concílio? A severidade do movimento jansenista que tinha assolado a Igreja e, sobretudo, a VRC nos séculos precedentes, tornando severa e cheia de escrúpulos a celebração e a recepção dos sacramentos, e a parcimônia antiprotestante na consulta à Escritura, obrigaram a ancorar as necessidades de alimento espiritual na "devoção". Práticas de devoção tinham se multiplicado. Além da cotidiana recitação do rosário ou do terço, as devoções se constituíam de frequentes novenas, eram alimentadas pelos devocionários. Desenvolveram-se orações e "crenças devocionais", inspirações particulares, revelações e aparições. As devoções frequentemente eram ligadas a benefícios: se fizer esta oração todos os dias durante um mês, se usar esta medalha, se fizer o sinal da cruz com esta água benta de tal lugar, tantas jaculatórias, um

ORAR SEM CESSAR: MÍSTICA E MISTAGOGIA DA VIDA RELIGIOSA

ramalhete espiritual... Menção diferenciada, no entanto, merece a devoção ao Coração de Jesus, cotejado pelo Coração de Maria, que nos salvou em grande medida da dureza jansenista. Um coração compassivo e terno, ainda que ferido e ofendido. E ainda assim não se safou do antimodernismo e do antiprotestantismo implícitos no acento sacramental da confissão auricular regular e desconfiado do mundo secular e suas ofensas à religião e à Igreja.

A mística se fragmentava em migalhas difíceis de saciar, e as multidões de jaculatórias e práticas repetidas em busca de indulgências e perfeição não davam mais conta sequer de respirar direito, nem livrava facilmente da angústia que acompanhava o sentimento místico.

A lufada de ar novo e o rebrotar de águas refrescantes vieram com a redescoberta da centralidade absoluta da Palavra de Deus: a recuperação da Escritura junto ao Batismo e à Eucaristia, a Palavra novamente interpretada, com a ajuda da ciência da narrativa, e a aproximação entre a Palavra e o cotidiano, ao estilo "Carlos Mesters" dos círculos bíblicos, com a pureza das parábolas, com a simplicidade dos lírios e dos pássaros dos campos, enfim, com a redescoberta do Reino de Deus na paixão do próprio Jesus; tudo isso fluiu novamente da fonte narrativa com brilho novo no círculo de Palavra e Vida. Revisitando meio século de tempo pós-conciliar, esta é a rocha firme, a fonte inesgotável, a linha de fundo que não permite hesitações na tentação de voltar atrás ou na superficialidade de substitutivos e na multiplicação e sobreposição barroca de devoções: não há como ficar inventando para além da Palavra de Deus, "Palavra-Vida", pois tudo o que se pode acrescentar e enriquecer, para o cristão, é sempre relacionado com este centro e eixo firme, espada de dois gumes que atinge a medula, discerne e separa a substância e os fantasmas (cf. Hb 4,12). O documento conciliar *Dei Verbum* produziu frutos para sempre.

Mas a Palavra de Deus, Palavra-Vida ou Palavra Orante, é mais do que o suporte bíblico, a Escritura. Desborda em uma história de Deus que está aberta à escatologia do Reino de Deus, à glória que esperamos. Por isso, com a Palavra que está na Escritura é necessário revisitar a mística vivida em uma história eclesial que, justamente pela presença fiel da mística, é parte importante de uma grande história sagrada e nossa companheira para o futuro.

3. Memórias para um novo paradigma: uma pequena história da oração na VRC cristã

Oração bíblica e jesuânica

Em primeiro lugar, por rigor metodológico, convém sublinhar, com o risco de repetir, as raízes bíblicas da oração cristã como uma verdadeira genealogia: os primeiros cristãos eram judeus que já oravam e, sistematicamente, antes de serem cristãos. A oração bíblica do *Shemá Israel* ("Lembra-te, Israel, que o Senhor teu Deus é o Único... – Dt 6,4-9) e os *Salmos* eram recitações consolidadas. A oração escandia e marcava as horas do dia, no amanhecer e no entardecer, nas casas e junto ao templo. Em tempos especiais poderia acontecer na solidão do deserto ou na montanha, como nos casos das comunidades de essênios e dos discípulos de João. Jesus não estabeleceu um processo mistagógico próprio. Ele simplesmente também rezava na casa, no templo, no deserto, na montanha. Todos esses lugares passaram a ser metáforas de formas de oração e de mistagogia, e até hoje são metáforas muito sugestivas que se entrelaçam e se complementam: a intimidade familiar na casa, o Povo de Deus no templo, a subjetividade no distanciamento do

ORAR SEM CESSAR: MÍSTICA E MISTAGOGIA DA VIDA RELIGIOSA

silêncio e na altura que busca o infinito – são espaços mistagógicos, santuários de aproximação e comunhão com Deus.

O que rezava Jesus em noites inteiras na solidão da montanha? O que sabemos de sua oração é pouco mas suficiente: a oração do Pai-Nosso e a notícia do canto do salmo na celebração da Páscoa. Na casa recitou o *Shemá Israel*, no templo, os *Aleluias* dos salmos peregrinos. Nada que não esteja ao alcance de um pobre cristão. E mandou guardar-se de multiplicar orações, de apreciar a qualidade da oração pela formalidade.

É certo que para Jesus, como para os profetas, para Maria e Paulo, no centro da oração não há nada de exotérico, mas simplesmente a Palavra de Deus e sua meditação, ou seja, a calma e lenta ruminação da Palavra. Os profetas já tinham censurado quem buscasse a exaltação por visões, vozes, experiências extraordinárias ou espetaculares, pois é no "oráculo", na Palavra humanamente compreensível e na escuta atenta da Palavra que se encontra Deus. E para Jesus e seus interlocutores na Palestina isso estava resolvido. Na comunidade paulina de Corinto, entre cristãos vindos diretamente do paganismo, foi necessário aclarar o que já estava esclarecido na tradição judaica. Paulo não desprezou nenhuma forma de oração: quem pode conter a criatividade do Espírito? Mas convidou a confrontar toda forma de oração com a Palavra acolhida pela compreensão humana. E insistiu numa hierarquia de formas de oração a partir da Palavra humanamente compreensível, ainda que se balbucie uma linguagem sem nexos – o "falar em línguas" – por puro prazer místico de se expressar, como quem canta júbilos no canto-chão (cf. 1Cor 12,13).

O que há de novo em Jesus é o que ele fez profeticamente por causa de sua participação na fonte da mística, e como ele tornou sua intimidade orante um caminho mistagógico: seu ensinamento e sua missão pelo Reino de Deus, que é a substância do que se pede na oração. Ainda que seja implorando uma cura, um trabalho e um lugar na sociedade, se está pedindo que venha o Reino de Deus. Por isso Jesus não é apenas um homem do deserto e da montanha. Ele alterna a sua atividade e a sua oração num círculo virtuoso de nutrição.

Da oração judaica de Jesus e da recitação bíblica do *Shemá Israel* e dos Salmos, a comunidade cristã das primeiras gerações elaborou cedo a moldura trinitária – *em nome do Pai, do Filho e do Espírito Santo*. E sem um santuário de peregrinação, a oração comum se concentrou nas casas. A eucaristia dominical se tornou a nova forma de celebrar a Páscoa. As vigílias com hinos e salmos começaram a se tornar um ciclo novo, centrado na memória dos acontecimentos de Cristo. Nascia a liturgia cristã como mistagogia. A mistagogia se dava bem com a paisagem urbana do mediterrâneo. O deserto e a montanha se tornavam metáforas de tempos de oração. Mas sob suas metáforas se podia recuperar o sentido físico, e desde cedo os desertos do Egito e as encostas escarpadas da Ásia Menor, em tempos de perseguição ou em tempos de acomodação mundana, começaram a ser habitadas por cristãos anacoretas, solitários *meditantes*.

A mistagogia hesicasta

No Oriente cristão cresceu um movimento associado à experiência de anacoretas de deserto e de comunidades monásticas cuja prioridade era dada cada vez mais à oração: o *hesicasmo*. Convém prestar atenção ao potencial profético do hesicasmo nesses tempos de agitação urbana. Pode-se encontrar no hesicasmo uma associação e uma fonte inspiradora da prática do rosário, oração de repetição tão consagrada no Ocidente cristão. O "terço bizantino" difundido no Brasil por Pe. Marcelo Rossi tem respaldo na mistagogia hesicasta. Ela não se reduz a uma repetição simplificada de algumas palavras santas. Ao contrário, abraça uma largueza e uma profundidade espiritual exigente. Vejamos brevemente, por passos.

Em sua semântica, *hesiquia* significa "aquietamento". Trata-se de aquietar a mente, pacificar os pensamentos, acalmar o espírito, com as emoções e os afetos, e silenciar interiormente.[1] A imagem central consiste em baixar da cabeça para o coração, repousar na tranquilidade de um coração centrado em Deus na figura de Cristo, "ter sempre o Senhor diante dos olhos" (São Basílio). Claro, com os olhos do coração, e por isso já foi chamada de "oração do coração". É então que se pode enraizar o cotidiano na oração "sem cessar", oração continuada, que está sob a superfície dos trabalhos e distrações do dia. Orar sem cessar, obedecendo ao mandato do próprio Cristo, só é possível na manutenção desta profundidade entregue à comunhão sem mudanças. E como é possível nas condições urbanas de hoje?

A *hesiquia* como um estado de alma incessantemente orante tem algumas exigências ascéticas: o despojamento exterior e interior. Exige, portanto, que se enfrente o desejo disperso em ambições terrenas egocêntricas, que se abstenha de paixões e exageros de toda sorte, que se abrace a sobriedade e o desapego até do que se tem direito, até do próprio "lugar ao sol". Mais profundamente, enfrenta os demônios e terrores ocultos, o medo e a angústia, a

---

[1] Uma preciosa pérola que antecede a oração hesicasta se encontra no Salmo 131(132): "Senhor, meu coração não se eleva, nem meus olhos se alteiam, não ando atrás de grandezas nem de maravilhas que me ultrapassam. Não! Fiz calar e repousar meus desejos, como criança bem amamentada no colo de sua mãe, como criança desmamada estão em mim meus desejos. (...) Põe tua esperança no Senhor, desde agora e para sempre!".

depressão e o desespero. Na espiritualidade hesicasta nasceu a vigilância e o combate às inclinações que tendem a conduzir à decadência e à morte espiritual, cujas raízes se plantam no interior, nas áreas obscuras da mente e do coração. Os padres gregos chamaram de "loguismoi" – expressões desviantes do coração humano, e daí surgiu a tradição de catalogá-los de "pecados capitais". Se o terreno é cultivado cuidadosamente, se a mente e o coração se ocupam com bons pensamentos e bons sentimentos, não há espaço para plantar tais raízes que trazem tristeza e morte.

Neste caminho de despojamento, o último bastião é derrubado pela misericórdia e pela postura de perdão até prévio diante de outros, significando a conquista da liberdade de filhos e filhas de Deus, que faz chover sobre bons e maus. Quando esta *kénosis*, inclusive nas relações humanas e nos pensamentos e juízos, se aprofundar num esvaziamento de si, então o caminho se tornará leve e o caminhante, livre. E a metáfora mais radiante do caminho se abre em iluminação, pois a luz, com sua transparência e seu calor, é uma das melhores metáforas de Deus-amor. É a *théosis*, a experiência de viver em Deus, na sua luz amorosa, na sua glória.

Quanto à forma, a oração simples de todo aquele que deseja ser um hesicasta segue uma prática de repetição, até que, pela simples monotonia da própria repetição, seja conduzido ao silêncio ritmado e sustentado pelo ressoar já quase imperceptível da fórmula repetida. As palavras simples podem ser contritas ("Senhor Jesus, tem piedade!") como também adorantes ("Glória a ti, Senhor Jesus!"), podem ser de abandono ("Senhor Jesus, confio em ti!") ou de agradecimento ("Obrigado, Senhor Jesus!"). A repetição segue o ritmo da respiração, e por ela se liga ao ritmo do coração. Quando, finalmente, os lábios não mais se movem, a respiração mesma e o coração continuam o ritmo da oração incessante. E quando o cotidiano chama às atividades, por sob as ações e mesmo os falatórios, lá está a hesiquia silenciosa em ritmo, corporificada no bater do coração e na inspiração e expiração, sístole e diástole de comunhão vital, hospitalidade e oferenda na respiração.

Esta forma de oração foi chamada "Oração de Jesus", por ter no centro a invocação continuada do nome de Jesus. Nas estepes russas surgiram as narrativas do peregrino que a praticava, por isso se chamou também "oração do peregrino russo". Os monges do Monte Athos, na Grécia, lhe deram um estatuto litúrgico, com um rosário de nós e com alternância de prostrações, e teólogos como Gregório Pálamas (1296-1359) dedicaram-lhe cuidadosas reflexões teológicas.

O movimento do hesicasmo acabou produzindo uma cultura do despojamento e da simplicidade. Foi incompreendido pela elite imperial, quando até a rainha tentou ser uma hesicasta: como pode uma rainha ser despojada e pobre? Quando se desencadeou a perseguição aos que oravam diante de ícones de Jesus – o *iconoclasmo* –, os hesicastas precisaram esconder suas práticas porque eram acusados de adorar imagens. Ora, o mandamento bíblico proíbe aprisionar Deus numa imagem mundana, mas, em Jesus, Deus mesmo revelou sua face humana – mundana, no bom sentido –, e esta imagem, como a imagem humana dos santos, se tornou o lugar de acesso para contemplar o mistério da presença divina sem violar o respeito à infinita transcendência. A *iconologia* e a *iconografia* acompanham o hesicasta: uma fórmula simples, uma imagem simples, um lugar simples, uma luz simples.

O hesicasmo atravessou os tempos, influenciou os muçulmanos chegados à região e seu movimento chamado *sufismo*. São monges ou não, despojados e sóbrios que dançam rodando concentrados de modo uniforme e calmo, de braços abertos, tendo uma mão levantada para cima em recepção da bênção e outra posta para baixo em distribuição generosa da mesma bênção. A recitação do rosário em suas variantes, as simples jaculatórias repetidas com pureza e sem intenção de angariar ganhos, acaba levando pessoas simples à altura da contemplação iluminada. Hoje, na sala de espera, na fila da parada ou no aperto do ônibus urbano, ou até no assento do avião, é possível e desejável encontrar esta mistagogia ao alcance de todos. A exigência é a ascética do coração, a forma é a repetição simples.

A marca monástica do Ofício Divino: Ora et labora

Por que o "ofício divino", hoje justamente chamado de "liturgia das horas", ganhou um estatuto tão sólido e central na VRC? Há nele uma convergência de elementos de diversas ordens:

- Cosmologicamente, é a santificação do tempo. Por mais alto ou longe que se possa ir, somos sempre filhos e filhas do tempo, tecidos de tempo, marcados por aquilo que nos acontece no tempo que vivemos. A liturgia das horas entra no mistério do tempo em momentos cruciais, quando despertamos da obscuridade do sono para o dia, quando atingimos a plena claridade do meio do dia e quando descambamos do dia novamente para o abraço misterioso da noite. E quando os espaços se aquietam no manto espesso da noite, é possível ainda vigiar e manter a luz interior acesa e orante diante do mistério. Esta é a força cósmica da liturgia das horas, conhecida de muitas culturas pré-modernas, e que pode se tornar um gesto profético de recuperação da sensibilidade pela condição ecológica extraviada na vida febril e tecnológica dos tempos que vivemos.

- Antropologicamente, trata-se de uma "obra" que dá dignidade ao humano. Em latim, o ofício divino se chamava *Opus*

Dei. Deve ser traduzido literalmente como "obra", não como trabalho. Para o trabalho se usa adequadamente a palavra latina *labor.* Mas *opus* se distingue de *labor* por ser não uma *submissão* do trabalhador, e sim uma *exaltação* do espírito humano. As artes se classificam em "obras". Em nosso caso, a obra de arte da liturgia a santificar a vida no tempo que passa provém do próprio Deus e retorna a Deus carregando o humano em sua palma: *Opus Dei* – obra de Deus.

A prioridade da liturgia das horas hierarquiza os demais ofícios do dia em torno desta obra de exaltação. Assim, a liturgia não é uma pausa nos trabalhos para se dedicar à oração. É o contrário: o trabalho é uma pausa na oração, pausa ungida, ressoando a oração. É assim que se relaciona hierarquicamente o lema monástico *Ora et labora.* Seja o trabalho manual, ou pastoral, ou intelectual, o labor se decide em santidade e fecundidade na oração, na grande obra, na prioridade do tempo da celebração.

- Eclesialmente, é uma oração em comunidade, em comunhão com toda a Igreja na Comunhão dos Santos. Desde cedo a oração solitária do anacoreta foi organizada a partir da vida cenobítica, em torno de um lugar de oração comum. A oração rompe, assim, com o risco de uma queda em cultivo de narcisismo espiritual, obriga afinar o coração e a voz com o coro da comunidade, com o ritmo e a sinfonia de muitas vozes. Conforma-se a um calendário de festas e memórias que conectam com a tradição da Igreja, e cada orante se torna boca da Igreja e boca da criação.

- Teologicamente, a sua mistagogia recolhe a Palavra do Novo Testamento, os salmos bíblicos, os hinos da Igreja, a leitura dos Padres da Tradição, e reúne o seu ritmo cíclico em torno da Eucaristia, seja no dia ou na semana. É a mistagogia da recepção da Revelação e da experiência da Salvação, poema da graça e momento sabático de antecipação da glória divina, comunhão de canto firme – *cantochão* – de júbilo exaltado no canto da própria palavra – por isso, "quem canta reza duas vezes" (Santo Agostinho) – e de mesa partilhada com Deus, metáfora e antecipação do céu, ainda que em meio à fragilidade da terra, do corpo, da comunidade orante.

Por essas razões a liturgia das horas, reunidas em torno da Eucaristia, forma a "Divina Liturgia", assim como a Igreja ortodoxa costuma nomear, numa plataforma que recolhe o que há de melhor em diferentes níveis. Ela foi reformada, adaptada, sintetizada, mas continua a desafiar nossas necessidades de uma "escola de oração" e de um assento na carruagem luminosa de Elias – a *merkaváh* hebraica ou *théosis* grega, manifestação luminosa e gloriosa de Deus –, onde nos possamos deixar conduzir sem precisar o desassossego de inventar tudo de novo cada vez.

A formalidade litúrgica, o formalismo elitizado e a resistência criativa

Mas lá onde se atinge a melhor organização mora o perigo do sucesso na cristalização, no formalismo, no ritualismo, no legalismo. Assim aconteceu com a grande catedral da teologia escolástica maravilhosamente construída no coração da Idade Média. Assim aconteceu com a reforma gregoriana da estrutura de governo da Igreja no começo do segundo milênio, dando à Igreja modos de império que atravessaram os séculos até hoje. E assim aconteceu com a liturgia, a oração do ofício, a celebração dos sacramentos, os métodos de meditação, de ascética e mística. A intenção da reforma de Trento decaiu em contrarreforma barroca, com sobrecarga de detalhes, de adendos, de sobreposições, sobrepelizes, capas magnas... Tudo ficou submetido a um dedo imperativo de Direito Canônico, a liturgia sob a lei. Objetivação, mecanização, formalismo, funcionalismo eclesiástico, é este o preço de uma encarnação que aos poucos perde o espírito sob a lei da inércia – perda de energia e decadência.

E como tais preciosismos formais, rituais, legais são próprios de iniciados e não do povo que luta diariamente com as questões básicas da vida, do corpo, da saúde, da família, dos filhos, o clero e a VRC se tornaram a elite aparentemente privilegiada, mas ao mesmo tempo mais atingida pelo sufoco da carga de formalidades que a Igreja deu a si mesma no distanciamento das fontes.

E como situações de sufoco podem ser enfrentadas humanamente com alguma dose de humor, aqui vai: Conta-se de antes da renovação conciliar do Vaticano II que dois padres recitavam lado a lado o breviário – a liturgia das horas –, cada um num murmúrio rápido de quem precisa dar conta dos cento e cinquenta salmos por semana, das nove leituras de matinas diárias etc., sob pena de pecado. E no meio da recitação viram que um temporal se armava de forma assustadora. Então um olhou gravemente para o outro e disse: "Acho bom que rezemos para que Deus nos livre de um desastre!". Fecharam, então, os respectivos breviários, tomaram o terço e começaram a rezar as Ave-Marias do rosário. Bem, isso tem uma verdade, pois "rindo se corrigem os costumes". O dado mais irônico é que eles deixaram de lado uma atividade obrigatória de clérigos sob pena de pecado – a recitação do breviário –, para rezar como povo, como as senhoras Filhas de Maria.

Mesmo assim, a mística não morre. É claro que a coluna de místicos atravessa os dois milênios de tradição cristã, e seria uma longa lista. A modernidade tão afeita ao cultivo da subjetividade cartesiana, assentada sobre a rocha do "Eu penso, logo sou!", também permitiu o cultivo da subjetividade mística, desde a entrega ardorosa da *Devotio Moderna* anterior a Descartes, os escritos místicos do Mestre Eckhart, de Tauler e de Silesius, a *Imitação de Cristo*, de Thomas de Kempis, a mística esponsal de Teresa D'Ávila e de João da Cruz, as visões compassivas do Coração de Jesus, de Margarida Maria Alacoque. Paralelamente a uma mistagogia oficial monacal e clerical endurecida no seu próprio sucesso, criaram-se atalhos para beber das fontes e distribuir ao povo buscador de Deus nas mais variadas associações, Ordens Terceiras, Irmandades. Se movermos o olhar para a VRC desses tempos modernos e antimodernos ao mesmo tempo, vamos encontrá-la ocupada em promover essas trilhas novas, às vezes feitas de picadas meio tortas, num engajamento devoto que unia os exercícios espirituais, os retiros, os escrutínios de discernimento, com a missão, o ensinamento, a enfermagem, a assistência aos pobres, crianças e idosos. Não se pode subestimar a intensidade mística vivida nesse tempo. É curiosa a nota de que os irmãos e irmãs "conversos", dedicados ao trabalho manual nos conventos e nas instituições de missão, despontaram como os maiores ícones da mística desse tempo. Olhando para os problemas que enfrentamos hoje, talvez devamos concluir que suas agendas eram mais equilibradas e, por isso, talvez mais sábias na relação entre ação e oração. E por todo lado, nos meios mais afanados de VRC como no meio do povo leigo e simples, triunfava a oração do rosário e seus mistérios, esta forma ocidentalizada do hesicasmo.

E, no entanto, mesmo a piedade devocional, as práticas habituais num clima barroco carregado de detalhes e contrastes, e até a recitação do rosário, já reduzido a um terço, não ficaram isentas da mesma lei da encarnação, mas também de envelhecimento, esclerose e queda no formalismo morto. A recitação de um terço de vez em quando se torna andorinha solitária que não faz verão: certas práticas espirituais, para serem nutritivas, são como exercícios de academia onde os músculos precisam de regularidade e frequência na dose certa. Antes da reforma conciliar já não se sabia por que tantos ramalhetes espirituais, jaculatórias, confissões auriculares semanais até por devoção etc. João XXIII considerou que, com o Concílio, ao abrir uma janela sobre a Igreja para entrar ar mais oxigenado, iria reflorescer uma nova primavera. Talvez nem ele imaginasse que, dadas as diferenças de massa de ar acumulada pelo tempo, o que veio num primeiro momento foi um vento impetuoso, e muita coisa na Igreja estava como o nosso glorioso personagem ibérico *El Cid*, morto ainda que montado sobre o cavalo de batalha, e que ao toque do vento se desfez em pó.[2]

Vento impetuoso, porém, é imagem do Espírito criador. Ele sopra sobre o caos, desde dentro do caos, libera energia incalculável, dá nova luz, novo movimento e nova temperatura, cria novo ardor e ilumina novos caminhos. Voltamos assim às fontes. É claro que há ressurreição, que podemos compreender com gratidão o passado, inclusive seus momentos tortos e mortos, e que ainda

---

[2] Já Paulo VI, extremamente angustiado com a defecção do clero, perguntava se não era, ao invés da brisa renovadora ou do vento do Espírito, a fumaça do diabo entrando na Igreja. Talvez hoje se possa dar um nome a este "diabo", o *Cronos* dos gregos, o tempo que devora as formas que ele mesmo cria! Mas o Concílio foi um *Kairós*, um tempo de oportunidade. Não há oportunidade sem risco e sem crises.

poderemos sentar à mesa de Emaús, interpretar a memória e partir em testemunho e missão.

4. Vigia, que há de novo?

O que podemos indicar para uma mistagogia que já não tenha sido praticada? No ano da Vida Religiosa Consagrada, cinquentenário do documento conciliar *Perfactae Caritatis* (1965-2015), o Papa Francisco convida a olhar o passado com gratidão, viver o presente com paixão e abraçar o futuro com esperança.[3] Em meio à turbulência de seu tempo, o profeta Isaías evocava o atalaia que monta guarda, vigia na madrugada e espera a aurora:

> "Guarda, que resta da noite? Guarda, que resta da noite?" O guarda responde: "A manhã vem chegando, mas ainda é noite. Se quereis perguntar, perguntai! Vinde de novo!" (Is 21,11b-12).

Já dissemos que o tempo de crise e de caos é o tempo de criatividade e de salvação – através da paciência. O tempo de Jesus não foi tranquilo, nem os tempos dos saltos de qualidade. Podemos confiar que nosso tempo, de mudança de paradigma, vivido na obscuridade e na angústia da incerteza, será interpretado no futuro como um tempo de salto de qualidade? Esta é a nossa fé e a nossa esperança. Não sabemos bem para onde vamos saltar, mas saltar é preciso. E como em todo processo de resiliência, para que o salto se faça mais para a frente é necessário um primeiro movimento de recuo e concentração de energia. Voltar ao fundamento para ir mais alto, voltar à fonte para ir mais longe adiante. Até onde para trás, até onde para a frente?

---

[3] Carta Apostólica *Às pessoas consagradas*. Trata-se de seu esquema central.

A fonte perene da Palavra de Deus

A Leitura Orante vem mostrando um primeiro sinal firme onde ancorar, sentar plataforma: a Palavra de Deus. Em meio ao povo em movimento de êxodo, toda vez que se instalava a confusão e a crise, Moisés voltava a buscar a Palavra de Deus. Os profetas seguiram seu método, buscavam a Palavra. Jesus discerne seu caminho, vence a tentação e segue de cabeça erguida o rumo reto, ainda que doloroso, tendo diante de si a Palavra do Pai. Toda renovação tem esta volta à origem na Palavra. A *Leitura Orante* da Palavra de Deus é prática, simples e profundamente fiel à mais antiga tradição da Igreja, a melhor forma de conhecer e experimentar a novidade de Deus presente na história humana e, ainda que seja na forma de um silêncio de cruz, é o poder de uma boa notícia que nutre.

Há muitas maneiras de abordar a essência do humano. A nossa abordagem de fé consiste nisso: que a Palavra de Deus se fez carne e habitou entre nós, assumindo nossa mortalidade, e por isso toda carne, todo mortal, tem condições de se tornar Verbo. Pode ser "ouvinte da Palavra" e "praticante da Palavra" (Karl Rahner). Esta estrutura relacional que começa no ouvido como primeiro momento da oração, é também lugar de autotranscendência mística do humano. Se a prioridade de Deus é a Palavra que se fez carne – "O fim dos caminhos de Deus é a corporeidade" (J. B. Metz) –, então a prioridade da espiritualidade mistagógica é o ouvido atento, o privilégio do ouvido, cujo segundo momento é a palavra invocativa, que suplica a graça da palavra e de continuar escutando, e cujo terceiro momento é a bondade e a diaconia da palavra desbordando em missão.

A Palavra em sua simplicidade humana, Palavra de um Deus que se fez carne humana, é o escândalo da simplicidade da mística cristã, sua imersão no cotidiano dos que usam palavras simples, ao alcance de humildes camponeses, que assim nos salva do esoterismo e do elitismo.

A oração em comunidade – com o Povo de Deus

A solidão "solitária" é uma solidão maldita, é isolamento que mata. A solidão fecunda é sempre uma solidão "povoada", em comunhão, em aliança, com forte sentido de pertença, ainda que no alto de uma montanha. A mistagogia inclui a mística de pertencer a um povo, a uma comunidade, a uma missão. É o que o Papa Francisco nomeou como "prazer espiritual de ser povo" (EG 268ss). O cristão não pode generalizar o dito estoico "sempre que estive entre os homens menos homem voltei".[4] A proximidade espiritual, na alternância do deserto e da rua, se compõe com a proximidade física do Povo de Deus, de suas chagas e de sua cruz, como também de suas alegrias e esperanças, na felicidade simples e nos sofrimentos cotidianos. As diversas formas de oração com o povo e com a vida do povo como substância a apresentar na oração também iluminam os salmos e as grandes orações da Igreja. Quem se reconhece no interior do Povo de Deus sabe que não vai, em primeiro lugar, *levar Deus* ao povo, mas vai *encontrá-lo* entre os pequenos e pobres, vai provar seu amor e sua ternura como os simples e pobres os experimentam. Sentir-se Povo de Deus entre os pequenos foi o modo como Jesus mesmo prorrompeu em oração de louvor (cf. Mt 11,25-30). Com o povo aprende-se a renunciar à retórica e à invenção de modas na mística para permanecer na oração direta, às vezes dura, do cotidiano e da encarnação.

Rezar junto e cantar junto: o monge mais solitário se reúne "no coro", para cantar "em coro" – o modo de salmodiar junto é que

---

[4] Sêneca, Epístola 7.

deu nome ao lugar, o *coro*. A palavra, do grego *choram*, convida a estar de face a alguém, no momento de uma aliança, como aconteceu ao Povo de Israel quando entrou na terra prometida, segundo a impressionante descrição do livro de Josué (cf. Js 8,32-35). Para estar *choram Deo* é necessário estar *choram populo*, assim como Israel. Na tradição monacal os coristas se colocam em dois grupos, um de face para o outro, para o *Opus Dei*, cantando assim diante do Senhor e diante dos outros a Liturgia das Horas. É assim que se pode "co-memorar", lembrando juntos e uns aos outros a presença de Deus em nossas histórias, "com-celebrar", atualizando nossa comunhão, e "co-profetizar" as promessas da aliança renovando a esperança. Evidentemente não importa tanto a estilização coral, mas sim a *postura* coral, ainda que seja em um círculo de oração com alguns banquinhos sob uma árvore do espaço baldio da vila: ali está o coro.

Até onde vai a comunidade de oração? Para Agostinho, o orante é "boca do universo", portanto, não apenas a comunidade fisicamente reunida, pois nela todo o Povo de Deus, toda criatura, até as estrelas mais longínquas participam do coro. Porém, a prova de que isso é real e não uma bela ideia está na comunidade de carne e osso, nos que estão próximos. O caminho da mistagogia é um caminho em grupo, com momentos de solidão onde ressoam os passos do caminho, as palavras trocadas, o ensinamento apreendido.

A mistagogia do ciclo litúrgico

A existência espiritual, como a respiração e o bater do coração, se desdobra em um ritmo constante, ao longo do dia, da semana, do ano, dos jubileus, das idades. Os tempos litúrgicos são um recurso natural da espiritualidade como os tempos do repouso, da ação, da alimentação. Sem a boa rotina que recoloca cada dia na rota da viagem, não se vai a lugar algum, pois acontecimentos extraordinários são para momentos extraordinários de celebração, mas o que ajuda a crescer pedra por pedra, dia por dia, só se pode dar na rotina, no cotidiano e em sua monotonia abraçada com serenidade e perseverança. Bendita rotina dos dias, das semanas, dos anos, com sua repetitividade hesicasta, criando interioridade lá onde o exterior vai se esvaindo.

No andar do calendário, pontuado pelas colunas mestras das memórias festivas dos eventos de Cristo e da salvação, acompanha-nos também a memória dos santos e mártires que nos precederam e enriquecem a história da nossa fé e da nossa esperança. Mas dar-se conta de que há santos e mártires agora, que são nossos contemporâneos, isso alarga e torna aguda, urgente, nossa comunhão mística e nosso caminho mistagógico. Lembrá-los na oração diária alarga o testemunho presente na história da salvação.

Os nossos próprios aniversários – de nascimento, mas também de Batismo, de Primeira Eucaristia e de Crisma etc., reconhecidos na misericórdia graciosa de Deus, preparados à luz da sua Palavra, celebrados na partilha dos sentimentos e dos sinais –, assim como as doenças, os passamentos, a morte que nos visita e leva pessoas de nosso convívio, nada fica fora do caminho mistagógico em que levamos em êxodo e em esperança de introito também os mortos.

Uma liturgia viva, apoiada em um calendário que se desdobra no cotidiano, encontra momento para todas estas expressões que abraçam o que é próximo e o que é longínquo, o que acontece no coração e o que passa pelos telejornais ou jaz no silêncio do desconhecido e da dor. Há eventos que acontecem "de uma vez por todas", também na vida de cada humano, dividindo a história e a vida em antes e depois, e nos quais, como em novo fundamento, se organizam os demais fatos do cotidiano: a recorrência desses eventos na memória "toda vez que" o repete em celebração, bebe de novo do evento fundador. Assim é a Eucaristia e todas as nossas formas de eucaristias existenciais.

A mistagogia dos ícones, das metáforas, das narrativas e das meditações

A mistagogia cristã é tecida de encarnação, é corporal. Convém prestar atenção ao extremo oriente, onde o caminho espiritual necessita de três expressões corporais: o *sutra*, o *mandala* e o *mantra*. Ou seja: a postura corporal disciplinada e adequada; a figura para onde dirigir o olhar concentrado; o verso a ser repetido e cujo ressoar mantém com a respiração também o êxtase. Não se trata de esoterismo, mas de uma necessidade antropológica que precisa ser reconhecida e respeitada. Por ser de ordem antropológica, não é surpreendente que o encontremos em nossa longa tradição cristã, especialmente na prática hesicasta, e de maneira surpreendentemente original, em que os sinais, antes de serem nossos, vêm a nós: ao invés de mandala, o *ícone* que nos olha e nos contempla antes mesmo que o contemplemos convida a nos deixarmos tomar pela irradiação de sua luz e de suas cores e formas, permitindo assim transparecer a glória do Pai na face humana de Cristo. Em comum com as grandes tradições, o nosso reconhecimento corporal do Mistério que nos envolve, mais do que em um sutra, pode se expressar bem nas mãos postas, na inclinação profunda, na adoração ajoelhada ou mesmo na humildade da prostração. Uma única prostração é mais eficaz do que mil argumentos em favor da existência de Deus, como afirmava Karen Armstrong diante do novo ateísmo militante de cientistas contra o que eles generalizam como fundamentalismo.[5] A nossa experiência pode também recuperar delicadamente o movimento e a dança religiosa no ritmo da salmodia.

A forma da nossa oração revela muito do que somos: se a prioridade é a glorificação e a adoração, estamos no bom caminho do amadurecimento que rompe o narcisismo e às vezes se esconde sorrateiro na prática espiritual egocentrada. O que não significa que tanto a súplica como o pedido de perdão possam ser negligenciados, pois não rezamos para lembrar e pedir a Deus o que ele ainda não sabe, mas para confessar nosso vazio, nossa rebeldia, nossa vulnerabilidade, ou mesmo nosso desespero, nosso desânimo e nossa depressão. Sem pedir revelaríamos sorrateiramente autossuficiência e soberba espiritual.

A forma narrativa da mistagogia é humanamente *performativa*, formadora da alma: crescemos com as histórias que ouvimos e que contamos. Nossa alma, nosso psiquismo interior, é povoado de palavras. Podem ser histórias reais de vidas, do povo, biografias. E histórias que se tornam metáforas alongadas e lições de sabedoria, como as legendas que os monges escutavam enquanto tomavam sua refeição. Um bom livro, um poema, a volta ao salmo podem ser extremamente úteis para sustentar o silêncio da meditação, sobretudo se precisamos de uma ajuda externa para manter o foco meditativo.

"Alarga o espaço da tua tenda" (Is 54,12)

No cotidiano urbano surgem novas possibilidades de práticas hesicastas justamente em meio à multidão anônima das calçadas e dos ônibus, das filas nos guichês, nos caixas do supermercado, nas

---

[5] Cf. *Em defesa de Deus: o que a religião realmente significa*. São Paulo: Companhia das Letras, 2011.

paradas de ônibus e salas de espera: uma oração simples, com olhar sobre os outros, o mistério que eles carregam sob a inquietude dos rostos ou dos passos, às vezes seus olhares distantes com preocupação por alguém ausente: tudo é matéria de uma contemplação e de uma oração. Como a contemplação de Thomas Merton pousando o olhar sobre os passantes em plena praça da cidade de Louisville, no Kentucky, quando ele compreendeu que ali era o outro lado da contemplação na montanha.

A oração pentecostal, carismática, retomou o fervor, o entusiasmo, a temperatura, a emoção que traem a nossa corporeidade exposta. No fundo, é uma postura humilde, desarmada, que recupera o fervor em clima pós-moderno depois da crítica de gelo da modernidade. Extrapolando a etiqueta da formalidade, torna-se uma expressão terapêutica e catártica de oração, uma nova simplicidade que se abre. Uma dimensão terapêutica pode ser necessária em momentos decisivos, e seus aspectos criativos podem parecer estranhos e pouco confortáveis para muitos de nós, mas então a melhor forma é suspender o juízo e esperar pelos frutos.

As possibilidades hesicastas de nosso tempo podem alargar seu espaço para uma nova comunhão cósmica com todos os elementos da criação: a nova compreensão do universo traz a imagem de um grande ícone, uma nova *théosis* de glória divina. Pode-se cantar novamente o cântico do sol e da água, do fogo e do vento, da pedra e do pinheiro, abraçando na oração também toda forma de vida que nos acompanha, os pássaros que cantam e os bois que trabalham, a fidelidade do cachorro e o cuidado do gato, o rugido do leão e a inteligência medicinal da serpente. A mistagogia tem hospitalidade alargada para toda a criação na sintonia da encarnação: o Verbo se faz carne e irmão de toda criatura. As folhas que caem no outono, "o céu sereno ou nublado, e toda sorte de tempo, pelo qual às tuas criaturas dás sustento" (São Francisco de Assis), louvam o Criador e nos acalmam: não há tempo ruim, só diferente na exigência da biodiversidade própria das estações. Essa empatia orante não deixa cair na depressão influenciada pelo tempo que andaria "emburrado". Na variedade sábia dos tempos da criação não há mau tempo.

Na esteira da encarnação, nem a arquitetura pode ser menosprezada. Evidentemente não estamos mais em tempos de expansão gótica nem de sobreposições refinadas do barroco ou no ecletismo do neoclássico formalista. Nesse tempo de exacerbação de coisas a comprar e a consumir, o profetismo da mistagogia se volta para a sobriedade e para a simplicidade dos espaços e da arquitetura, que podem ser cálidos pela luz e pela cor, mas de poucas coisas, de elementos genuínos como pediu o Concílio (SC 37): um ícone, uma fonte de luz, um assento. Só assim.

Os espaços litúrgicos de oração esbarram hoje em enorme dificuldade cultural de criação de um gênero artístico e arquitetônico que expresse a dimensão espiritual contemporânea, e isso é sintomático. Frequentemente nos deparamos com meras salas com símbolos artificiais e desajeitados, ou barracões com palcos e cortinas e toalhas e cartazes e luz fria escancarando ao invés de recolher; enfim, ambientes sem estilo religioso. Mas na ausência e na hesitação, nos ensaios inconclusos e fracassados, no exercício da paciência e na compreensão da orfandade, estas carências possibilitam o despojamento e o vazio hesicasta, a renúncia que aceita e acolhe a música sublime, ainda que através de um violino quebrado em cacos. Esse é o nosso *kairós*, e não há por que desejar outro. O desejo aprende a aspirar boas coisas, mas a sua frustração também leva à sua maturidade.

Ir mais para trás para ir mais para a frente

Até onde é possível alargar a tenda? Podemos alongar até a noite mais remota do tempo, dos primeiros sinais do *homo religiosus* em sua expressão xamanística? O que significaria esta comunhão ancestral com a camada mais arcaica da psique humana habitada pela presença mística do divino? O que sabemos é que no começo a experiência religiosa tem algo de espírito inebriante, de fogo e refrigério, de paz e de energia a inundar e transbordar quem nela mergulha e emerge. É a experiência simbiótica do começo da vida, "experiência oceânica" em que tudo é parte de um grande seio divino, uma inteireza que é fonte de terapia e equilíbrio. Por isso o *Xamã* é curador, e ainda mais quando assume para si as feridas a serem curadas. Por isso também é um visionário, vendo mais longe para trás e para a frente, tornando-se por isso capaz de diagnóstico e de prognóstico. Mas é também capaz de humor por seu distanciamento e despojamento que permitem permanecer somente no essencial, relativizando saudavelmente o que não é absoluto. Até o peso da dor assumida para si em favor dos que sofrem é sustentado pela leveza do humor de quem distingue o essencial do resto.[6] A nossa herança das culturas índias e africanas conhecem bem estas camadas profundas e *xamanísticas* da alma.

Esta condição xamanística no fundo da constituição espiritual do ser humano permite abrir o caminho da mistagogia, como que por lençóis d'água espiritual sob a camada dura dos continentes, para o oceano comum de uma Comunhão dos Santos inter-religiosa e planetária, ecológica e cósmica, comunhão com as estrelas mais longínquas e com os pequenos louva-a-deus quase indistintos

---

[6] Sobre esses aspectos ao mesmo tempo xamanísticos e humorísticos na origem do psiquismo humano, cf. CHINEN, Allan. *Alé do herói:* histórias clássicas de homens em busca da alma. São Paulo: Summus, 1998.

entre as folhagens. O Cântico do Sol aflora ecumenicamente no coro das diferentes linguagens das religiões e decanta os símbolos masculinos e femininos da distinção, da união e da fecundidade, de tal forma que todas as criaturas vibram em sintonia fina com o próprio Deus cantor. Por mais longe que se vá, se está em casa, como ensina o salmo: Para onde fugirei?... (Sl 139). Em termos cristãos até a mais estranha manifestação xamanística assenta tranquila sob o teto acolhedor da Trindade, da Palavra e da Luz do Pai, do Filho e do Espírito Santo.

A moldura trinitária da mistagogia cristã

Em última instância, a mistagogia introduz à experiência totalizante do Espírito. O próprio conhecimento profundo a respeito de Jesus, da condição escandalosamente frágil na carne do Filho de Deus e Senhor da criação, é dado no Espírito. E nisso está a condição de liberdade de filhos e filhas de Deus. "Pois o Senhor é Espírito, e onde se acha o Espírito do Senhor, aí está a liberdade" (2Cor 3,17). Onde há um senhor há um servo, um escravo. Mas aqui está o paradoxo no caminho da mistagogia: quanto mais se reconhece o senhorio de Jesus e se ajoelha diante dele, tanto mais se é livre, pois o seu Reino se constitui de liberdade no Espírito, filiação divina, infinita como Deus mesmo. Mas tudo começa na humildade da fraternidade e sororidade com Jesus e os pequeninos, ir morar com ele(s) e permanecer na morada trinitária, coração de mãe em que sempre cabe mais um/a.

Em seu livro sobre o Sidharta, que está na aventura da busca do *caminho do meio*, Hermann Hess relata o diálogo do buscador espiritual que se apresenta para um emprego na cidade. Perguntado sobre o que sabe fazer, responde: "Sei meditar, jejuar e esperar". Assim, mesmo em vias tortuosas e experiências extremas, graças a este saber meditar, jejuar e esperar, chega à iluminação e daí ao equilíbrio do *caminho do meio*: é o Buda. Nós consagramos nossas vidas ao caminho de Jesus, e também neste caminho a meditação, a renúncia e a paciência da espera são essenciais, mas é um caminho ao mesmo tempo humilde e vasto: tem uma história, uma nuvem de testemunhas, pérolas e cruzes do caminho, e tem um horizonte de Páscoa. Tem a vitalidade do Espírito, a forma de Jesus, a nostalgia de Deus. Sob o sopro revigorante do Espírito até os ossos ressequidos de Ezequiel, os fragmentos desanimados, o peso morto de corações desesperançados, ganham alento e se põem a andar sobre águas novas. O que parece um *não lugar* por sua estranheza moderna e pós-moderna – o que há em comum entre os espaços de shoppings e aeroportos, calçadas e postos de gasolina e a Vida Religiosa Consagrada tradicional? – ainda é *lugar* e morada do Espírito na mistagogia mais convincente do que os profetas de morte. A última palavra não está proferida, o acorde seguinte explicará também os acordes dissonantes de passagem: Deus é o cantor, o caminho é a canção.

"VEJAM QUE ESTOU FAZENDO UMA COISA NOVA" "ELA ESTÁ BROTANDO AGORA E VOCÊS NÃO PERCEBEM?"[1]

Tomaz Hughes[*]

"Não fiquem lembrando
o passado, não pensem
nas coisas antigas..."
(Is 43,18).

Uma das consequências de vivermos em uma sociedade dominada pela informática e pela globalização em tantas áreas da vida é

---

[1] Is 43,19. Citações tomadas da *Bíblia Sagrada*, Edição Pastoral. São Paulo: Paulus, 1990.

[*] Religioso missionário irlandês, da Sociedade do Verbo Divino (SVD). Radicado no Brasil há 43 anos, atua especialmente na formação bíblica nas bases e é assessor bíblico da CRB e do CEBI. Dedica-se a cursos e retiros bíblicos em todo o país. Tem publicado diversos artigos em *Convergência*, *Estudos Bíblicos* e publicações da VRC, e é autor do livro *Paulo de Tarso*: discípulo-missionário de Jesus (Ed. Pão e Vinho, 2015).

o assustador desconhecimento do nosso passado. A falta do conhecimento da história em todos os setores da nossa vivência chega a ser chocante, de forma especial, mas não exclusivamente, entre os mais jovens. O nosso mundo atual ensina de diversas maneiras que somente o momento presente é importante. Não interessa o passado nem o futuro – devemos viver somente pela gratificação individual imediata. Isso faz com que muitos sejam presas fáceis para as manipulações de uma sociedade consumista e materialista, sem ideais, sem utopias e sem capacidade de analisar, de maneira mais profunda, a caminhada da nossa história. É bom lembrar a frase perspicaz do grande filósofo espanhol, radicado nos Estados Unidos, George Santayana (1863-1952): "Aqueles que não conseguem lembrar o passado estão condenados a repeti-lo".[2]

A Igreja e a Vida Religiosa Consagrada (VRC) não são imunes a um duplo perigo, o de esquecer o passado ou, no outro extremo, de simplesmente tentar repeti-lo, caindo numa cilada semelhante àquela apontada por Karl Marx, quando, referindo-se à sucessão dos Bonapartes na França, comentou: "A História se repete, a primeira vez como tragédia, e a segunda como farsa".[3]

No contexto atual da VRC, somos convidadas/os a olhar a caminhada do Povo de Deus, para que aprendamos dos seus acertos e erros, ajudando-nos a iluminar a situação em que nos encontramos e a descobrir pistas para a caminhada futura. Somos herdeiras/os de uma experiência milenar da atuação de Deus na história e, por isso, longe de cair na armadilha de imediatismo ou saudosismo, devemos olhar para a caminhada do Povo de Deus, para experimentar, na realidade atual da nossa caminhada, a verdade expressa

---

[2] Reason as Common Sense, p. 284, em *The Life of Reason*, vol. I, 1905.

[3] Karl Marx. O 18 de Brumário de Louis Bonaparte.

pelo autor do Livro de Sabedoria, o último a ser escrito do Antigo Testamento: "Sim, ó Senhor! De todos os modos engrandeceste e tornaste glorioso o teu povo. Nunca, em nenhum lugar, deixaste de olhar por ele e de socorrê-lo" (Sb 19,22).

1. Fazer nascer coisas novas

Nos anos 1871-1878, a Igreja Católica na Alemanha, especificamente na região então conhecida como Reino de Prússia, estava sofrendo uma dura perseguição, liderada pelo "Chanceler de Ferro", Otto von Bismarck – a "Kulturkampf" ou "Luta Cultural". Mais de mil paróquias ficaram sem padre, as Ordens e Congregações foram expulsas e seminários e obras, fechados. A Igreja parecia sem perspectivas. Exatamente nessa situação, um simples padre diocesano da Diocese de Munster, Arnoldo Janssen, estava se inflamando com a ideia de fundar uma obra para formar missionários para a missão *ad gentes*, com prioridade para as massas da China. Escandalizado pelo fato de não existir nenhuma obra missionária católica nos países de língua alemã – havia cinco institutos assim nas Igrejas Protestantes –, embora a França, a Inglaterra e a Itália, entre outros países, tivessem os seus institutos, ele sonhava em fundar tal entidade. Para ele, o fato de tantos padres alemães ficarem sem trabalho pastoral, longe de ser um desastre, era a chamada de Deus para que eles se dedicassem às missões "estrangeiras". No fim de 1874, foi buscar apoio do Arcebispo de Colônia, recém-saído da prisão, Monsenhor Paulus Melchers. O prelado não hesitou em jogar água fria sobre o entusiasmo de Janssen, dizendo: "Em uma época em que tudo está sendo destruído e está ruindo, você deseja iniciar algo novo!". O Pe. Arnoldo respondeu sem titubear: "Vivemos em uma época em que muita coisa está em colapso, e coisas

"VEJAM QUE ESTOU FAZENDO UMA COISA NOVA"

novas precisam ser estabelecidas no seu lugar".[4] O que para uma pessoa era sinal de desespero, para outra era sinal de oportunidade e esperança. Praticamente sem recursos, o (atual) Santo Arnoldo atravessou a fronteira, comprou uma hospedaria abandonada na aldeia holandesa de Steyl, perto da divisa com a Alemanha, e iniciou a sua obra, que agora abrange três Congregações religiosas--missionárias: os Missionários do Verbo Divino (SVD), as Irmãs Missionárias Servas do Espírito Santo (SSpS) e as Irmãs Servas do Espírito Santo da Adoração Perpétua (SSpSAdP), que hoje somam mais de dez mil membros, trabalhando como missionários e missionárias em setenta e cinco países. Os homens estavam destruindo, mas Deus estava fazendo nascer coisas novas. Mas era preciso ter o olhar correto para enxergá-las.

A história da caminhada do Povo de Deus está repleta de exemplos desta constante ação criadora e recriadora de Deus. Na verdade, pode ser visto como uma série de crises que, a quem tinha o olhar de fé para enxergar além das aparências, eram, na verdade, oportunidades para aprofundar a vivência da fé na experiência da presença do Deus da vida. Assim, por exemplo, a série de crises na caminhada no deserto, especialmente os problemas causados pela natureza: falta de água (cf. Ex 15,22-27), falta de comida (cf. Ex 16,1-36), água amarga (cf. Ex 17,1-17), eram oportunidades para amadurecer a fé. Havia também desafios causados pelos homens: os perigos provenientes dos inimigos de fora, como os amalecitas (cf. Ex 17,8-16), e os perigos no interior da própria comunidade, como a centralização da liderança (cf. Ex 18,1-27). Assim também foi durante a dura experiência do exílio em Babilônia, bem como

---

[4] ALT, Josef. *Journey in Faith, The Missionary Life of Arnold Janssen.* Steyler Verlag, 2001. p. 57).

com os profetas, com os salmistas e sábios. Não foi diferente com Jesus de Nazaré e com as primeiras comunidades.

Na verdade, era algo constante na experiência do povo, desde a sua formação até o Apocalipse. Para muitos, cada crise significava o fracasso do projeto, mas para quem tinha a sensibilidade para enxergar a ação do Espírito, as crises eram oportunidades de crescimento, aprofundamento e avanço no projeto de Deus.

2. A semente que quer germinar

Qualquer análise da situação da VRC hoje, especialmente na sua forma de "vida apostólica", aponta para um contexto de crise. Em uma das reflexões-chave do Seminário sobre a Vida Religiosa Apostólica (VRA) em Itaici, em fevereiro de 2012, o Pe. Carlos Palácios, sj, afirmou:

> A VRA hoje não apresenta uma figura definida... No rosto de muitos dos nossos irmãos e irmãs está estampado o desencanto com a opção de vida que fizeram; outros transmitem a triste impressão de terem "estacionado" na vida (até aqui cheguei e basta!); alguns – não poucos! – enveredaram pelo caminho pós-moderno da autoafirmação, em uma busca desenfreada da autorrealização a qualquer preço, contraditória com nosso projeto de vida... Há, sem dúvida, muita vida: buscas honestas, entregas generosas, ensaios de revitalização. Mas mesmo assim não podemos ocultar a nossa perplexidade: o que nos dói é não saber como lidar com essa situação, como animar esses nossos irmãos e irmãs, como ajudá-los a viver com sentido, dando a razão da nossa esperança. Não é questão de boas intenções. É um problema "estrutural"; não de "estruturas", mas do que nos dá consistência, nos constitui, na estrutura por dentro, ao mesmo tempo que nos configura por fora. É como se nos faltasse a "coluna vertebral" da nossa vida, a que nos permite ficar em pé como vida religiosa apostólica.

Sinal do fim do projeto ou oportunidade de renovação? Pessimismo ou otimismo? Sinal da morte ou de vida nova que começa a brotar? Como em tudo que é humano, existe certa ambiguidade inerente no panorama da VRC hoje. É sempre assim com a história humana. O Povo de Deus da Primeira Aliança também passou por experiência semelhante, que talvez pudesse ter assinalado o fim e a caducidade de um projeto que tinha durado séculos. Na verdade, o projeto era arauto de uma experiência mais profunda de Deus, na fé e na esperança, e que vingou, graças à acuidade do olhar de alguns homens e mulheres que conseguiram libertar-se da camisa de força estrutural de uma tradição mal compreendida, para descobrir a ação criadora permanente de Deus, exatamente no meio do que parecia ser uma crise sem saída.

3. O exílio em Babilônia – a crise definitiva

Na verdade, aconteceram muitos exílios na história do Povo de Deus, alguns até mais definitivos do que aquele que aconteceu depois da queda de Jerusalém diante do exército de Nabucudonosor, em 587 a.C.[5] Mas quando se fala em "O Exílio", sempre se pensa na experiência referencial daquele desterro da Babilônia. É importante entender o motivo disso e, quem sabe, ver alguns paralelos com a situação da VRC nos dias de hoje.

O cerne da questão não foi somente o fato de uma boa parcela da população ser desterrada. O choque foi muito maior, por força da destruição de uma série de certezas que fundamentavam a fé e a ideologia religiosa oficial reinante no seio do povo. Simplificando, podemos elencar algumas dessas certezas:

---

[5] Por exemplo, 2Rs 17,1-6.

- Como sinal da sua predileção, Deus tinha garantido a posse da terra ao seu povo, em perpetuidade.

- A teologia davídica, nutrida nos meios palacianos e sacerdotais de Jerusalém, enfatizava a promessa de Deus de que um descendente de Davi reinaria sobre o seu povo para sempre.

- Jerusalém fora escolhida por Deus como cidade da sua morada perpétua.

- De maneira especial, o Senhor fixava a sua morada no Templo de Jerusalém e somente ali é que seria adorado.

Esses princípios, entendidos como promessas provenientes do próprio Deus, se propagavam como alicerces da fé do Povo, como povo escolhido. Isso criava na prática, especialmente entre a elite, um descuido com a Aliança e seus princípios, e ajudava a encobrir a arrogância e a prática da injustiça, camuflada pela teologia hegemônica:

> Dirijam-se a Betel, e pequem; vão a Guilgal e pequem ainda mais! Ofereçam de manhã seus sacrifícios e ao terceiro dia levem seus dízimos! Ofereçam pão fermentado como sacrifício de louvor e proclamem em alta voz as ofertas espontâneas! Pois é disso que vocês gostam, filhos de Israel! (Am 4,4-5).

> Eles profetizam: "Não profetizem, não profetizem essas coisas! A desgraça não cairá sobre nós. Por acaso, a casa de Jacó foi amaldiçoada? Acabou a paciência de Javé? É isso que ele costuma fazer? Por acaso, sua promessa não é de bênção para quem vive com retidão?" (Mq 2,6-7).

Por conseguinte, quando em 587 o povo ficou sem terra, sem rei, sem cidade e sem Templo, para muitos ruíram não somente os muros de Jerusalém, mas os alicerces da sua própria fé. Parecia que tudo não passava de uma ilusão, que o Senhor tinha sido infiel,

"Vejam que estou fazendo uma coisa nova"

que o Deus de Israel tinha sido vencido pelos deuses de Babilônia, que a fé carecia de um fundamento sólido. Em um primeiro momento não se enxergava que essas "certezas" eram invenções humanas que geravam a infidelidade à Aliança e que precisavam ser derrubadas e desmistificadas, para que pudesse renascer o povo com uma fé mais forte, pura e viva.

4. A grande crise da VRC

Sem querer fazer paralelismos simplistas, parece que algo semelhante aconteceu na Igreja e, de maneira especial, na VRC. Até o Vaticano II parecia que nós estávamos seguros na nossa identidade e missão, tanto dentro da Igreja como diante do mundo. Na verdade, a história iria mostrar em pouco tempo a fragilidade dessas seguranças, da mesma maneira como se encarregou de desmascarar a falta de fundamento das bases da organização religiosa e política de Israel e Judá. Este processo é mais do que conhecido, especialmente pelos religiosos e religiosas que experimentaram na pele o "tsunami" de desistências, rachas e divisões que atingiam grandes parcelas da VRC nos anos imediatamente após o Concílio Vaticano II. Para muitos e muitas se deu um senso de perplexidade bem semelhante àquele que assolava os exilados no desterro babilônico. Parecia que o tapete havia sido puxado de debaixo dos nossos pés e ficou uma sensação de vazio e confusão que, em muitos casos, continua até os dias de hoje. Se antes a nossa identidade parecia clara a partir da nossa vocação à santidade, das nossas obras e da nossa identidade missionária, de repente vimos que o Concílio Vaticano II afirmou que existe a vocação universal à santidade, que todo cristão é missionário e que não precisa ser religioso ou religiosa para desenvolver as atividades típicas do nosso apostolado. Cada vez mais se fez sentir a necessidade de responder a uma pergunta básica: se para fazer o que eu faço não é necessário ser religioso/a, e se todos têm a mesma vocação à santidade, então por que sou religioso/religiosa? É por não conseguir responder a essa pergunta fundamental que muitos religiosos e religiosas hoje e, particularmente, a Vida Religiosa Consagrada Apostólica ainda se encontram em crise!

Os tempos do exílio em Babilônia eram tempos de insegurança, de perplexidade, de questionamento, semelhantes aos tempos atuais da VRC. Para o Povo de Deus, as antigas respostas mostraram-se insuficientes às novas indagações suscitadas pelo contexto sociopolítico-religioso novo. Mesmo assim não faltavam vozes para dizer que a solução era voltar para as antigas estruturas, exatamente aquelas seguranças falsas que se mostraram sem fundamento e que contribuíram para a caminhada desastrosa de Israel e Judá. Não é muito diferente nos dias atuais: sobram vozes sugerindo uma volta às formas antigas da vivência da VRC, ignorando que, longe de serem firmes, essas mesmas estruturas eram alicerçadas em areia e que reconstruir o edifício da VRC sobre elas é garantir que toda a casa caia em ruínas. Hoje, diante das tentações de fazer uma releitura de uma "idade áurea" da VRC – que, na verdade, não era tão "áurea" assim –, podemos meditar a sabedoria do autor do Livro de Eclesiastes quando disse: "Não diga: 'Por que os tempos passados eram melhores do que os de hoje'? Não é a sabedoria que faz você levantar essa questão" (Ecl 6,10).

Muito pelo contrário, olhemos as pessoas que mostraram o caminho a seguir, com otimismo e fé, nos novos desafios de um novo contexto, especialmente os profetas do tempo exílico, como Deutero-Isaías, Ezequiel e Jeremias.

5. A voz da profecia

Na verdade, o colapso de todo o sistema político-religioso de Israel-Judá foi previsto por vários profetas, muito antes que acontecesse. Já na segunda parte do século oitavo antes de Cristo, Miqueias de Morasti viu que não mais bastavam simples mudanças cosméticas ou até troca dos chefes no sistema; precisava que ele ruísse para que Deus pudesse recriar o seu povo na lealdade à Aliança original:

> Por culpa de vocês, Sião será arado como um campo, Jerusalém se tornará um montão de ruínas, e o monte do Templo será uma colina cheia de mata (Mq 3,12).

Mas tais vozes eram ignoradas e rejeitadas, pois tanto as lideranças como o povo eram cegados pela certeza de que nada de ruim iria acontecer porque, afinal, eram os eleitos do Senhor:

> [...] Constroem Sião com sangue e Jerusalém com perversidade. Os chefes de vocês proferem sentença a troca de suborno; seus sacerdotes ensinam a troco de lucro, e seus profetas dão oráculos por dinheiro. E ainda ousam apoiar-se em Javé, dizendo "Por acaso Javé não está no meio de nós? Nada de mal nos poderá acontecer" (Mq 3,10b-11).

Assim, quando o vendaval babilônico arrasou Judá e Jerusalém, para muitos era o fim de tudo:

> Por isso, choro e meus olhos se derretem, pois não tenho perto alguém que me console, alguém que me reanime. Os meus filhos estão desolados... (Lm 1,16).

Deus, porém, nunca abandona nem o seu povo nem o seu projeto. Através das palavras de profetas como Jeremias, nos últimos anos da sua vida, e o profeta anônimo que conhecemos como Deutero-Isaías e seus seguidores, era possível descobrir uma luz na escuridão, uma esperança no desespero, e a ação permanente criadora do Senhor no meio dos destroços da antiga estrutura teológica e religiosa do povo. Na verdade, o exílio não era o fim do projeto, mas uma oportunidade de renová-lo, libertando-o dos acréscimos ideológicos e estruturais que impediram que fosse coerente com a proposta original da Aliança. Ante a perplexidade de muitos diante da situação atual da VRC, uma releitura dos pronunciamentos do Deutero-Isaías pode ser muito iluminadora e encorajadora. De posse de tantos textos de uma beleza incomum, debrucemo-nos principalmente sobre os seguintes versículos:

> Assim diz Javé, aquele que abriu um caminho no mar, uma passagem entre ondas violentas, aquele que fez sair o carro e o cavalo, o exército e a força. Eles caíram para não mais se levantar, apagaram-se como paio que se extingue. Não fiquem lembrando o passado, não pensem nas coisas antigas; vejam que estou fazendo uma coisa nova: ela está brotando, e vocês não percebem? (Is 43,16-19).

O ponto fundamental para o profeta é que toda a ação salvadora provém de Deus. Deus é o protagonista do seu projeto, e ele escolhe Israel como seu instrumento predileto, com um amor insondável e incondicional. Durante séculos, o Povo de Deus tinha se esquecido, na prática, dessa verdade, colocando a si mesmo, os seus ritos e leis como o alicerce, esquecendo que o único fundamento é o próprio Deus. Isso levou a um deslocamento, pois, sem que notassem, o centro ficou identificado com o próprio povo e as suas práticas religiosas, e não com a ação gratuita e amável de Deus. Ao longo do seu texto, o Deutero-Isaías não se cansa de insistir que tudo depende de Deus e que cabe ao povo colaborar com a graça de Deus e não substituí-lo por si mesmo. Assim:

> [...] cansei-me inutilmente, gastei minhas forças à toa, em nada. Enquanto isso, quem defendia os meus direitos era Javé, o meu pagamento estava na mão de Deus (Is 49,4).

"Vejam que estou fazendo uma coisa nova"

Em Is 43,16, o profeta reflete na ação do Senhor a partir do Êxodo:

> Assim diz javé, aquele que abriu um caminho no mar, uma passagem entre as ondas violentas...

Refletir sobre o primeiro Êxodo ajudará Israel a perceber o que Javé estava fazendo no aparente desastre do exílio e também a descobrir que, por maior que fosse, o primeiro Êxodo estava sendo ultrapassado, de um modo que excedia todas as esperanças. Por isso em 43,18 pede-se com insistência: "Não fiquem lembrando o passado, não pensem nas coisas antigas", ou seja, não se deve fixar no passado.

> O Êxodo é um acontecimento arquetípico, mas arquetípico para novos acontecimentos e não é o único realizado por Javé. A memória não é suficiente. Pode até ser desmobilizadora. Precisa ser completada com a esperança, exatamente como aqui os vv. 16-17 se complementam nos vv. 19b-20, os quais olham para o futuro já presente.[6]

6. O único Senhor da História

Torna-se imperativo, não somente para a VRC, mas para a Igreja como tal, relembrar que o protagonista de tudo é Deus. A Igreja, a VRC, as Congregações, as obras são instrumentos do crescimento do Reino, instrumentos valiosos e escolhidos por Deus, sem a menor dúvida, mas simplesmente "instrumentos". São como as ferramentas que Deus usa para erguer e expandir o Reino no meio de nós. Porém, ferramentas não são eternas, podem servir, e muito bem, em uma época, e ser anacrônicas e obsoletas, em outra. Anos

---

[6] CROATTO, J. Severino. *Isaías:* a Palavra profética e a sua releitura hermenêutica. São Paulo: Vozes/Sinodal, 1998. vol. II, 42-55: A Libertação é Possível, p. 99.

atrás, na evangelização serviam como ferramentas o projetor de *slides*, mimeógrafo a álcool e álbuns seriados, só para recordar algumas. Hoje estão substituídas, quase em toda parte, pelos novos instrumentos de comunicação e informática. Não serviam? Serviam muito bem, só que passou a sua serventia e renovamos os nossos instrumentos de trabalho. Assim com a VRC: muita coisa servia e era de grande valor, mas nem tudo serve mais. Sem que notemos, frequentemente identificamos o essencial da VRC com as formas de vivenciá-la, e assim ficamos confusos quando a maré da história nos deixa de lado diante das mudanças rápidas do mundo pós-moderno. Muito oportuno, neste sentido, foi o discurso do Papa Francisco para a última Assembleia Plenária da Congregação para os Institutos de Vida Consagrada e as Sociedades de Vida Apostólica, no mês de novembro de 2014, quando insistiu:

> Como lhes recordei outras vezes, não devemos ter medo de deixar os "odres velhos", ou seja, de renovar os hábitos e as estruturas que, na vida da Igreja e, portanto, também na Vida Consagrada já não respondem ao que Deus nos pede hoje para fazer avançar o Reino de Deus no mundo: as estruturas que nos dão falsa proteção e condicionam o dinamismo da caridade e dos hábitos que nos afastam do rebanho ao qual fomos enviados e nos impedem de escutar o grito dos que esperam a Boa-Nova de Jesus Cristo.

Por isso devemos relembrar a primeira intuição do Deutero-Isaías, que o protagonista da história da salvação é Deus e só ele é o Absoluto. Ele desafia o povo exilado a enxergar a ação criadora de Deus no meio de tanta confusão, fraqueza e incerteza: "Vejam que estou fazendo uma coisa nova: ela está brotando agora e vocês não percebem?" (Is 43,19).

O povo percebia muito bem o fracasso do antigo projeto, a sua debilidade como indivíduos e coletividade, a falta de perspectiva para o futuro, a pouca esperança. Mas tinha uma tremenda dificuldade em enxergar o que Deus estava fazendo brotar, uma nova missão, livre da camisa de força das antigas ideologias e estruturas sufocantes:

> É muito pouco você tornar-se o meu servo, só para reerguer as tribos de Jacó, só para trazer de volta os sobreviventes de Israel. Faço de você uma luz para as nações, para que a minha salvação chegue até os confins da terra (Is 49,6).

7. Luz para as nações

Nesta segunda década do século vinte e um, muita gente na VRC passa por experiências semelhantes: saltam aos olhos a aparente debilidade do projeto da VRC tradicional.

No Brasil é quase geral a diminuição no número das vocações, especialmente para a VRC feminina; em toda parte temos o rosto de uma entidade envelhecida; fecham-se, com muita frequência, casas religiosas, obras caritativas, casas de apostolados que, muitas vezes, pareciam ser a marca registrada das Congregações. Frequentemente todo esse fenômeno é visto como algo fortemente negativo e carece de uma análise melhor do rumo que nossas congregações tomaram, da nova situação demográfica no país, das novas opções abertas aos jovens cristãos de hoje. Será que Deus não fala conosco como falou nas palavras do profeta para os exilados, não com tom de ira nem aborrecimento, mas querendo nos cutucar para que tiremos as "cataratas espirituais" que impedem que vejamos o que é o "novo" que ele esta fazendo brotar: novas formas da Vida Consagrada (com todas as ambiguidades e tensões que isso acarreta), comunidades intercongregacionais, equipes volantes e itinerantes, novas formas de presença nos "novos areópagos", como dizia São João Paulo II?

É bom notar que, embora o profeta desafiasse o povo no exílio a enxergar o "novo" da ação de Deus no seu meio, ele não disse como era esse "novo". Levou os exilados a descobrir por si mesmos essa novidade da ação do Espírito. Convidou-os a enxergar a nova realidade com novos olhos e não julgá-la com a visão dos tempos idos. Usa a mesma pedagogia do autor pós-exílico do Livro de Jó que, no fim desse livro clássico, depois de Jó bravatear contra Deus, ou melhor, contra a caricatura do verdadeiro Deus apresentada pela ideologia da teologia de retribuição e representada no texto pelos três amigos, faz um pronunciamento profundo diante de Deus:

> Eu te conhecia só de ouvir. Agora, porém, os meus olhos te veem. Por isso eu me retrato e me arrependo, sobre o pó e a cinza! (Jó 42,5-6).

O que foi que Jó viu que o fez mudar a sua vida? O texto não diz, pois cada leitor/a deve fazer a sua própria experiência. Qual é o "novo" que Deus está fazendo brotar hoje para a VRC? Temos que descobrir, às vezes, às apalpadelas (cf. At 17,27), mas com a certeza de que Deus não falha e que a proposta da VRC não fracassa, mas se renova, talvez em formas ainda não imaginadas, também dentro das Congregações tradicionais.

8. Deixar a memória falar

No tempo de crise e perplexidade dele, Deutero-Isaías retomava a memória do Êxodo, a experiência fundante do Povo de Deus, como ponto de referência. Com a caminhada de séculos, esses primórdios foram muitas vezes deixados no esquecimento pelos detentores do poder religioso-político em Israel, mas os profetas sempre foram vozes da memória das raízes do Povo de Deus e da Aliança. Esse desafio continua hoje para a VRC: acumulamos

"Vejam que estou fazendo uma coisa nova"

tantas estruturas e costumes durante a nossa caminhada milenar que, frequentemente, a intuição original, a razão de ser da VRC, cai ao segundo plano, se não na amnésia quase total. Assim se torna necessário que nós também voltemos às origens, como há muitos anos tem-se insistido. Mas não basta somente voltar às raízes, como se fosse para simplesmente "reproduzir" a experiência original, feita dentro de um contexto muito diferente daquele que confrontamos hoje. Assim nos mostra a experiência do profeta Elias, narrado em 1Rs 19,1-18. Desanimado, ameaçado, até desejando a sua própria morte, sem novas perspectivas, ele se dirige até Monte Horeb,[7] ou seja, ele "volta às fontes". Volta, porém, sem renovar a visão, buscando simplesmente repetir a experiência do passado. Ele aguarda Javé no furacão, no fogo e no terremoto, sinais tradicionais da teofania, mas Javé não se encontrava neles. Pelo contrário, o Senhor estava na brisa mansa, onde o profeta não o esperava encontrar. Somente quando ele se abriu à nova maneira de Deus se manifestar houve o seu encontro com Deus, que o renovou e o remeteu de volta à sua missão profética, com renovado ardor e nova força. Igualmente, somente ao abrirmos as nossas mentes, corações e olhos para novas experiências de Deus, que se manifesta sempre com novas expressões, é que a VRC receberá o impulso para "tomar o caminho de volta". Não somente para repetir antigas formas, expressões, estruturas, obras e costumes, mas para ser "luz das nações", mergulhada no contexto da sociedade complexa de hoje. Verdadeiramente, como escreve uma teóloga inglesa:

---

[7] Nome usado na tradição das tribos do Norte para Monte Sinai.

Tem que existir algo da essência da inspiração fundacional que não se pode perder sem que se perca a própria inspiração fundante. Os fundadores e fundadoras de uma congregação religiosa focalizam o mistério de Cristo para os seus membros, mas estes fazem mais do que focalizar um aspecto dos fundadores e devem estar cientes do perigo de se fecharem em um culto dos fundadores e fundadoras... Assim, novos membros podem enriquecer a inspiração fundacional trazendo à tona novos elementos que talvez não sejam suficientemente desenvolvidos.[8]

9. Estou criando coisa nova

Engana-se quem acha que a situação de crise atual da VRC seja coisa inédita. As formas em que ela se expressa, as manifestações concretas em muitas congregações talvez sejam novas, mas a História de Salvação demonstra que sempre foi através de crises que o projeto de Deus avançava. Além de Deutero-Isaías, Jeremias, longe de fazer jus à sua fama imerecida de ser pessimista, tinha este olhar, nos tempos de tribulação e conturbação:

> Conheço meus projetos sobre vocês – oráculo de Javé: são projetos de felicidade e não de sofrimento, para dar-lhes um futuro e uma esperança (Jr 29,11).

Essa verdade se verifica não somente em casos do Antigo Testamento, como o do exílio de Babilônia, mas também nos evangelhos e nas experiências das primeiras comunidades. "Estou criando coisa nova e vocês não estão enxergando?" podia ter sido indagação não somente no tempo do exílio, mas frase de Jesus dirigida aos seus discípulos. Pois eles estavam como que cegados pela ideologia do messianismo davídico e, por isso, incapazes de entender o

---

[8] Cf. COFFEY, Sr. Mary Finbarr HC: The Complexities and Difficulties of a Return Ad Fontes. In: SIMMONDS, Gemma CJ (ed.). *A Future Full Of Hope?* Dublin: The Colomba Press, 2012.

"Vejam que estou fazendo uma coisa nova"

verdadeiro messianismo de Jesus (cf. Mc 8,21; 8,33; At 1,6). As primeiras comunidades tiveram muitos problemas para enxergar o "novo" que estava despontando com a entrada dos gentios na comunidade. É só lembrar o conflito na comunidade de Jerusalém, por causa do tratamento das viúvas helenistas, e a necessidade de uma Assembleia extraordinária, a qual tradicionalmente denominamos "Concílio de Jerusalém", que acolheu o novo, representado pela experiência missionária de Barnabé e Paulo, embora demorasse a ser totalmente colocado em prática, como demonstra o conflito em Antioquia (cf. Gl 2,11-14). O que parecia um desastre para a Igreja nascente, como a perseguição desencadeada em Jerusalém após a morte de Estêvão, mostrou-se uma bênção, pois levou à evangelização em outras regiões e entre outros povos (cf. At 8,4: 11,19-21). Até a separação acrimoniosa e sofrida de Barnabé e Paulo, embora lamentável em si, resultou na formação de duas equipes itinerantes missionárias, em lugar de uma. Repetidamente, o que parecia desastre, fracasso e ruína, mostrou-se renovação, revitalização e regeneração! Mas exige um novo olhar para sair da lamentação e pessimismo e descobrir o que Deus estava fazendo brotar!

Jesus costumava dizer, terminando as suas parábolas: "quem tem ouvidos para ouvir, ouça" (cf. Mt 13,9). Diante da atual situação da VRC no Brasil (na atualidade), o Espírito continua a germinar nova vida, mas, quem sabe, precisamos retirar os "véus" dos nossos olhos e mentes para enxergar o que está acontecendo. Valem as palavras de uma grande teóloga norte-americana da Vida Religiosa, Irmã Joan Chittister, osb: "A finalidade da VRC não é a sobrevivência, mas o profetismo". Como escreve o Frei Timothy Radcliffe, op, ex-Ministro-geral dos dominicanos:

> Este é um tempo de crise, e a Igreja se renova pelas crises. A História de Salvação é história de crises que levam a renascimento,

desde a Queda até a Última Ceia. Esse tempo de crise para a VRC ultimamente será uma bênção e nos leva a uma renovação, talvez por caminhos que não podemos imaginar. Mas isso só acontecerá se não ficarmos obcecados com a nossa sobrevivência.[9]

Talvez hoje o brado de Jesus para nós seja como aquele do Deutero-Isaías tantos séculos atrás: "Vejam que estou fazendo uma coisa nova: ela está brotando agora e vocês não percebem? Quem tem olhos para ver, que veja!".

---

[9] RADCLIFFE, Timothy OP, in: SIMMONDS, Gemma, op. cit.

OUTROS OLHARES

Não tão outros: são olhares de cristãos e de cristãs de fé engajada num testemunho comum de vida em meio ao Povo de Deus, e que olham para irmãs e irmãos da Vida Religiosa Consagrada como companheiras e companheiros de fé e de testemunho neste caminho, resumido pelo apóstolo Paulo: "Carregai o peso uns dos outros, e assim cumprireis a Lei de Cristo" (Gl 6,3).

Uma missão amazônica

Felício Pontes Jr.[*]

Em 12 de fevereiro de 2005 acordamos todos assustados com uma notícia que chamaria a atenção do país para o que se passava na Amazônia. Uma mulher, idosa, professora, religiosa da Congregação Notre Dame de Namur, nascida americana e naturalizada brasileira, era assassinada com seis tiros à queima-roupa, aos primeiros raios de sol daquele dia. Chamava-se Irmã Dorothy Stang – ou simplesmente Doti, para os povos da floresta.

Naquele tempo, o desmatamento da Amazônia estava na casa dos 27.000 km²/ano – em 2015 ficou em torno de 4.000 km²/ano – e havia forte migração de trabalhadores, sobretudo nordestinos expulsos de suas terras, para a Transamazônica. O destino de muitos era Anapu/PA, a pequena cidade à beira da estrada. Sem ter para onde ir, eram levados a uma casinha de madeira, pintada de verde-água, ao lado da igreja de Santa Luzia, onde seriam acolhidos com comida e lugar para atar a rede.

---

[*] O autor é Procurador da República no Pará, mestre em Direito Constitucional e Teoria do Estado pela PUC-Rio e assina a coluna "Povos da Floresta" na Revista *Família Cristã*.

A Irmã Dorothy lhes dizia que o lugar que havia sido destinado pelo Incra ficava a 40 km de distância, num travessão quase intransitável da Transamazônica. Muitos o aceitaram como tábua de salvação. Seria um assentamento diferente, sem a devastação altíssima naquele tempo.

O assentamento foi batizado com o sugestivo nome de Projeto de Desenvolvimento Sustentável Esperança, e se desenvolvia a passos largos. Conseguiram sementes de cacau (nativo da região) e seu consórcio com outras espécies: açaí, castanha, banana... Para resumir, a região se tornou uma das maiores produtoras de cacau do Brasil. Produziu melhoria econômica não vista em nenhum outro assentamento na Amazônia.

Isso atraiu a ganância da elite econômica da região – grileiros, madeireiros e fazendeiros. Aquele exemplo de projeto de desenvolvimento era pequeno, mas muito "perigoso" aos olhos dessa elite. Se a ideia se espalhasse, o poder político-econômico mudaria na Amazônia. E, assim, juraram de morte quem eles consideravam ser a responsável pelo assentamento e... consumaram o ato, como mostrado no premiado filme *Mataram Irmã Dorothy*.

Na homilia da missa de corpo presente, D. Erwin Kräutler, o Bispo do Xingu, confessou que, quando de sua apresentação, em 1982, ela pediu que fosse enviada ao trabalho com os mais pobres entre os pobres. E completou: "Agora Dorothy fala com Jesus do alto da cruz: 'Tudo está consumado' (Jo 19,30). Sua vida e sua morte são o testemunho inequívoco do amor levado até as últimas consequências. 'Ninguém tem maior amor do que aquele que dá a vida por seus amigos' (Jo 15,13). Sim, Dorothy deu sua vida! Deu o testemunho mais eloquente de seu amor: derramou seu sangue".

Em uma de suas famosas cartas, Irmã Dorothy disse: "Não vou fugir, nem abandonar a luta desses agricultores, que estão desprotegidos no meio da floresta . Eles têm o sagrado direito a uma vida melhor, numa terra onde possam viver e produzir com dignidade, sem devastar".

É possível uma profunda reflexão sobre o papel de religiosos(as) num país de flagrante desigualdade, como o Brasil, a partir dessa mensagem. Ela inicia afirmando que não vai fugir, não vai abandonar a luta do povo injustiçado. Eis aí a evangelização em sua plenitude. A missão normalmente se depara com povos e comunidades injustiçados. Qualquer forma de evangelização que não leve em conta a situação de injustiça vivenciada pelos "desprotegidos" não pode ser chamada de evangelização.

Na segunda parte da mensagem, Irmã Dorothy se reporta ao sagrado direito a uma vida melhor. Trata-se, em apertada suma, de lutar pela concretização do Reino, onde há que se buscar vida em plenitude. O uso da palavra "direito" e do adjetivo "sagrado" espelha toda a veemência que clama pela intervenção de todos. Mais ainda. Significa que a omissão diante de tamanha injustiça reforça essa situação. Não há neutralidade. A intervenção missionária há que contribuir para cessar o que é injusto, quer do ponto de vista jurídico, quer do teológico.

Essa contribuição pode se dar de várias maneiras. A mais simples com que me deparo nas andanças amazônicas é o empréstimo do salão paroquial para que as comunidades se reúnam. A mais complexa está no auxílio direto, como, no caso em estudo, através de membros da Comissão Pastoral da Terra – CPT, ou do Conselho Indigenista Missionário – CIMI.

O final da frase de Irmã Dorothy é uma exortação ecológica: "numa terra onde possam viver e produzir com dignidade, sem devastar". Nossa geração devastou em torno de 20% da Amazônia nos últimos trinta anos. Nenhuma outra geração conseguiu tamanha destruição. Essa destruição não significou melhoria nas condições de vida da maior parte da população amazônica. O índice de desenvolvimento humano da região é menor do que a média nacional. Somente uma intervenção que concilie desenvolvimento econômico com preservação ambiental pode lograr vida em plenitude aos povos da floresta. Portanto, as palavras usadas por Irmã Dorothy, como "viver", "produzir", "dignidade" e "sem devastar" são sinônimas, em se tratando de desenvolvimento da Amazônia.

É evidente que o relato dessa missão não se deu unicamente pela intervenção de Irmã Dorothy. O seu assassinato lhe concedeu visibilidade. Porém, dez anos após sua morte, a missão continuou a alcançar êxito jamais visto em um assentamento na Amazônia, em que pesem tantos desafios pela frente. Isso só foi possível porque a equipe da CPT em Anapu se fez comunidade. Pe. Amaro Souza não é o dirigente da comunidade. Nada decide sozinho. As Irmãs Júlia Depwig, Jane Dwyer e Kátia Webster não são meras espectadoras ou encarregadas, com exclusividade, dos rituais religiosos. São membros da comunidade assim como os assentados, e tão responsáveis pela liturgia e reuniões, que parecem não ter fim, com Incra, Polícia e Ministério Público, como toda a comunidade.

Em outra carta, Irmã Dorothy dizia que para saber como agir no trabalho com os pobres, é necessário se fazer pobre entre os pobres. Poderia ser traduzido como vivenciar a vida dos outros. Esse talvez seja o mais simples e, ao mesmo tempo, o mais complexo desafio de uma vida missionária – que deveria ser também, em alguma medida, o pressuposto para o exercício de qualquer autoridade.

Termino este testemunho com algo que pode parecer incompreensível para quem jamais vivenciou a luta pelo direito dos povos da floresta. Apesar de todos os problemas que enfrentam ainda hoje na pequena comunidade de Anapu, são os(as) missionários(as) mais felizes que encontrei, assim como Irmã Dorothy.

Imagens de vida religiosa

Lucia Ribeiro[*]

Ao pensar em vida religiosa, imediatamente me vêm à mente figuras diversas de religiosos e religiosas que povoaram minha vida, desde os tempos de infância e adolescência, na cidadezinha do interior, até o mundo globalizado de hoje. Tal diversidade poderia explicar-se pela transformação que vem ocorrendo nas formas de viver esta experiência; não se trata, entretanto, de um processo linear: mudanças significativas convivem com aspectos mais conservadores ou mesmo com retrocessos. Neste processo, mudou também minha própria maneira de enfocar a vida religiosa: o olhar de hoje é talvez menos ingênuo e certamente mais exigente...

As primeiras imagens estão envoltas no clima de respeito e admiração, característico de uma época pré-conciliar; os religiosos eram vistos como aqueles que "haviam escolhido a melhor parte":

---

[*] A autora é socióloga, trabalhou como pesquisadora nas áreas de saúde, sexualidade, reprodução, migrações e religião; atualmente vem investigando o processo do envelhecer. É também assessora de movimentos sociais. Tem cinco livros publicados, entre os quais *Masculino/feminino: experiências vividas* (2007), em parceria com Leonardo Boff. Publicou também numerosos artigos. Ela é casada e tem três filhos e seis netos.

a virgindade era considerada um "estado superior". Estabelecia-se certa distância. No caso das freiras de clausura, esta era claramente marcada por grades e cortinas, que delimitavam suas fronteiras; mas mesmo no caso das professoras do meu colégio, com quem convivia diariamente, a distância era marcada pela própria posição, já indicada pelo uso do hábito: dissimulando as formas do corpo, era completado por um véu montado sobre uma estranha armação, que lhes dava um ar medieval... Além disso, a rigidez e disciplina típicas de freiras alemãs não estimulavam nenhuma aproximação.

Não esqueço minha surpresa e, aí sim, uma autêntica admiração, quando, já universitária, no Rio de Janeiro, descobri uma antiga companheira da JEC, que vinha de uma família quatrocentona paulista e que havia deixado tudo para se tornar irmãzinha de Foucault: vivia em plena favela carioca, no alto do morro de São Carlos, identificando-se com o povo e adotando suas condições de vida. Esta total abertura ao outro, numa "opção pelos pobres", vivida existencialmente – antes mesmo de a expressão ser assumida pela Teologia da Libertação –, me impressionou. E continua me impressionando até hoje: penso no padre italiano que entrevistei, em minha pesquisa sobre o clero: jovem e inteligente – além de belíssimo, como homem –, abandonou possibilidades de sucesso no Primeiro Mundo para assumir uma vida simples junto com o povo, enfrentando a pobreza e a violência da Baixada Fluminense. Lembro ainda minha amiga Marília, excepcionalmente inteligente e extremamente competente no campo profissional, que foi viver no Irã, como religiosa, abrindo o diálogo com os muçulmanos e traduzindo o Evangelho para o persa.

Esta é a primeira característica que me impressiona e que gostaria de ver estampada em uma imagem de vida religiosa no século XXI: a capacidade de se abrir ao outro e de se entregar totalmente à causa dos mais pobres. Capacidade que significa eliminar distâncias, sem com isso perder a própria identidade.

Porque o encontro com si mesmo é fundamental. Supõe justamente um autoconhecimento e uma autoaceitação que são a base de um encontro autêntico com o outro. E que envolve a pessoa como um todo, inclusive com sua dimensão sexual, com a qual a Igreja sempre teve tanta dificuldade... Assumir a própria sexualidade e o próprio corpo é o primeiro passo.

Aqui outra imagem me vem à mente: há vários anos, participando de um encontro inter-religioso de mulheres, fiquei encantada quando uma mãe de santo, com seu vestido de rendas, adornada com colares e pulseiras, começou a dançar, entregando-se de corpo inteiro ao ritmo da música. No meio do espetáculo, entretanto, entrou na sala uma freirinha, absolutamente tradicional, com um hábito comprido e largo que dissimulava totalmente o corpo, completado por um véu ocultando cabelos e parte do rosto, numa total negação da própria feminilidade. O contraste não podia ser maior. É evidente que, neste caso, eu me limitava às aparências. Não poderia julgar o que a diversidade de imagens representaria em um nível mais profundo. Mas certamente a maneira de se colocar no mundo era diferente...

Há mais um elemento: no caso das freiras, reconhecer a própria feminilidade pode ser um fator importante para identificar-se com a luta das mulheres por seus direitos, ainda tão ignorados em um sistema patriarcal. E aqui ressalta o exemplo de Ivone Gebara: ao assumir existencialmente seu compromisso com as mulheres dos setores populares, teve a coragem de expressar sua solidariedade com as que, diante de condições completamente insustentáveis, fizeram a opção radical de interromper a gravidez. Ivone não escapou, é claro, da dura punição eclesiástica subsequente, que só um profundo espírito de fé ajudaria a suportar; continuou, entretanto, a desenhar uma trajetória de abertura e de liberdade, que ilumina a todos nós.

São presenças assim que a realidade atual necessita: marcada pela diversidade e pela fragmentação e por uma pluralidade de valores – ou pela ausência deles –, tal realidade frequentemente é permeada por uma situação de anomia, onde impera certo relativismo e uma impressão do "vale-tudo". Neste contexto, a vida religiosa pode ter um lugar insubstituível, ao apontar uma forma de estar no mundo, que, por suas próprias características, é um sinal de Esperança. Mas este sinal só será eficaz se conseguir expressar-se existencialmente, trazendo um autêntico testemunho de vida, que supõe uma busca pessoal e a construção do próprio itinerário, no diálogo com os outros, permanentemente em busca do Encontro maior. É aí que se descobre o próprio cerne da vida religiosa, que pode assumir formas as mais diversas, mas que busca sempre a dimensão essencial e mais profunda da vida.

A COMUM E DIFÍCIL TAREFA DE SE SENTIR ÚTIL: EXPERIÊNCIA, PROXIMIDADE E CRESCIMENTO COM A VIDA CONSAGRADA

Cesar Kuzma[*]

Um dos valores mais importantes dos dias de hoje e que deve ser buscado a todo instante é a comum e difícil tarefa de se sentir útil! Por si só, a intenção de ser útil a alguém e a outros já nos conduz a um desprendimento, a um deslocamento e a um esvaziamento em favor do serviço e da vocação que nos chama e pela qual respondemos na fé. E mais: quando esta proposta é desafiada a partir de uma tarefa comum, no exercício comunitário, no fazer juntos e no compromisso de um para com o outro, o se sentir útil torna-se ainda mais louvável e difícil. Por esta razão e pela dinâmica que traz é que ele deve ser buscado, sempre. Eis um desafio importante para a Igreja e sociedade atuais, que se veem muitas vezes preocupadas com outras coisas e outras instâncias. Poderíamos colocar aí uma pergunta inquietante e que, por certo, nos poderia ajudar em nossa

---

[*] Teólogo leigo. Doutor em Teologia pela PUC-Rio. Professor/pesquisador no Programa de Pós-Graduação em Teologia da PUC-Rio. Assessor teológico-pastoral em diversas pastorais, comunidades e instituições, incluindo a CRB.

reflexão: a que e a quem estamos servindo?... Responder isso com a própria vida, numa opção concreta por Cristo e pelo Reino, é que vai conduzir o discernimento e amadurecimento necessários para o que se propõe: a comum e difícil tarefa de se sentir útil.

Esta frase que destacamos é uma condição que diz muito para a minha vida e é, em sentido pleno, algo que me motiva e me faz recordar o passado, principalmente, a minha infância, vivida na periferia de Curitiba. Este era o lema de um religioso muito próximo a minha família e que, por graça e em graça, me encantou desde cedo num caminho vocacional de seguimento, despertando um sentimento de ser cristão diferente, na alegria e no desprendimento, sem amarras, mas com o foco sempre no serviço, no estar junto e no ouvir as pessoas, na liberdade. Minha família era muito ligada à comunidade; neste caso, havia um estender da vida cotidiana e familiar com a vida da Igreja, e isso era mais que natural. A vida era assim, todo este processo fazia parte de nós e a maneira como este religioso se aproximava e nos afeiçoava na fé era totalmente cativante. Lembro-me como se fosse hoje... Infelizmente, a morte o levou muito cedo – coisas da vida! – e o seu sorriso e entusiasmo ficaram apenas em nossas lembranças e sentimentos. Jamais esqueci esta preocupação pelo sentir-se útil, o que me leva a ter desse momento específico de minha vida e dessa pessoa, em especial, boas lembranças.

Por opção e vocação pessoal eu não segui a Vida Consagrada, fiz opção por ser leigo e tento dar sentido ao meu Batismo por esta vocação, que também não é fácil e tem caminhos e desafios conflitantes. Contudo, é impossível imaginar uma vida cristã e um crescimento de comunidades e de missão sem que a presença da Vida Consagrada e de seus inúmeros carismas se faça presente. O meu ser cristão leigo tem um pouco de cada gesto que acolhi e de

A COMUM E DIFÍCIL TAREFA DE SE SENTIR ÚTIL

cada olhar de vida que contemplei. Em minha ainda breve trajetória fui marcado profundamente pelos carismas dos scalabrinianos, josefinos, franciscanos, maristas, marianos e jesuítas. Tenho que destacar também as inúmeras religiosas que conheci. Irmãs que no seu jeito único de ser mulher assumiram um verdadeiro testemunho de vida, íntegro e sincero, dispostas ao serviço e ao amor pelo próximo. E ainda hoje, pelos trabalhos na teologia e na pastoral, sou levado a conviver e a conhecer mais a estes e também a outros carismas, profundos e ricos no que vivem, firmes e convictos no que perseguem, e que enobrecem toda a causa que buscamos e iluminam e encantam o caminho que seguimos. É esta multiplicidade de expressões que faz a Igreja viver e renascer a cada dia.

É justo dizer que todos fomos marcados pela Vida Consagrada e por seus carismas de alguma forma. Em algum momento eles se tornaram próximos de nossas vidas, seja na infância, na comunidade, nas inúmeras escolas, nos projetos sociais e em caminhos de espiritualidade. Costumo dizer que os diversos carismas são o florear sempre novo e diferente que nos absorve e nos encanta; um colorido que enriquece e dá forma a tudo o que nos rodeia na fé, sobretudo, porque muitos carismas estão ligados a uma opção radical por Cristo e pelo Reino, geram seguimento e enfrentamento pela causa que seguem, fazendo das opções do Cristo as suas reais opções, assumindo até o fim as mesmas consequências, e, muitas vezes, uma consequência de cruz. Esse sentimento de entrega, de luta, de amor e paixão é o que encanta na Vida Consagrada e faz daqueles e daquelas que seguem este caminho verdadeiros discípulos missionários.

Em minha vida tive a graça de crescer junto a vários destes carismas e dentro deles contemplei muitas histórias, vendo e fazendo grandes amigos. Vi que o ser leigo ou leiga e o ser religioso ou religiosa têm vários aspectos em comum. Ambas as vocações são chamadas ao serviço no mundo, em resposta a um chamado que nos leva a buscar a santidade numa entrega de serviço, no construir de algo novo, no acolher o diferente e na atenção ao Evangelho. Buscamos a santidade e santificamos onde estamos. Aprendi muito com todos e também pude partilhar um pouco do que tenho. Esta partilha comum, no respeito e na humildade, enriquece. Ser cristão não é algo fácil, requer desprendimento e entrega total. Ser leigo também tem os seus desafios e as pedras do caminho sempre nos machucam. Digo, ainda, que seguir a Vida Consagrada é seguir um percurso árduo, difícil, que exige postura, humildade e até radicalidade. E neste caso, poderíamos perguntar: qual é a razão que leva alguém a deixar a sua casa, a sua família, a sua cidade, a sua cultura, o seu país para ir a outro lugar, a outra terra, viver em outra casa?... Se for algo apenas passageiro, de momento, por quanto tempo vai durar? Se for modismo ou pouco discernimento, até quando vai aguentar? Se não for uma fé autêntica e verdadeira, em que vai se sustentar?... Pelo que vi e compreendi, a vocação da Vida Consagrada é mais do que isso! É o encantar do Evangelho. É a resposta de uma vocação. É o ouvir a voz do Cristo que diz: "Segue-me!". É estar atento ao Deus que se revela e diz: "Sai da tua terra, da casa de teu pai, de junto dos seus, e vai para onde eu te mostrarei!". E isso só se percebe com profunda vivência, discernimento e espiritualidade.

Hoje, novos ventos sopram sobre a Igreja e um novo tempo está em evidência, um tempo favorável, de graça, que provoca abertura e exige acolhimento e postura. Faz-se necessário se deixar conduzir e ouvir aquilo que o Espírito nos diz. A Igreja e o mundo se alegram com o Papa Francisco – religioso – que oferece a todos um novo canto – e que canto! Avança uma primavera, o que nos leva a ser zelosos pelo jardim que floresce, para que as novas flores que venham a nascer deixem o jardim ainda mais belo e fecundo. Contudo, por melhor que seja o jardineiro não é ele quem produz as flores, ele apenas cuida e protege, deixando espaço para que a vida cresça ao seu redor. Por isso é importante se abrir, pedir, contemplar e agradecer aquele que detém e oferece a vida, como reza uma antiga canção do Pe. Zezinho, também religioso, que diz muito sobre a nossa vocação e os desafios que nos chegam ainda hoje:

> Poucos os operários, poucos trabalhadores e a fome do povo aumenta mais e mais. És o Senhor da messe, ouve esta nossa prece, põe sangue novo nas veias da tua Igreja.
> Falta pão porque falta trigo. Falta trigo porque não semeiam e faltam semeadores porque ninguém foi lá fora chamar. Falta fé porque não se ouve. Não se ouve porque não se fala e falta esse jeito novo de levar luz e de profetizar.
> Falta gente pra ir ao povo, descobrir porque o povo se cala. Pastores e animadores pra incentivar o teu povo a falar. Falta luz porque não se acende. Não se acende porque faltam sonhos e falta esse jeito novo de levar luz e falar de Jesus.
> Poucos os operários, poucos trabalhadores e a fome do povo aumenta mais e mais. És o Senhor da messe, ouve esta nossa prece, põe sangue novo nas veias da tua Igreja.

A resposta ao chamado é pessoal, mas a vivência do chamado é comunitária. A diversidade de cada carisma e de cada vocação enriquece a todos e dá à Igreja um olhar sempre novo. O serviço do Reino exige de cada um de nós um trabalho, mas a dinâmica pastoral e o desafio de ser útil é fazer todo o esforço de modo comunitário, no sentimento comum, na comum e difícil tarefa de se sentir útil. Foi desta forma que experimentei, me aproximei e cresci junto aos irmãos e irmãs da Vida Consagrada. Por tudo o que vivi e aprendi, só tenho a agradecer. É bom estarmos na mesma mesa. E é muito bom saber que esta mesa é comum.

DA VIDA CONSAGRADA À CONSAGRAÇÃO DA VIDA

Jacques Távora Alfonsin[*]

Duas palavras de Nosso Senhor Jesus Cristo parecem resumir uma Vida Consagrada como uma consagração de vida: A primeira é "Aquilo que fizerdes ao mais humilde dos meus irmãos, a mim o fareis", e a segunda é "Ide, pois: de todas as nações fazeis discípulos", "Quanto a mim, eis que eu estou convosco todos os dias, até a consumação dos tempos".

O reconhecimento de Deus na/o outra/o, especialmente no povo pobre, na "multidão sem pastor", injustiçada e excluída socialmente, é a condição de possibilidade da Vida Consagrada – perdoado o exagero da metáfora –, como forma de reconhecer a consagração da vida com que o próprio Deus se fez presente, pela sua encarnação, em cada um/a das/os suas/seus filhas/os.

---

[*] Procurador do Estado do Rio Grande do Sul, aposentado. Mestre em direito pela Unisinos. Membro do Conselho Consultivo da "Acesso Cidadania e Direitos Humanos". Assessor jurídico de movimentos populares, chamado popularmente "advogado dos pobres".

Nesta recomendação estão presentes quantas/os necessitam prioridade de a-tenção (cuidado), com-preensão (prender, abraçar), com-paixão (extrema dedicação, interesse), carecendo de prest-ação, ou seja, movimento do tipo lava-pés ou do bom samaritano. Um poder-serviço de puro amor, disponibilidade e gratuidade, capaz de discernir os sinais dos tempos com a estratégia da pomba e a tática da serpente, inclusive para enfrentar o que ou quem está levando gente para a morte na cruz e não para a vida da ressurreição.

Jesus Cristo não discrimina nem separa ninguém nessas duas mensagens. Religiosas/os ou leigas/os, indistintamente, estão sendo aí chamadas/os a viver como ressuscitadas/os, diariamente testemunhando uma con-sagração, tanto da vida própria como dos templos do Espírito Santo na forma recomendada por São Paulo, quanto da vida de todas/os as/os filhas/os de Deus.

Pela encarnação de Nosso Senhor Jesus Cristo, portanto, sagradas se tornaram todas as pessoas. Assim, religiosas e religiosos se consagram para consagrar a vida, atendendo a um convite de Jesus ressuscitado: "Ide, ponham-se em movimento". O testemunho da continuidade da sua presença, agora, não é o de um defunto, está disseminado entre todas/os suas/seus fiéis. Se a morte morreu, como aconteceu com Nosso Senhor, os movimentos por ele recomendados e sustentados nessas boas-novas, todo ato ou fato ameaçando ou sacrificando vida, tem de ser vencido pela ressurreição.

A presença dessa, agora, é plural, Vida Con-sagrada, ou seja, revivida em todas as vidas, fazendo-se próxima de todas elas.

Existe, pois, um componente político na fé, que adverte com muita clareza e segurança a Vida Consagrada como consagração de vida: as duas boas-novas de Jesus Cristo antes lembradas indicam não se poder substituir o movimento pela ordem estática, nem considerar os dogmas como cláusulas pétreas incapazes de uma interpretação de reajuste, quando a história esteja carente de vida e de vida ressuscitada. Como aconselhava Dom Helder: "Coloque o seu ouvido no chão e ouça os ruídos em volta. O Mestre anda circulando".

Quem anda circulando não está parado e esse chão é feito de história, riscada de toda espécie de conflito entre poderes, sendo necessário um esforço permanente para se identificar e combater aqueles da espécie que crucificou Nosso Senhor. Continuam crucificando os humildes, dos quais ele fala e defende. Em nome da segurança do ter não hesitam em matar a liberdade do ser.

O específico, então, da vida de religiosos e religiosas parece ser o de ser vivida, mal comparando, como quem recebe um mandato de Deus (mandato é uma palavra que vem do latim, significando mão dada!). Talvez não para essa consagração de vida ser diferente da vida das/os leigas/os, mas sim para sinalizar (sacramento), servir de exemplo, como uma luz de orientação em vidas escuras, como o sal do tempero indispensável ao sabor de consumir-se, como o amor apaixonado por Deus se revela em cada Eucaristia ("fazei isso em memória de mim"), em cada palavra (a pá que lavra...), em cada missão de construção do Reino, por verdade, justiça, amor e paz.

Assim, a Vida Consagrada a essa con-sagração encarnada na/o próxima/o garante uma tal ventura, gozo, uma tal felicidade, que todo o sacrifício da cruz nela presente já antecipa, paradoxalmente, vivermos como ressuscitadas/os, vacinadas/os contra qualquer aborrecimento, já que o Senhor prometeu estar junto conosco todos os dias, tornando nosso "jugo extraordinariamente suave e o nosso fardo, leve".

UM LEIGO BUSCANDO SINAIS EXEMPLARES NA VIDA CONSAGRADA

Luiz Alberto Gomez de Souza[*]

Trago alguns exemplos do que a Vida Consagrada tem representado para mim. Ao voltar ao Brasil, em 1977, depois de alguns anos pela América Latina, chamaram-me fortemente a atenção as práticas de religiosas inseridas na sociedade. Lembro algumas que abandonaram colégios – onde formavam jovens de setores médios e altos da sociedade –, colégios históricos foram vendidos e as religiosas partiram para experiências nas periferias, num trabalho pastoral muito fecundo naqueles anos depois de Medellín e às vésperas de Puebla. Tive a ocasião de assessorar uma dessas experiências e me impactaram o entusiasmo e uma profunda espiritualidade dessas religiosas inseridas. Davam-me ao mesmo tempo

---

[*] Antigo dirigente da Juventude Universitária Católica (JUC) e da JEC Internacional. Fundador da Ação Popular (AP) em 1963. Doutor em sociologia pela Universidade Sorbonne Nouvelle. Ex-funcionário das Nações Unidas (CEPAL e FAO). Assessor de CEBs, movimentos sociais e pastorais. Casado com a socióloga Lucia Ribeiro. Autor de vários livros, entre os quais: *Do Vaticano II a um novo concílio? Olhar de um cristão leigo sobre a Igreja* (Loyola, 2004) e *Uma fé exigente, uma política realista* (Educam, 2008).

uma forte impressão de liberdade e de criatividade. As CEBs e as pastorais sociais muito devem a elas.

Mas um paradoxo surgiu. Enquanto conventos tradicionais recebiam dezenas de postulantes, poucas eram as vocações para esse trabalho inovador. Talvez, pensei, conventos fechados e com normas rígidas dessem segurança a jovens que procuravam um lugar de tranquilidade e mesmo de fuga, à margem das tensões do mundo. O mesmo eu via nas vocações de seminários tradicionais, de onde saíam presbíteros com suas batinas bem talhadas, já com tendência a posições autoritárias e clericais. Como parece difícil romper com tradições rotineiras e acomodadas e, como tem pedido repetidamente Francisco, sair para um mundo com suas tensões e contradições, correndo riscos e impregnando-se "do cheiro de ovelhas". Era lá que os cristãos deveriam ser convocados, para dar testemunho de uma fé incômoda e questionadora.

Voltando à inovação profética, impactou-me nas minhas andanças pelo Araguaia a presença das irmãzinhas de Foucault entre os índios *tapirapés*. Ali estavam com uma atitude testemunhal, sem proselitismos. A comunidade nativa estivera a caminho da extinção. As irmãzinhas aprenderam sua língua, organizaram sua gramática, recuperaram suas tradições e narrativas. Os *tapirapés* voltaram a crescer e a acreditar neles mesmos. As irmãzinhas vieram da França e se inseriram profundamente na vida daquela nação indígena.

Depois encontrei outras irmãzinhas, e irmãozinhos de Foucault, vivendo em favelas, levando a vida comum dos moradores, sem trabalho aliciador. Em casas muito simples, um altar despojado era o lugar para um tempo longo de oração, no meio de seu trabalho normal na comunidade. Seguiam o carisma de Charles de Foucault na África do Norte.

Descobri logo o Mosteiro da Anunciação, em Goiás, com Pedro, Felipe e Marcelo. Várias vezes, Lucia e eu fomos "beber naquele poço de água viva". E conosco cristãos dos mais diferentes lugares do Brasil e do mundo. Sempre saíamos revigorados. Ali outro mistério. Muitos jovens se aproximavam entusiasmados, poucos permaneceram. Felipe e Pedro partiram para a casa do Pai. Um dia, o Mosteiro fechou. Marcelo passou a ser um monge itinerante. Vai alimentando muitas comunidades no país e no exterior. Por caminhos misteriosos, o sinal que começou em Goiás foi dando muitos frutos que continuam visíveis para aqueles de nós que temos a oportunidade e a graça de acompanhar o trabalho de Marcelo. Outro paradoxo: a vocação monástica pareceria ser de estabilidade; com Marcelo ela se faz itinerante, como as ordens mendicantes, sem negar as raízes beneditinas.

Recentemente, tenho acompanhado a distância a forte tensão entre setores conservadores do episcopado americano e a organização que reúne diferentes comunidades de religiosas, a LCWR. Várias das religiosas são notáveis teólogas, perturbando uma Igreja rotineira dirigida por homens geralmente acomodados. Num certo momento, a Congregação vaticana da Doutrina da Fé interveio na associação e enviou bispos com a função de analisar as práticas das religiosas e, para alguns bispos americanos, coibir reflexões que para eles eram pouco ortodoxas. A intervenção foi longa e as religiosas resistiram valentes, em meio a muito sofrimento. Finalmente agora, com Francisco, veio a conclusão do litígio. "As nuvens tempestuosas desapareceram definitivamente", no dizer de uma teóloga que viveu todo esse processo. E a presidente da LCWR, Irmã Sharon Hollard, indicou: "Descobrimos que é mais bonito aquilo que nos une do que aquilo que nos separa". Duas das religiosas da associação foram recebidas pelo Papa Francisco e o processo foi encerrado, ainda que setores conservadores resistam.

Como escreveu a revista dos jesuítas *América*: "A LCWR continuará sendo uma voz poderosa na Igreja Católica (dos Estados Unidos). Ali se joga um delicado equilíbrio para as religiosas: a necessidade de ser fiéis à Igreja institucional e, ao mesmo tempo, ser fiéis à própria vocação da vida religiosa". Não por acaso foram as mulheres, mais do que os religiosos masculinos, que lutaram por um testemunho criativo num mundo em transformação. Entre nós, Ivone Gebara, religiosa e teóloga valente, tem tido problemas com autoridades eclesiásticas, mas não esmorece em abrir caminhos libertadores.

Mas também sabemos como Thomas Merton, do seu mosteiro de Getsêmani, uniu a vida contemplativa com uma forte presença espiritual no mundo de hoje.

Aqui, na América Central, dia 16 de novembro de 1989, um esquadrão militar entrou na Universidade Centro-Americana de El Salvador e matou seis jesuítas, a doméstica da casa e sua filha. Um dos mortos, grande teólogo, Ignacio Ellaucuría, escrevera: "Nosso trabalho orienta-se, sobretudo, em nome das pessoas que, oprimidas pelas injustiças estruturais, lutam pela sua autodeterminação – são pessoas muitas vezes sem liberdade ou direitos humanos".

Dois outros fortíssimos testemunhos. Um em 1996, com monges trapistas de Tibhirina, na Argélia, em plenos montes Atlas. Ali viviam em profunda integração junto à população, principalmente muçulmana. Com o aumento da violência na região, o bispo pediu que se retirassem. Preferiram ficar em meio às incertezas. Sete monges foram sequestrados pelo grupo Islâmico Armado e

Um leigo buscando sinais exemplares na Vida Consagrada

assassinados. Um filme, *Homens e Deus*, narra o martírio dessa comunidade.

Outro exemplo bem atual. O sacerdote jesuíta italiano Paolo Dall'Oglio recuperou o Mosteiro Deir Mar Musa, numa Síria em conflito, também em diálogo com outras religiões. Padre Paolo recebeu ordem de expulsão por parte do governo. Saiu em 2012, mas no ano seguinte, em 2013, voltou para o que considerava sua pátria de eleição. Foi possivelmente sequestrado pelo terrível Estado Islâmico (ISIS), que se estende da Síria ao Iraque. Não há notícias precisas dele, talvez tenha vivido o martírio.

Vejo assim a vida religiosa renovadora como um sinal profético de uma Igreja que, acudindo ao chamado de Francisco, precisa transformar-se sempre, para dar testemunho de inserção no mundo de hoje.

São homens e mulheres como os que marcaram minha vida que a Igreja necessita cada dia mais

Sonia Maria Marques de Souza Cosentino[*]

Minha vida foi e continua sendo profundamente marcada pelos inúmeros religiosos e religiosas que por ela passaram, e continuam passando. Não posso avaliar como teria sido minha caminhada no seguimento a Jesus sem essas pessoas que me apontaram o caminho da fidelidade ao Evangelho. Foram e são muitos/as que guardo até hoje em meu coração. Entretanto, para esse meu testemunho escolhi três deles, sem com isso esquecer todos os/as outros/as que continuam fazendo parte de meu mundo de afeto e gratidão. Que Deus continue abençoando e protegendo cada um deles/as em sua infinita misericórdia!

Entre os anos de 1965 e 1967, no Colégio Nossa Senhora da Piedade, encontrei as Irmãs Missionárias Servas do Espírito Santo,

---

[*] Mestra em Teologia pela PUC/RJ. Professora do Centro Loyola de Fé e Cultura/RJ e de Cultura Religiosa da PUC/RJ. Professora e assessora em cursos, encontros, grupos e palestras, juntamente com seu marido, na diocese do Rio de Janeiro. Mãe de três filhos e avó de três netos.

e entre elas a Irmã Gertrudine, em especial. Essa religiosa alemã soube me incentivar não só em meus estudos, como também na fé cristã. Vivi nesse colégio o fervilhar do espírito pós-conciliar. Creio ser importantíssimo destacar que não havia sido formada por uma família verdadeiramente cristã, pois era cristã só no nome. Logo, a orientação cristã recebida, fruto ainda verde do Vaticano II, o incentivo para aderir à Igreja Católica e o carinho desta religiosa por mim começaram a moldar meu caráter cristão. É claro que muito ainda seria necessário caminhar. E, no tempo de Deus, tudo se foi moldando em minha vida.

Em 1968 casei-me com um espírita. Sempre respeitei sua fé, entretanto, nunca deixei de desejar que ele retornasse ao catolicismo, religião que havia aprendido com sua tia dentro de casa. Foram necessários onze anos, até que, através do Colégio Marista São José, onde estudavam nossos filhos, fizemos o Encontro de Casais com Cristo (ECC) da Paróquia Nossa Senhora da Conceição da Tijuca e do Colégio Marista São José. Eis aqui mais um divisor de águas em minha vida e na de meu marido.

Foi através do ECC que conhecemos inúmeras pessoas que nos receberam de braços abertos e nos incentivaram a caminhar sem nada cobrar de nós dois. Que acolhida recebemos! Hoje percebo que isto foi essencial para nosso engajamento futuro na Igreja. Entre estas pessoas, uma se destacou com maior força e eficácia, o Irmão Marista Gonçalves Xavier, apelidado de Gonça, o reitor do Colégio. Homem inteligente e de personalidade forte. Como poucos ele soube formar várias gerações de cristãos/ãs e, principalmente, constituir a "família marista". Era seu sonho ver pais e filhos convivendo o tempo todo dentro do colégio, sonho que conseguiu realizar. Foram tempos, início da década de 1980, em que até nos fins de semana o colégio era aberto para que todos aproveitassem suas instalações e pudessem conviver como uma verdadeira família. Que período maravilhoso de nossas vidas! Esse religioso, com muito entusiasmo e alegria, nos recebia e incentivava em todas as atividades do colégio: nas festas escolares, nos Encontros de Casais, nos Encontros de Jovens, na Associação de Pais e Mestres, nas Celebrações Eucarísticas, nas Festas Juninas, no Futebol Dente de Leite, na piscina, no teatro.... Além disso, o Gonça não deixava de estar presente em todos os Pós-Encontros (atividade semanal do ECC). Participava animadamente, com sua alegria contagiante e com seu belo "vozeirão", tudo permeado com muita simpatia, mas sem abrir mão de nos apresentar a espiritualidade marista. Que religioso! Que sólida formação receberam gerações de alunos/as e pais/mães deste colégio! Até hoje, ouvimos vários ex-alunos do Colégio Marista São José dizer que o Gonça forjou seu caráter de mulher ou de homem cristão. Há algo mais evangelizador e missionário do que o que esse religioso fez? Só posso garantir que sua influência em minha vida cristã continua até hoje dando seus frutos. Só espero em Deus ser capaz de estar à altura de tudo o que aprendi com ele.

Há outra figura religiosa que marcou e continua marcando intensamente minha vida. Ela é a Irmã Gelsa, da Congregação das Servas da Santíssima Trindade. Mulher que durante um bom tempo orientou um pequeno grupo de mulheres na oração. Foram encontros onde a vida de cada uma de nós era partilhada abertamente, inclusive a vida da própria Gelsa. Havia entre nós muito respeito, e a confiança foi crescendo, o que proporcionou esse nível de intimidade entre nós. A partir daí fomos vendo o significado da verdadeira fé de uma religiosa. Sem colocar máscaras, ela era capaz de nos apresentar a vida religiosa com um colorido que não éramos capazes de imaginar. É claro que, aliado a isso, nos mostrava também aquilo que era empecilho para a vivência da Vida Consagrada. Que testemunho de vida! Que alegria e confiança na presença do Espírito do Ressuscitado em sua caminhada! São religiosas como a Gelsa que a Igreja precisa.

Gelsa continua até hoje acompanhando nosso grupo, mesmo que a distância, pois seus compromissos muitas vezes a impedem de estar fisicamente conosco. Entretanto, continua sendo um exemplo para nós de como uma religiosa vive sua opção consagrada no mundo, com lucidez, alegria, convicção e muita fé.

Creio que essas figuras que tão fortemente marcaram minha vida, e a de inúmeras outras pessoas, são o exemplo do que os religiosos/as podem e devem ser para os cristãos/ãs. Pessoas de fé que dão suas vidas para semear no meio do mundo o Reino de Deus. Pessoas que se entregam totalmente na luta por um mundo mais justo e solidário, e com isso são capazes de contagiar o próximo com seus exemplos de vida. Não são nem poderiam ser pessoas perfeitas, mas dentro de suas limitações, e na força do Espírito Santo, são coerentes com sua opção de vida e colaboram para que nossa fé no Deus de Jesus Cristo cresça cada dia mais.

Louvo e agradeço a Deus, que é Pai, Filho e Espírito Santo, por ter tido o privilégio de encontrar esses religiosos e religiosas em minha vida!

As "irmãzinhas" de caminhada, com ou sem hábito

Sérgio Ricardo Coutinho*

Minha primeira experiência como pesquisador, logo que me formei na Universidade, foi com as Irmãs Carlistas Scalabrinianas de Brasília. Foi no ambiente do Centro Scalabrianiano de Estudos Migratórios que percebi estas "irmãzinhas". Duas me marcaram até hoje: Ir. Clecir Trombeta (hoje já não mais religiosa) e Ir. Rosita Milesi.

Foram anos em que minha fé amadureceu muito, porque pude sentir e ver o que era a tal "opção pelos pobres" que a Igreja tanto propalava aqui em nosso país e em nosso continente. Nestes anos, vi uma Igreja mergulhada no mundo dos pobres, no mundo dos migrantes que estavam em busca da "terra prometida", e elas, as "irmãzinhas", estavam ali, simplesmente ao lado, caminhando com eles.

---

* Mestre (UnB) e doutorando (UFG) em História Social. Professor de História da Igreja no Instituto São Boaventura, em Brasília, e do curso de Serviço Social no Centro Universitário IESB de Brasília. Foi assessor do Setor CEBs, da Comissão Pastoral para o Laicato da CNBB, de 2005 a 2014.

As "irmãzinhas" de caminhada, com ou sem hábito

Depois disso, dediquei anos de estudo e de caminhada com as Comunidades Eclesiais de Base (CEBs). Enquanto assessor na CNBB pude estar em contato direto com as comunidades em todo o Brasil, observando suas alegrias e tristezas, esperanças e angústias. Na grande maioria das comunidades que visitava, lá estava uma "irmãzinha", com ou sem hábito, que caminhava junto com o povo. Ajudava o povo nas celebrações, na catequese, nas Assembleias de Pastoral, na Pastoral Social, nas escolas, na saúde; enfim, em tudo quanto era necessário, lá estavam estas que se "fatigavam no Senhor".

Nestas idas e vindas de minhas viagens de assessoria, sempre me receberam com um sorriso. Ofereciam-me sua casa para hospedagem, emprestavam o banheiro, preparavam a mesa e colocavam uma cama à disposição. Em todas as vezes que ficava com elas não podia deixar de lembrar-me da narrativa dos discípulos de Emaús, porque era justamente em suas casas que pude presenciar e experimentar o Cristo ressuscitado: pela acolhida e pela partilha.

Também trabalhei em muitos cursos para o Centro Cultural Missionário (CCM), preparando missionários e missionários para atuarem no exterior (*Ad Gentes*), no Brasil (CENFI) e na Amazônia. E lá estavam as "irmãzinhas", com ou sem hábito.

Para me aproximar, gosto muito de perguntar para elas: "Qual é a sua tribo!?". Elas riem e depois, com orgulho, falam entusiasmadas da história de sua fundadora ou fundador. Todas muito participativas. Desejosas de uma melhor compreensão da história do cristianismo, dos desafios postos pelo mundo, pela cultura, pela própria humanidade. Mas sempre com aquela disposição e, especialmente, com aquela fé. A fé que encoraja o discípulo e a discípula para o mergulho no mistério.

De fato, apesar dos trinta anos de inverno eclesial que a Igreja no Brasil passou (espero sinceramente que esteja chegando ao fim este período), onde o clericalismo e uma Igreja "doente" se desenvolveram com muita força, foram as "irmãzinhas" que continuaram a levar adiante o modelo de Igreja que o Papa Francisco deseja: o de uma Igreja "acidentada", que não tem medo de correr riscos: o risco de errar o caminho, o risco de morrer pelo caminho.

Como naqueles anos, acredito que nossas "irmãzinhas" continuarão sendo a nossa maior esperança para que uma Igreja verdadeiramente samaritana, misericordiosa, situada nas periferias existenciais, continue sempre viva.

Que o Deus da Vida e do Reino abençoe sempre mais estas "irmãzinhas", com ou sem hábito.

Nos caminhos da justiça, da alegria e da esperança: vida religiosa no Brasil

Faustino Teixeira*

Falar sobre os religiosos e as religiosas que atuam no Brasil é sempre motivo de grande alegria para mim. Pude testemunhar por tantas vezes, ao longo de minha atividade de assessoria por todo o país, a generosidade e empenho dessa presença pastoral. O que mais me encantou foi a gratuidade da ação desses evangelizadores inseridos no meio popular. Alguns que vieram de tão longe, de outros países, para se dedicar à causa da solidariedade e da hospitalidade: deixar-se hospedar pelos outros. É o grande desafio de abertura que tanto solicita Francisco em sua ação na Igreja. Os religiosos e as religiosas no Brasil foram sempre exemplos de dedicação e testemunho solidário, daí se entender o exemplo que essa ação de vida significou para a Igreja universal. Nunca me esqueço de um lindo testemunho dado por Ernesto Balducci em simpósio sobre a teologia da libertação, ocorrido em Florença, em dezembro

---

* Professor do Programa de Pós-Graduação em Ciência da Religião da Universidade Federal de Juiz de Fora (MG), pesquisador do CNPq e consultor do ISER Assessoria (RJ). Dentre suas linhas de pesquisa, destacam-se: Teologia das Religiões, Diálogo Inter-religioso e Mística Comparada das Religiões.

de 1984. Dizia que as caravelas que outrora vieram da Europa para as Índias ocidentais, agora retornam com os "novos anunciadores do Evangelho". Dentre esses novos evangelizadores, os religiosos e as religiosas que atuaram – e continuam atuando – no Brasil, empenhados em favorecer o rosto de uma Igreja efetivamente misericordiosa, como quer Francisco.

Os desafios para a vida religiosa estão aí, e são muitos, como observa Francisco. Chamo a atenção para o desafio da missionariedade: manter aceso o passo da caminhada: sair de si em direção aos outros, com sensibilidade viva para ouvir o seu clamor, seja de onde vier. Como diz Francisco, "os ministros da Igreja (e aqui incluo os religiosos) devem ser misericordiosos, tomar a seu cargo as pessoas, acompanhando-as como o bom samaritano que lava, limpa, levanta seu próximo". Ainda seguindo os passos de Francisco, os religiosos e as religiosas devem buscar concentrar-se no que é essencial do Evangelho: a narração viva e acesa do relato bíblico, aquilo que "faz arder o coração", mas realizar também no cotidiano de suas atuações o que o relato convoca: o exercício da misericórdia de Deus proclamada por Jesus. Eles devem estar na frente desse processo maravilhoso deslanchado por Francisco, essa "revolução da ternura e do amor", para usar uma linda expressão de Walter Kasper. Essa ação misericordiosa envolve, sobretudo, proximidade e atenção. Evitar a todo custo procedimentos de arrogância identitária ou vinculação cega a preceitos que acabam por distanciar os religiosos daqueles que a eles se acercam em busca de apoio ou consolo. O Papa Francisco tem sido também nesse campo um exemplo de vida: sua preocupação em considerar sempre a pessoa, respeitando o "mistério" de que é portadora. Juízos peremptórios ou apressados devem ser sempre evitados, e o exemplo mais bonito,

Nos caminhos da justiça, da alegria e da esperança: vida religiosa no Brasil

como também lembrou Francisco, deve ser o do Bom Pastor, "que não procura julgar, mas amar" (*EG*, 125).

Ao lado do exercício agápico, a abertura dialogal, também tão incentivada por Francisco. Os religiosos e as religiosas são convocados a testemunhar e se alegrar com a beleza da diversidade, envidando todos os esforços para defender a dignidade sagrada dos caminhos distintos que celebram o Mistério sempre maior. Como missionários do Evangelho, devem respeitar o espaço sagrado da consciência, evitando a todo custo qualquer ingerência espiritual na vida dos outros, que devem ser considerados sempre como amigos. Esse respeito profundo não invalida o desafio do anúncio evangelizador, mas este deve respeitar o tempo precioso da paciência de Deus. Como indica o documento *Diálogo e Missão* (1984), do então secretariado para os não cristãos, "Deus conhece os tempos, ele a quem nada é impossível, e cujo misterioso e silencioso Espírito abre, às pessoas e aos povos, os caminhos do diálogo para superar as diferenças raciais, sociais e religiosas, e enriquecer-se reciprocamente" (DM 44). O diálogo não invalida o testemunho de amor a Jesus, sobretudo os valores que acompanham a sua dinâmica vital, mas sem que isto seja uma obrigação implacável. Tudo deve ser realizado com o toque do amor e o espírito dialogal. É o que aponta também outro documento fundamental, *Diálogo e Anúncio* (1991), do Pontifício Conselho para o Diálogo Inter-Religioso. Há que estar atento para perceber que a partilha dessa experiência de Jesus, tão profunda para os missionários, deve atender ao "mistério de amor" que a preside: "Na medida que a Igreja e os cristãos têm um amor profundo pelo Senhor Jesus, o desejo de compartilhá-lo com outros é motivado não só pela obediência ao mandamento do Senhor, mas por este mesmo amor" (DA 83). Enfatizo muito isso, o que é um alento importante para a minha vida de cristão: devemos realizar nossa ação evangelizadora sempre com essa motivação do amor e não em razão de um mandato, que acaba obstruindo a gratuidade mais linda que envolve a dinâmica do testemunho evangélico.

Por fim, gostaria de chamar a atenção para o espírito que deve mover os religiosos e as religiosas em sua ação missionária: o traço da alegria. Em sua viagem ao Brasil, o Papa Francisco lembrou a seus irmãos no episcopado e sacerdócio a importância desse essencial desafio, que é o de "viver na alegria". É um desafio que se estende a todos os que testemunham o Evangelho nos mais diversos rincões do país: atuar como "enamorados de Cristo", com o coração incendiado de alegria, de forma a poder contagiar essa energia a todos. Retomando aqui um passo da exortação apostólica de Francisco sobre o anúncio do Evangelho no mundo atual, há que recordar o clima de alegria que deve envolver todo aquele que partilha com os outros o testemunho de Jesus. O Evangelho traduz em verdade um forte convite à alegria (EG 5). Em tempos tão difíceis como os nossos, onde se percebe um forte desgaste da compaixão, um tempo de indiferença, intolerância e exclusão, revela-se de fundamental importância a tarefa de aquecimento da temperatura vital, de ênfase numa dinâmica espiritual pontuada pela alegria e pela esperança. É o que se espera também da presença dos religiosos e das religiosas. E igualmente, na linha aberta por Francisco, "deixar-se surpreender por Deus", mantendo sempre em aberto as dimensões inovadoras e inusitadas de seu Mistério que vamos aprendendo em nossa trajetória existencial e pastoral.

"Nunca vos detenhais!
Sempre em movimento!"
(Papa Francisco aos religiosos)

Maria Emmir Oquendo Nogueira[*]

Uma das maiores e mais gratas surpresas que tivemos ao longo da ainda breve vida de nossa comunidade foi ouvir São João Paulo II referir-se às Comunidades Novas e Movimentos Eclesiais utilizando termos até então associados unicamente a congregações religiosas. Lembro-me de ter pensado, atônita, enquanto o escutava: "Bendito seja Deus, ele admite publicamente que as Novas Comunidades são obra do Espírito! Acolhe-nos e fala de nós como uma oportunidade para a Igreja hoje! Trata-nos como discípulos que seguem o carisma de um fundador! Vê-nos como fruto do Vaticano II, especialmente da *Lumen Gentium* e sua ênfase na santidade advinda do Batismo! Reconhece que prestamos serviço à Igreja e a ela somos úteis!".

Era o Pentecostes de 1998. Praça de São Pedro. Um passo de abertura inesperada e imensa às Novas Famílias Eclesiais, como

---

[*] Cofundadora da Comunidade Católica Shalom.

fomos chamados em alguns documentos. As três formas de vida a serviço da Igreja, da humanidade, da Nova Evangelização! Homens e mulheres, jovens, crianças, famílias, celibatários, sacerdotes que, tendo tido uma experiência pessoal com Jesus Vivo, haviam desejado entregar-se a ele inteiramente segundo um carisma novo. Éramos, sem dúvida, obra do Espírito como resposta ao Vaticano II e à *Evangelium Nuntiandi*. Nossos carismas eram respostas do Espírito às necessidades da Nova Evangelização!

Daí até 2007 – ano em que a Comunidade Católica Shalom recebeu a aprovação dos nossos estatutos em nível Pontifício –, passando por nova acolhida e envio por parte do Papa emérito Bento XVI, no Pentecostes de 2006, fomos sendo orientados pelo Pontifício Conselho para os Leigos a garimpar nosso carisma e a entender que, segundo os Padres da Igreja, reiterados pela *Lumen Gentium*, toda consagração e toda santidade têm sua origem no sacramento do Batismo, no qual, segundo São João Crisóstomo, Jesus desposa cada batizado, unindo-o a si. Nova alegria para nós, pobres despreparados para algo tão grande: a santidade tem sua origem no Batismo, independentemente do estado de vida. Também o amor esponsal a Jesus Cristo tem aí sua origem e independe da forma de vida a ser abraçada no futuro. O tipo de vivência do amor esponsal, sim, dependerá do estado de vida. Sua realidade teológica, porém, provém do Batismo. Todo batizado é desposado por Jesus Cristo e chamado a unir-se perfeitamente a ele na caridade.

Testemunho pessoal

Talvez um breve testemunho expresse melhor o valor de tal mudança de perspectiva para um leigo.

"Nunca vos detenhais! Sempre em movimento!"

Entre os 13 e 14 anos de idade, estava decidida a ser religiosa da congregação das Lourdinas, em cujo colégio estudara desde os 5 anos. Era acompanhada por uma religiosa maravilhosa que, entretanto, após um ano de acompanhamento, aconselhou-me: "Reze um terço por dia pelo homem que será seu marido. Você não tem vocação religiosa". Foi uma das respostas mais duras que recebi na vida. Era o ano de 1964, época de comunicação lenta. Os documentos do Concílio Vaticano II não haviam alcançado ainda os religiosos e muito menos os leigos. Nesse contexto, a resposta da irmã soava para mim como: "Você não pode ser santa. É fraca demais para isso. Só os religiosos e padres podem ser santos. Você vai se casar e, se tiver sorte e se sofrer muito, terá uma chance de ir para o céu". Sim, naquela época se acreditava que somente os religiosos e padres tinham alguma chance de ir para o céu. A mim me pareceu, portanto, que o veredicto da Irmã era de condenação a uma vida medíocre e distante da santidade. Senti-me rejeitada por Deus e pela Igreja. Não seria santa!

É fácil, portanto, imaginar minha grande esperança e indescritível alegria ao ler o manuscrito em que era descrito nosso carisma: "O amor esponsal é para todos: homens e mulheres, jovens, adultos, idosos, crianças, todos são chamados ao amor esponsal a Nosso Senhor Jesus Cristo". A Igreja havia mudado. Acolhia-me. Havia encontrado meu lugar em uma nova forma de família eclesial. Podia, sim, ser santa, não por presunção, mas por vocação batismal.

Por vezes minha amizade pessoal e gratíssima a alguns religiosos me coloca em sua perspectiva e fico a me perguntar como se sentiriam esses queridos eleitos de Deus ao ver pessoas sem o privilégio do chamado ao celibato pelo Reino se entregarem ativamente à oração e ao apostolado com promessas de pobreza, obediência e castidade. Como ter-se-ão sentido? O que terão experimentado ao ver as novas expressões de movimentos eclesiais atraírem milhares de vocações? O quanto terão sofrido em seu amor pelo próprio carisma diante dessa novidade que passava a ser reconhecida por Roma como manifestação do Espírito e que, de certa forma, "invadia" o que era, até então, privilégio dos religiosos!

Unidos! Por Jesus, pela Igreja, pela humanidade

Passado o primeiro momento de perplexidade, percebemos todos que religiosos e membros de Comunidades Novas e Novos Movimentos Eclesiais somos "flores das mais variadas cores e formas em um mesmo jardim", para utilizar expressão de uso já cristalizado na Igreja. Não somos concorrentes. Não competimos por vocações, nem por espaço e muito menos por prestígio, reconhecimento ou sucesso. Somos irmãos. Nossas diferenças nos fazem complementares em frutuoso serviço à Igreja e à humanidade.

Gostaria de falar longamente sobre o amor que nos une. Como o espaço de que disponho não me permite, passo a algumas reflexões sobre como podemos crescer juntos em nosso serviço à Igreja e a todos os homens.

Alegria!

Como afirma o Papa Francisco em sua *Evangelii Gaudium*, o mundo espera ver a alegria no rosto dos religiosos e dos consagrados a Deus: "Vejam! Sou feliz! Sou de Deus! Por isso sou feliz!". Sabemos por experiência que esse testemunho de leveza, humildade, simplicidade, proximidade, felicidade, alegria e paz atrai as pessoas a Deus e suscita novas e inúmeras vocações: "Venham ver como somos felizes! Venham ver como ser de Deus é a felicidade verdadeira e permanente!". Seria uma pena se deixássemos o ranço do moralismo que acusa e afasta desvanecer o brilho do testemunho que atrai! Uma pena se cedêssemos à presunção ao invés de sucumbir com alegria na pequenez do humilde serviço!

Vida fraterna sadia

A atração sobre os homens, especialmente os jovens que ingressarão em nossas comunidades, encontra na feliz caridade da vida fraterna – na qual ninguém considera seu o que possui, onde ninguém se isola em *seu* quarto individual com o *seu* computador, o *seu* whatsApp, o *seu* espaço, o *seu* tempo, o *seu* descanso, o *seu* direito – o segredo de todos terem um só coração e de todos chorarem com os que choram, sofrerem com os que sofrem, se alegrarem com os que se alegram. A vida fraterna em comunidade, juntamente com a obediência, pobreza e castidade, é segredo de vivência eucarística, fonte da alegria de amar sempre e concretamente o irmão que eu talvez não escolhesse para mim, mas que o próprio Senhor escolhe e apresenta como alvo do meu amor. As pessoas – especialmente os jovens – sabem ler o segredo da vida fraterna sadia, autêntica, e se deixam fascinar pelo testemunho da verdade evangélica que ela traduz. Abramos aos outros nossas casas e os deixemos participar de nossa feliz vida fraterna!

Oração pessoal profunda

Sem negar o valor inestimável da Liturgia das Horas, ir além em nosso amor esponsal por Jesus Cristo exige a oração contemplativa, silenciosa, pessoal, espontânea. Ela alimenta o amor esponsal, ao mesmo tempo que brota dele. Quem ama Jesus deseja estar com ele. Por outro lado, o coração do homem tem sede de oração. As pessoas querem aprender a rezar. Nós, religiosos e consagrados nas Novas Comunidades, somos chamados a ser mestres de oração. Não com discursos decorados, mas com vida dedicada ao ato concreto de rezar.

Parrésia! Pleroforia! Criatividade! Audácia!

O homem de hoje tem linguagem própria. Diria, mesmo, linguagens próprias. Por vezes, ao procedermos a *aggiornamenti* dos nossos carismas, acabamos por enfraquecê-los ou retirar-lhes o vigor e a radicalidade evangélica tão característica de todo fundador. Isso seria um erro. Cada *aggiornamento*, cada Capítulo ou Assembleia Geral, deve ser um mergulho, um "garimpar" ainda mais profundo da radicalidade do carisma e do espírito do fundador. Nosso carisma, graça imensa que nos foi dada, será sempre atual e atrairá mais pessoas a Jesus Cristo e à vocação à medida que for compreendido *e vivido* na radicalidade de suas características. *Evangelium Nuntiandi* já nos pedia para *aggiornare a linguagem*, com novos meios, novos métodos, novo ardor, nova criatividade. João Paulo II, na República Dominicana, acrescentou "com parresia", isto é, com destemor, com audácia, como os primeiros cristãos. Bento XVI ajuntou o termo "com pleroforia", isto é, com coerência de vida. Nosso amado Cardeal Lorscheider nos recomendou: "Com fervor! Nunca percam o fervor!". Não enfraqueçamos nosso carisma. Ao contrário: reafirmemo-lo! Renovemos nosso amor a ele e ao espírito do fundador! Dediquemo-nos, porém, à coragem de *aggiornare* a linguagem para a transmissão e vivência do carisma que Deus nos confiou.

Sair e anunciar o querigma

Papa Francisco deixa clara a importância do anúncio do querigma. Não são somente os párocos e vigários que devem sair para anunciá-lo. Também os religiosos, também os consagrados precisamos sair! Sair da nossa zona de segurança para anunciar o amor de Jesus de forma querigmática. Ousar deixar a catequese para um segundo momento, quando as pessoas já estiverem apaixonadas por Jesus a partir de nossa própria paixão por ele e do influxo da graça de Deus. Confiar no anúncio querigmático, testemunhal, pessoal, entusiasmado, alegre, ardente, feliz de Jesus Cristo! Sair das quatro paredes, do birô, da frente do computador. Evangelizar ao invés de dormir nos ônibus e metrôs! Evangelizar com um sorriso ao invés de achar que todos têm que nos respeitar e temer porque temos um hábito ou um sinal de nossa consagração. Os servos somos nós, não as pessoas que encontramos! Evangelizar deixando patente nossa alegria quando estamos no comércio, nas compras de víveres. Sair de casa! Evitar deixar que "os encarregados" enfrentem o mundo enquanto nos isolamos do contato com o homem concreto, sofrido, perdido. *Primeirear*, como diz o Santo Padre. Tomar a iniciativa, abordar as pessoas, anunciar-lhes nossa alegria porque Jesus está vivo, sair do casulo!

Fuga da presunção

Já contei como queria ser religiosa para ser santa. Ridícula presunção de adolescente imatura! Como pessoas maduras, escolhamos o humilde amor, o humilde serviço, a humilde e despretensiosa, obediente, pobre e incansável doação de nós mesmos. Para isso nos consagramos em uma comunidade nova. Para isso nos fizemos religiosos. Existimos para servir aos homens. E eles, com razão, detestam e rejeitam os iludidos e ridículos presunçosos.

Atendendo ao pedido

Foi-me feito pedido de, neste artigo, dizer o que penso acerca da vida religiosa "com franqueza e liberdade... e, sobretudo, como gostariam de ver uma freira, um irmão, uma comunidade, no desempenho de sua missão no seio da sociedade, da Igreja".

Na seção anterior, disse, com franqueza e liberdade, como gostaria de ver os religiosos de vida ativa *e* os membros das Novas

Comunidades. Por questão de espaço, omiti a obviedade da primazia dos jovens e dos pobres de todos os tempos. De propósito, não separei os religiosos e os membros das Novas Comunidades, dizendo o que espero daqueles como se desses não esperasse exatamente a mesma coisa. Pelo simples fato de que somos um só corpo, uma só Igreja. Fomos eleitos por Deus para sermos selados por um carisma específico *a serviço* da Igreja. Somos realidades complementares. Não há contrastes, mas complementação. Não há competição, mas complementaridade. Não há divisão, mas a rica unidade de belas expressões harmoniosas no jardim da Igreja. Somos um! Não vejo por que separaria o que espero de um e de outro, uma vez que a Igreja espera de ambas as realidades uma só e mesma coisa: a vivência fiel do próprio carisma em constante saída de serviço para a nova evangelização.

Fico devendo o detalhamento do que penso e sinto acerca dos religiosos. Necessitaria de muitas páginas para expressar minha gratidão por tantos religiosos que me educaram da mais tenra idade até a faculdade católica. Ou pelos que foram meus diretores espirituais, confessores, modelos de santidade e amor a Deus e aos homens. Devo-lhes o que sou. Só posso vê-los com indescritível gratidão e esperança certa de que reflitamos juntos a alegria do Evangelho, da pertença filial à Igreja e do amor esponsal por Cristo Ressuscitado, razão de nossa felicidade, explicação do nosso júbilo, propulsor de nosso dom de nós mesmos.

Preservemos o vigor do carisma que nos foi confiado! Renovemos nosso primeiro amor! Entreguemo-nos, sem medo, às surpresas do Espírito nestes tempos de Nova Evangelização! Nunca nos detenhamos! Sempre em movimento!

Impresso na gráfica da
Pia Sociedade Filhas de São Paulo
Via Raposo Tavares, km 19,145
05577-300 - São Paulo, SP - Brasil - 2015